21 世纪高职高专规划教材·旅游与酒店管理系列

旅游应用文写作

主　编　焦红强　孙德营　段宜杉
副主编　向　晴　赵慧娟　闫　曾　杨　柳

中国人民大学出版社
·北京·

前　言

旅游业的日新月异带动了旅游教育的蓬勃发展。截至 2015 年年底，全国共有高等旅游院校及开设旅游类专业的普通高等院校（本、专科）1 518 所，比 2014 年增加了 396 所，在校生达到 57.1 万人。其中，高职高专院校作为培养技术应用型人才的专门院校，担负起培养旅游职业人才的重任。与旅游业和旅游教育的迅速发展相比，旅游高等职业教育的内涵建设存在不足，办学理念、人才培养模式、课程体系等需要进一步完善。具体到日常教学中，教材建设相对滞后的问题更为突出，一些内容体系老化、编排模式陈旧、典型案例缺失的教材仍然被沿用，这难以适应旅游职业教育发展的需要。

《旅游应用文写作》是专门为高职高专院校旅游类专业编写的一本教材。本教材以党的二十大精神为引领，全面贯彻党的教育方针，落实立德树人根本任务，推进习近平新时代中国特色社会主义思想进教材、进课堂、进头脑。同时，汲取了近年来写作类教材编写的优点，力求突破传统旅游应用文写作教材编写框架的束缚，突出旅游职业教育的职业性、实用性和实战性特色。教材以培养学生的职业素养和专业写作能力为目标，以“理论适当够用、实践特色鲜明”为原则，优化了与旅游业发展联系不够紧密的章节和内容，缩减了相关理论阐述的篇幅，增加了例文。在选取例文时，坚持权威性、广泛性、典型性、新颖性等原则，为学生提供切实有用的参考资料。

本教材的主要参编人员为全国示范性高职院校黄河水利职业技术学院旅游系的教师，他们常年从事旅游专业教育和旅游应用文写作的研究工作，具有较高的写作水平。本教材共分为八章，内容详略得当。和同类教材相比，本教材有三个特色：一是删繁就简，对于不适合当前旅游业发展需求的理论部分进行了删减，使教材的主要内容更加突出；二是例文引导，具有很强的实战特色；三是结构严谨，本教材在章节设置上借鉴了众多同类教材的优点，结构更加合理。

本教材是集体智慧的结晶，黄河水利职业技术学院的焦红强确定编写原则并制定编写大纲，全体参编人员共同讨论编写的内容。本书由黄河水利职业技术学院的焦红强、济源职业技术学院的孙德营及辽宁经济管理干部学院的段宜杉担任主编，黄河水利职业技术学院的向晴、赵慧娟、闫曾、杨柳担任副主编。具体分工如下：焦红强编写第一章、第四章；向晴编写第二章；段宜杉编写第三章、第七章；孙德营编写第五章；赵慧娟编写第六章；闫曾编写第八章。

本教材在编写过程中，参考了同类教材和网站资料，从中获得了启发和借鉴，同时也引用了相关资料和最新案例，在此向原作者一并表示诚挚的谢意！由于编写时间仓促、水平有限，书中难免有不当之处，恳请广大读者批评、指正。

编　者

目　录

第一章
旅游应用文概述

第一节　旅游应用文的概念、特点和作用

一、旅游应用文的概念

就写作的目的而言，可以将写作分成两大类：一类是文学写作；另一类是应用文写作。文学写作主要用于抒发作者的主观情感，反映社会现实，是为人们欣赏而进行的艺术创作，如诗歌、小说、戏剧、散文等；应用文写作是为了公务和个人事务而进行的，用于解决实际问题。应用文是一种起源很早的文体。在我国最古老的规范文字甲骨文中，那些指导生产和生活的“占卜文书”就是最早的应用文。在我国古代，凡是公文及函札都称作书，如《尚书》中的大部分篇章是古代的公文，因而，《尚书》是我国最早的应用文汇编。

虽然应用文体出现较早，但是“应用文”这一名称出现较晚。“应用文”一词最早见于宋代欧阳修的《免进五代史状》：“自忝窃于科名，不忍忘其素习，时有妄作，皆应用文字。”而清代刘熙载的《艺概·文概》对应用文的论述更为透彻：“文有辞命一体。”“辞命体，推之即可为一切应用之文。应用文有上行，有平行，有下行。重其辞乃所以重其实也。”

《辞海》对“应用文”是这样定义的：指人们在日常生活、工作和学习中所应用的简易通俗文字，包括书信、公文、契约、单据等。《现代汉语词典》是这样定义的：应用文是指日常生活或工作中经常使用的文体，如公文、广告、书信、收据等。因此，我们认为，应用文是处理日常事务的常用文体，其目的是解决日常生活和工作中的实际问题，注重实用，大都有约定俗成的格式，语言简明准确，内容明晰扼要，种类较多。

随着社会经济的发展，社会分工越来越细，适应各行各业具体需要的专业类应用文文体应运而生。旅游应用文作为专业文书的一个类别，是在旅游工作或旅游活动中应用最多的实用文章。它既有一般应用文体的基本性质，又有旅游行业、旅游工作和旅游活动的特性。我们所说的旅游实用写作，就是指旅游应用文写作。随着旅游应用文在政治、经济、文化生活等领域的应用日益广泛，旅游应用文写作能力作为个人能力与素质的体现，逐渐被纳入旅游人才评价标准。

二、旅游应用文的特点

（一）实用性

旅游应用文的首要特点是实用性。与文学作品只供人们阅读欣赏不同，旅游应用文是实际应用到旅游工作和旅游活动中的工具。为了规范旅游业的各种事务和现象，需要有法规、条例、合同、协议；旅游事业要发展，必须制定方针政策，必须进行具体规划，还要进行旅游资源考察与开发，撰写调查报告、旅游市场分析报告，制定旅游规划、计划，提出报告、请示等。解决旅游业发展的这些实际问题，都要使用旅游应用文。此外，旅游应用文的实用性特点决定了其内容简洁扼要、语言准确简练、文风朴实无华，尽量用最小的篇幅、最简单的语言，有针对性地解决实际问题。

（二）规范性

旅游应用文的规范性源自应用文的规范性品格。应用文虽然形式多样，但为了达到使用便捷、一目了然的目的，必须对一些类型的文章采取约定俗成的格式，从而逐渐形成了一定的写作规范。规范性是指那些已经约定俗成的文体都有特定的含义、特征、用途、基本形态、构成要素和语言体式（俗称语体）。旅游应用文中有相当一部分文种的写作形式有一定的规范性，写作格式大多是固定的，内容是限定的，一些习惯用语也是不变的。比如，公文标准式的标题，一般由制文单位、事由与文种三部分构成，单位与事由之间加介词“关于”，事由和文种之间加结构助词“的”。不论哪个单位何种事由的旅游应用文，若采用标准式标题，均是这一格式。再如旅游经济合同，一般包括标题、正文、具名、日期四部分，正文开头一般采用并写或连写式，履约规定应包含标的、数量和质量、价款或酬金、期限、地点和方式，以及违约规定等，这些项目均是限定的。格式化、规范化是为了便于使用，制作者照章撰写，受文者阅读一目了然，传播效率高且不易出现失误。

（三）论说性

旅游应用文是一种以“论”和“说”为主要表达方式的文体，但其“论”和“说”与议论文和说明文又不尽相同。旅游应用文中的指示、决议、决定、意见、办法、报告、通报等，往往以“论”的形式来表现，但与议论文的“论”不同，它不是抽象地论理，而是具体地论事。旅游应用文的“论”是以论断的逻辑方法表达具体事理，论事不是为了空讲道理，而是为了具体办事、解决问题。旅游应用文中关于背景材料的介绍、有关问题的交代、一些名词概念的诠释等，均离不开说明。但这些说明与说明文所要求的详细、客观、全面是有区别的，其仅仅是为了论断某一事物，先简要说明有关情况，为论事打下基础。在论说上，一般采取先论后说、章法倒悬的方式，这样能够吸引读者注意，使得阅读效率更高。

（四）协作性

很多旅游应用文是团体运作的产物，不管是旅游法律、法规，还是通知、意见、决定等旅游政策，甚至旅游经营者所起草的旅游策划书、旅游广告、旅游指南、导游词等，多数是集体智慧的结晶。这些应用文多数要经过收集材料、明确主旨、确定基调、设计结构及精心起稿、认真修改、最终审核等多个步骤，而要完成这些步骤，仅靠单个人的力量是不够的，需要多个人分工协作。例如，2013 年 4 月我国颁布的《旅游法》就是经历了近 3 年的调研和起草才完成的，国家为此专门成立了由行业从业者及政府部门、立法机构、研究机构专业人员组成的起草小组。在本书介绍的旅游应用文中，除消息、通讯可以由个人独立写成之外，其他的都要靠多位作者、多个部门甚至多个地区、多个单位协作才能完成。

三、旅游应用文的作用

（一）形成管理规范

人们社会行为规范的形成，一靠社会道德约束，二靠社会法律法规约束。中国古代的统治者十分推崇“德主刑辅”的社会治理模式，强调道德治理第一位、法律治理第二位。法律是对社会行为规范的最低要求，也是社会行为规范的底线。《韩非子·五蠹》篇说“以法为教”“以吏为师”“境内之民，其言谈者必轨于法”。韩非子主张以法治国，重视法令对于社会行为的规范作用。古代的法令就是我们现在所说的法律和法规，法律由国家立法机关全国人大及其常务委员会负责制定颁行，而法规则由国务院及其下属的行政机关来制定颁行。国家制定的与旅游有关的法律、法规和一些行政命令，一经颁布，就成为旅游实践中的行为准则和行为方向，各旅游企业、事业单位必须执行照办。而所有的这些规范性的文件都是以旅游应用文的形式出现的，因此，旅游应用文有形成旅游业管理规范的作用。

（二）交流信息

无论是古代还是现代，传递和交流信息都是极为重要的。人类发明了文字、纸张、印刷术以及计算机等，都是为了使信息能够更快、更加有效地传播和交流。因为信息能否发挥作用，产生实际价值，很重要的一个影响因素是信息能否流通。如果信息传播或流通不畅，再有价值的信息也无法发挥作用。当今社会已进入信息化时代，旅游业要发展、繁荣就必须与国际接轨，充分利用现代通信网络，沟通、交流旅游信息。作为信息载体之一的旅游应用文，在沟通信息中起着极为重要的作用。旅游应用文的制作、传递和阅读过程，几乎涵盖了旅游信息来源、信息获取、信息流通、信息应用、信息储存等所有环节。从旅游行政管理过程看，旅游应用文交流信息的范围极为广泛，既可以使上情下达，及时向下级传达有关的方针、政策和指示、意见，指导下级的工作；也可以使下情上传，下级管理部门工作中的新情况、新问题、新经验，通过旅游应用文及时向上级反映；同级之间或不同相隶属的部门之间交流情况、商洽工作也多通过旅游应用文进行。从旅游经营活动看，在市场经济条件下，旅游经济信息传递的快慢直接影响着经营状况的好坏，旅游经济合同、旅游广告、旅游经济预测报告和决策、旅游经济发展规划方案等已成为发展经济、赢得旅游市场的重要工具。

（三）记载凭据

《礼记·中庸》云：“上焉者，虽善无征，无征不信，不信民弗从。”意思是说上古时礼仪虽然很好，但无据可考；无根据人们就不相信，不相信人们就无法实行。旅游应用文在运用过程中除了完成其所担负的主要职能外，还具有重要的凭证作用。国家旅游机关、旅游企事业单位和团体的公文，在办理公务中是处理各种问题的根据。公文既是执行公务者办事的根据，又是监察和检察部门监督执行公务者的根据。在旅游活动中，单位之间、个人之间、个人与单位之间，都应当以有关的旅游应用文为凭据。例如，合同、协议是旅游经济事务中的凭证；条据是人们日常生活、旅游工作中处理有关事务的凭据；旅游法规、章程和条例是旅游团体和机关人员行为的根据；介绍信、证明信是旅游机关团体、企事业单位在交往中介绍或证明有关人员情况的信件。

（四）宣传教育

应用文从产生之日起就具有指导社会实践、宣传教育的作用。《易·系辞下》云："上古结绳而治，后世圣人易之以书契，百官以治，万民以察。"书契就是古代的应用文。《周书》的"慎乃出令，令出唯行"，也是讲应用文的指导作用。曹丕《典论·论文》中说："盖文章，经国之大业，不朽之盛事。"这里的"文章"就是应用文，明确指出应用文在治理国家方面的重要作用。旅游应用文与旅游工作的关系最为直接，指导实践、宣传教育的作用最为明显。国家旅游机关通过颁布各种方针、政策、法令、条例、办法，协调关系，指导各类旅游企事业单位的工作，宏观上进行调控，使旅游业健康、顺利地发展。旅游应用文往往是理论与实践相结合的产物，其宣传的方针、政策是办理事务的指导思想和原则。文件的下达，可以起到统一思想、统一认识、统一行动的作用。例如，中央文明办、国家旅游局联合颁布的《中国公民出境旅游文明行为指南》《中国公民国内旅游文明行为公约》等，在宣传教育群众、提高人们的思想认识水平、倡导高尚的道德风范方面发挥的作用是十分重要的，所产生的深远影响是不可低估的。

应用能力训练

1. 什么是旅游应用文？
2. 应用文有什么特点？

第二节　旅游应用文的构成要素

一、材料

材料是写作者搜集或积累的能够表现文章主题的事实或论据，是起草旅游应用文的基础。"巧妇难为无米之炊"，没有材料，再高明的写作者也写不出好文章。旅游应用文的材料一般通过查阅文献、深入调研和日常学习积累来获得。材料犹如文章的血肉，是表现主题思想的物质基础。为了写出好文章，就必须对材料进行认真收集、严格把关、深入挖掘。旅游应用文的材料一般可以分为：宏观材料和微观材料，主要材料和次要材料，现实材料和历史材料，正面材料和反面材料。

（一）材料的功用

材料是文章的血肉，是主题形成的基础，又是表现主旨的支柱。

如国家旅游局局长李金早在 2015 年全国旅游工作会议上的讲话中透露"中国迈入小康型旅游大国"。请看以下材料：

国家旅游局局长李金早 15 日在此间召开的全国旅游工作会议上说，改革开放 35 年来，我国经济社会发生了翻天覆地的巨变。我国旅游业从无到有、从小到大，实现了从短缺型旅游发展中国家向初步小康型旅游大国的历史性跨越。这一历史性跨越，主要体现在旅游已经从少数人的奢侈品，发展成为大众化、经常性消费的生活方式。国内旅游人数从 1984 年约 2 亿人次到 2014 年国内旅游约 36 亿人次，是 1984 年的 18 倍多。接待入境游客从 1978 年 180.92 万人次增长到 2014 年 1.28 亿，翻了 6 番多。旅游业已经从接待型的事业，发展成为全民广泛参与就业、创业的民生产业。旅游业已经从单一传统的旅游行业，发展成为综合性的现代产业，旅游业对相关产业贡献大幅提升。旅游业发展由点到面、由局部到整体，形成了各地、各部门全面推进的大格局。几乎所有的省、市、自治区都将旅游业列入战略性支柱产业，85%以上的市（地、州）、80%以上的县（市、区）将旅游业定位为支柱产业。

资料来源：http://travel.enorth.com.cn/system/2015/01/19/012422598.shtml.

“中国迈入小康型旅游大国”是他的一个观点，是文章的主旨和骨架。但如果只有这么一句话，读者是不会信服的。作者接着举出了几个数字，并且进行了比较分析，他的观点就有了坚实的基础，得到了有力的支撑。

（二）材料的要求

材料用于写作，要经过整理和选择。我们在选用材料时要注意下列几个原则。

1. 材料要真实

真实有生活真实与艺术真实两种。应用文要求生活真实，文学作品要求艺术真实。旅游应用文写作所要求的是生活真实，是指生活、工作中确实存在的事实，是经得起核对的事实。这些事实包括人物、事件、时间、地点、原因、结果、数字、性质、形状、功能、特点等。

材料的真实性是旅游应用文的生命，如果向上级旅游机关呈送报告或是请示，用了虚假材料，就会犯弄虚作假、欺骗上级的错误；上级若根据虚假材料做出批示，可能造成重大的失误。如果在旅游广告中运用虚假的材料，就会欺骗游客，导致游客投诉，既造成经济损失，又影响旅游企业的信誉。要确保材料的真实性，最好用第一手材料并进行核实，第二手材料要多方求证。

例如，《中国旅游报》2015 年 4 月 29 日发表了一篇消息《部分城市星级酒店经营回暖》，文中说：

2015 年 1 至 2 月，北京五星级酒店平均房价 869.80 元，同比上升 13.51%，平均出租率 50.50%，同比上升 2.85%，每间可售房收入 439.25 元，同比增长 15.68%；四星级酒店平均房价 514.50 元，同比上升 5.21%，平均出租率 47.80%，同比上升 7.66%，每间可售房收入 245.93 元，同比增长 13.27%；三星级酒店平均房价 380.70 元，同比上升 6.07%，平均出租率 44.10%，同比上升 6.78%，每间可售房收入 167.89 元，同比增长 13.26%；二星级酒店平均房价 269.00 元，同比上升 17.72%，平均出租率 45.90%，同比上升 8.00%，每间可售房收入 123.47 元，同比增长 27.14%。

文中数字经过严格统计核实，是旅游行业中的确存在的事实，分析、比较用的是科学的方法。

2. 材料要充分

所谓材料要充分，第一是必须适合于表现主题的需要。离开了主题，材料再多也没有用，反而会成为累赘。那些与主旨无关的材料，不管多么生动、真实，都要坚决舍弃。第二是数量要足够多。搜集材料时如“韩信将兵，多多益善”，这样才能为我们选择材料时的“百般挑剔”留下空间，最终使文章内容精当，充分地表现主题。

例如，有一篇学术论文《国外科技旅游的发展状况及启示》，在分析问题时，从“国外现代科技园区旅游”“国外人工科技场馆旅游”“国外自然现象景观旅游”三个领域，列举了美国波音飞机制造公司、德国奔驰汽车公司、美国国家航天博物馆、比利时自然博物馆、英国约克城铁路博物馆、加拿大逆戟鲸生活区等的科技旅游活动的开展情况，由于材料丰富多彩，因此结论令人信服。

3. 材料要典型

材料的使用并不是多多益善，而是要将最能反映本质、最有时代特征、最有说服力和表现力的事实或观点用于文章中。为此，就要把所搜集到的全部材料，根据文章的主旨进行分析、比较和分类，选择出重要的、典型的材料来使用。典型的材料能够以一当十，既可以充分地表现主旨，又可以使文章的内容简约，收到事半功倍的效果。

例如，一篇通讯为了说明“长城正在以前所未有的速度消失，保护长城已刻不容缓”的观点，作者举出了下面几个例子：

陕西境内 2 000 多千米的古长城人为破坏日益严重，其中 850 千米的明代长城就有1/3永远消失了；长达 600 多千米的齐鲁长城，大部分墙体已经坍塌；素有“长城博物馆”之称的宁夏境内 1 500 多千米的历代长城正在迅速“缩水”。

4. 材料要新颖

材料新颖是指尽量用别人没用过的材料或新近出现的材料。使用新颖的材料能产生新的观点和看法，得出新的结论。新颖的材料常常成为新思想、新观点、新政策坚强的支柱，令人耳目一新，从而使文章主题更深刻。请看《2020 年中国有望成世界第一旅游大国——其中二三线城市将是酒店业发展的“蓝海”》的新闻报道：

记者从世界酒店论坛上获悉，全球经济低迷的情况下，中国旅游业依然保持两位数的增长。业内人士预计，到 2020 年，中国将成为世界第一旅游大国，这也将给酒店业发展带来巨大的机遇。

世界酒店联盟创始人、执行主席吴军林介绍，2011 年，我国旅游业总收入 2.25 万亿元人民币，同比增长 20.1%。世界知名的 IPK 国际旅游调查公司预计，到 2015 年，中国出境游人次将达到 9 700 万，成为世界第一大出境游客源国。预计到 2020 年，中国将成为世界第一旅游大国。

世界酒店联盟终身主席、论坛主席侣海岩称，多家知名国际酒店集团正在中国掀起新一轮酒店建设热潮，万豪集团计划今后年在北美以外地区新开 130 家酒店，其中一半将位于中国、印度和阿联酋；雅高集团打算今年在中国新开 20 家宜必思酒店，今后几年每年还将新增 10 家左右。

出席论坛的中国香港酒店业协会执行总干事吕尚怀介绍，一份调查报告显示，如果按照家庭月收入 1 万元以上为中产阶层标准，那么中国已有 3 亿中产阶层，未来 15～20 年还会增加到 9 亿，而这些人都是支撑起旅游业和酒店业发展的“主力军”。他指出，酒店是主要以中产阶层为服务对象的，因此在中国建四星级酒店会比建五星级酒店更有市场。同时他还指出，酒店相对过剩的中国一线城市已开始呈现“红海”，到二三线城市找寻“蓝海”将是未来酒店业的发展之道。

酒店业的迅猛发展是我国成为世界第一旅游大国的重要标志。材料通过数据展示和理论分析，提出了“二三线城市将是酒店业发展的‘蓝海’”的观点。材料中的数据和观点都很新颖，所以极具传播价值。

二、主题

主题又称立意、主旨或中心思想，是文章的灵魂和主旋律，是作者在文章中要表达的主要意思。具体讲，就是通过应用文要说明什么问题，有什么看法，应该怎么办。旅游应用文的主旨是为了解决旅游工作和生活中的实际问题而确定的，有时是作者从观察和调查研究中发现的，有时是有关领导授意的。

（一）主题的功用

1. 主题是文章的灵魂

旅游应用文应主题明确、观点突出。如某省政府《关于加快旅游业发展，建设旅游大省的决定》开头就明确指出："为了加快全省旅游业的发展步伐，到2010年把我省建成旅游大省，使旅游业成为我省国民经济的重要产业和国民收入的重要来源，特做出如下决定。"文章开门见山，直奔主题，全文都围绕如何建设旅游大省这个中心思想展开。这样，主题就成了全文的统帅和灵魂。

2. 主题决定文章的价值取向

一篇文章价值的大小，主要取决于其主题是否符合科学发展观，是否代表了可持续发展的战略方向，是否体现了全国人民和全人类最根本、最长远的利益。主题符合上述条件，则文章的价值取向就正确，社会意义就重大；违背了上述精神，则文章的价值取向就可能出了问题。如《国务院办公厅关于以考察等名义组织公费出国（境）旅游问题的通报》《国家旅游局关于禁止出境旅游团队参与境外赌博活动的规定》等一系列文件，其主题都是正确的，都代表了国家和人民大众的根本利益，其价值就大，影响就深远。

3. 主题决定材料的取舍

作者搜集了大量的材料，这些材料一开始是零散的、缺乏活力的"素材"，只有根据表达主题的需要进行取舍和提炼后，才能转化成鲜活、生动、有内在联系的"题材"。主题犹如一支熊熊燃烧的火炬，在它的照射下，孤立的细节、死板的数字，全都被照亮、激活，围绕主题这根主干找到自己恰当的位置。如白居易、苏东坡、胡雪岩、龚自珍、李叔同、章太炎……这些人名看起来是风马牛不相及的，但是"杭州文化历史名人"这一主题使他们有了共性。这就是由主题对材料的取舍作用所决定的。

4. 主题支配文章的结构

结构是文章的骨架，是主题表现的外部形态。内容决定形式，形式为内容服务，在这里就表现为主题支配结构、结构为表现主题服务。

（二）主题的要求

1. 正确

所谓主题正确，就是文章所表达的主题要符合事物的本质属性，揭示事物的规律，表达健康的感情，从而促进事业发展、培养美好情操。如《国家旅游局关于下达〈旅游行业对客人服务基本标准〉的通知》明确了服务的基本要求，保护了游客的正当权益，促进了旅游事业的发展；中央文明办、国家旅游局联合颁布的《中国公民出境旅游文明行为指南》《中国公民国内旅游文明行为公约》，则是为了提高公民文明素质，塑造中国公民良好国际形象，营造文明、和谐的旅游环境，并保护每位游客的切身利益。

2. 鲜明

所谓主题鲜明，就是作者的观点要有明确的倾向性，要表明赞成什么、反对什么、恨什么、爱什么，不能含糊其辞、模棱两可。如《中国旅行社关于×××所犯错误的通报》严肃批评了×××所犯的自由主义、假公济私的错误，并做出了相应的处理；《国家旅游局关于国旅、中旅、青旅三总社申请补办旅行社登记的批复》明确表示肯定态度。这些文章观点清楚，不拖泥带水，符合主题鲜明的要求。

3. 深刻

所谓主题深刻，是指主题不能停留在对事物表面现象的罗列和叙述上，而应该揭示事物的某些本质，反映事物的内在规律。如《关于我国旅游价格信用问题的思考》分析了当前我国旅游价格信用问题的表现，尖锐地指出："在我国旅游业的发展进程中，旅游价格放开后，价格行为不规范、价格欺诈严重、价格秩序混乱等旅游价格信用失范的现象比较严重，已经影响了我国旅游业的健康发展。"接着，作者又分析了问题产生的原因，提出了"建立旅游价格信用制度"和"加强道德建设，发挥信用道德调节功能"等建议。作者以极其负责的科学态度，敢于提出问题、分析问题、解决问题，其主题比报喜不报忧和只会泛泛而谈的文章深刻得多，也有价值得多。

三、结构

结构是文章的框架，有人称为"布局"，有人称为"谋篇"。它是对文章内容的组织与安排，也就是根据表现主题的需要和材料之间的内在联系，把文章分为几个层次，确定先用哪些材料、后用哪些材料，以及如何开头、结尾、过渡、照应等。清代戏剧理论家李渔在《闲情偶寄·结构第一》中说，写文章如"工师之建宅"一样，"基址初平，间架未立，先筹何处建厅，何方开户，栋需何木，梁用何材，必俟成局了然，始可挥斤运斧"。正如美学家、文艺理论家朱光潜所说，文章结构的安排为"布局"，如同打仗摆阵势，"让他们各站各的岗位，各发挥各的效能"。因此，精心地布局谋篇，是写好一篇文章的关键。

（一）结构的内容

旅游应用文的结构应该包括开头、结尾、层次、段落、过渡、照应等多方面，在原理上和一般文章是相同的，但在安排方式上与一般文章差别较大。一般文章贵在创新，在结构安排上更加灵活，而旅游应用文的结构要求规范化、格式化。旅游应用文基本上可以有以下两种类型：一是篇段合一式。这类旅游应用文一般内容简要，篇幅短小，往往不分段，通篇只有一段文字。如命令中的公布令、任免令；批转、转发性通知；内容较简单的启事、旅游广告、条据、事务性的信函等。二是三段式。这些旅游应用文内容较为复杂，如要贯彻执行的通知、意见，具体的通告、公告，一些章程、规则、条例，工作总结、汇报提纲、策划报告等。其结构一般由开头、主体、结尾三部分构成。如"提出问题—分析问题—解决问题"的三段式，"情况—做法—问题与打算"的三段式，"总述—分述—附注"的三段式。内容决定形式，形式服务于内容，面对内容各异的旅游应用文，要根据实际需要安排结构，主要解决好开头、层次和结尾三个问题。

1. 开头

开头，古人称为"起笔"。"万事开头难"，应用文写作也不例外。写好开头可以起到点明主旨、吸引和引导读者的作用。陆机在《文赋》中称文章的开头要"立片言而居要，乃一篇之警策"，可见开头的重要性。旅游应用文的开头主要有以下几种：

一是目的式，开宗明义，第一句话说明本文的写作目的。一般常用介词结构"为了……"开头，多用于报告、公告、决定、决议、通告、通知、规定等。

二是事由式，一起笔先讲明事情的缘由，即为什么要写这篇应用文。常用的有"由于……""鉴于……"等开端用语，多用于指示、决定、请示、通知等。

三是根据式，先表明行文的根据。常用语包括“根据……”“依据……”“按照……”等，多用于通知、计划、条例、办法、规定、通告、公告等。

四是时间式，以时间开头。一般直接写明年、月、日，或用表示时间的概括性词语，如“近日、近来、现将”等，多用于通知、报告、会议纪要、批复等。

2. 层次

文章的层次是文章结构的重要体现，层次不明确就会导致主题不鲜明，甚至逻辑混乱，影响文章的传播效果。旅游应用文应该在层次和段落上下工夫，使阅读者能够迅速了解文章所要表达的主题和观点。文章的体裁不同，安排文章层次的方式也不相同，可以有以下几种：

一是按照时间进程安排层次。有些旅游工作是以时间划分阶段的，每一阶段为一个中心，自然成为旅游应用文的一个段落。比如某些计划、规划、安排，以及工作总结、工作报告等。这类旅游应用文，一般开头有个总起说明基本情况，然后分阶段安排。

二是按照工作任务要求安排层次。按照所要表述的工作任务情况，每一项为一个中心，成为旅游应用文的自然段落。比如工作报告、工作计划、工作总结、通知、通报等，开头有个总述，然后根据任务与要求一一列出。

三是按照事项的主次安排层次。旅游应用文表述的几个事项有主有次，写作时可根据重要程度，先写最主要的，然后写次要的，以此类推进行表述。如工作报告、会议纪要、决定、议案、报告、请示、通报等。

四是按照内容的逻辑关系安排层次。比如旅游工作中遇到某一问题，或发生某一事件，需要请示或汇报，或提出解决的意见。这类旅游应用文一般是先写事件或问题，再写看法和意见，如处理旅游投诉的报告、旅游事故调查报告、旅游问题处理报告、旅游先进人物介绍等。

3. 结尾

文章开头重要，结尾同样重要，好的结尾可使文章锦上添花。旅游应用文的类型多种多样，其结尾的方式有以下几种：

一是自然结束。一件事写完了或一个道理讲完了就自然结束，不再画蛇添足。如一些批示、批转通知、会议纪要、规定、条例等，主要事实、问题已写清楚了，没有必要再强调一番。

二是总结全文。有些旅游应用文涉及的问题较多，为使读者易于把握重点，在结尾时可以对全文的主要内容或看法予以归纳、强调。比如较复杂的调查报告、学术论文的结论等。

三是提出希望，发出号召。比如工作报告、讲话稿、评论、表彰决定、通报等，这类旅游应用文体在结尾时提出希望或发出号召，目的在于感染、激励阅读者。

四是补充说明。有些旅游应用文把主要问题写完之后，尚有某些问题未交代清楚，在结尾时可给予补充说明，以便把问题叙述得更严密、更周全。比如计划、合同、调查报告、规章等。

（二）结构的功用

1. 结构用于表现主题

结构是为表现主题服务的，有了明晰的结构，主题才得以表现。

以请示与批复为例，请示的正文由缘由、事项、请求三部分组成，必须先讲办什么事、有什么请求，然后请求上级批示。这样安排结构既合乎逻辑，又清晰明白。

2. 结构用于组织材料

在表现主题的材料中，哪个在先、哪个在后、哪个详说、哪个略写，都必须依照一定的原则进行安排，使材料条理井然、各得其所。这就是古人所说的“布局谋篇”。如长篇通讯《九寨山水，耸起澄清的心胸》，全文分三大部分，即“旅游环保中的几个率先”“保护与开发”“经济发展与环保”，它们是横向并列结构，而每一部分内部又是按时间顺序进行叙述和议论的。这样全篇形成混合式结构，有利于材料的安排和主题的表达。

3. 结构用于吸引读者

这一点主要体现在允许发挥创意的文体上，如广告、旅游消息、通讯等。每个人认识事物的角度不同，对事物的感受不同，表达感受的方式方法也不一样。因此，在应用文允许的范围内，作者为了吸引读者，在构思中往往寻求结构形式的创新和突破。

（三）结构的要求

1. 结构要服从表现主题的需要

如一篇探讨中国发展工业旅游途径的文章，在安排结构时紧扣主题，第一部分介绍工业旅游的基本概念；第二部分提出中国工业旅游发展的现状和存在的问题；第三部分提出推进中国工业发展的对策。这样安排文章的结构，完全满足了突出主题的需要。

2. 结构安排要合乎逻辑

首尾照应、衔接紧密、层次清晰、段落分明是合乎逻辑结构要求的，而前后矛盾、顺序混乱、层次模糊、段意交叉则是结构不当的表现。

3. 结构要有利于调度材料

在安排结构时，可以根据需要对材料进行重新取舍、重新归位。无论什么文体，都是如此。如《我国旅游业的高额回扣问题及其对策研究》一文，文章的结构是“提出问题—分析问题—解决问题”。为了引起人们对旅游业高额回扣问题的重视，作者把一个案例放在文章主体的第一段：

高额回扣究竟从何而来？关于这个问题，业内人士众说纷纭。笔者认为，高额回扣“源”自旅游商品的超高标价。新华社两位记者在海南采访时爆出惊人内幕：成本价100元左右的珠宝，在珠宝商场标价为17 800元至23 800元；20元左右的普通珠宝标价在1 880元以上。

这一事例放在开头，犹如“一石激起千层浪”，人们会认识到旅游高额回扣已到了非抓不可的地步，然后文章转入分析问题、解决问题部分。

四、语言

语言可分为书面语言、口头语言、肢体语言、表情语言等。在旅游应用文写作中，主要是指书面语言，基本要求有三个方面。

（一）表述准确

准确是旅游应用文写作的基本要求：首先是总体上合乎逻辑；其次是用词要准确；最后是语言表达恰当、语句通顺。现代作家、教育家叶圣陶在《认真学习语文》中说：“用词怎么用得正确、贴切，需要比较一些词的细微差别。这是很要紧的。比如与‘密’配合的有‘精密’‘严密’‘周密’等词，粗看起来，好像差不多，要细细辨别，才辨得出彼此的差别。”汉语的词汇极为丰富，特别要细细辨别那些同义词、近义词、多义词。比如公文中的“应、应该、同意、不同意、批准、照此办理、遵照执行”等，虽然是明确表态用词，但在肯定的语气上是有差别的，需要认真分析。而“原则同意、原则批准、拟同意、参照执行、酌情处理”等，属于模糊表态用语，究竟该如何使用、用在何处，都需要分析。

旅游应用文的准确性还表现在句式上。比如旅游应用文中应用较多的陈述句式，有用了助词“了”的、表示完成时态的陈述句；有带判断词“是”的、表示肯定的陈述句；还有不带判断词“是”的、表示肯定的陈述句；也有表示否定的陈述句。在表示肯定与否定的陈述句中，有的表示果断，直截了当；有的则表示委婉，在用词和语气上有明显的区别，写作时需要认真地比较和判断。

（二）内容简明

旅游应用文要遵循实用原则，因此必须讲究简明。2012 年颁布的《党政机关公文处理工作条例》明确指出，公文的拟制应“内容简洁”“文字精练”，篇幅力求简短。叶圣陶在《公文写得含糊草率的现象应当改变》一文中说：“公文不一定要好文章，可是必须写得一清二楚，十分明确，句稳调妥，通体通顺，让人家不折不扣地了解你说的是什么。”其他应用文与公文也有类似的要求，应尽量在最短的篇幅里，用最简洁的文字把意思表达清楚。特别是在信息时代，长篇大论是没有读者的，再好的内容，如果没有读者也不会产生价值。比如当前非常活跃的微博、微信，由于文字材料非常简练，传播效果很好，我们在起草旅游应用文时可以借鉴。

旅游应用文的简明可表现在四个方面：

第一，旅游应用文叙事、说理用词要概括，宜粗不宜细；宜用社会上通用的词语，不宜赶时髦使用新奇的、网络上流行的和不规范的词语；尽量避免使用容易产生歧义的词语。

第二，旅游应用文的写作要开门见山，开宗明义，尽快切入主题，避免下笔千言、离题万里。

第三，旅游应用文写作要禁绝一切套话、空话。比如“根据国家旅游局文件精神，在省旅游局领导亲自指导和关怀下，在市旅游局大力支持下，经过全体员工的共同努力，我们的工作很顺利，我们要感谢……”这种套话不仅有曲意逢迎之嫌，更造成文章拖沓冗长。

第四，旅游应用文的结尾要意尽言止，不能拖泥带水。

（三）慎用修辞

有人认为应用文是实用文体，不能讲究修辞，这其实是不对的。人们使用语言交流思想、传播信息并不是消极被动的，总要针对不同的内容和语言环境，选择最恰当、最完美的语言手段，追求最好的表达效果。但是不同类型的应用文使用修辞的方式存在较大的差别，需要慎重选择。

1. 公文

国家行政机关的公文具有法定效力和规范体式，在语言运用上要求简明、准确、平实、得体，结合具体对象和语言环境，在词汇、句子、语调、篇章结构方面注重修饰。但是一些文艺性的修辞手法，如比喻、拟人、夸张、反语等，一般不建议使用，因此也有人称公文要消极修辞。在公文中，叙事说理多用抽象性、概括性的语言，重在准确表达作者的意思，避免阅读者出现意思理解上的偏差。在用词上强调规范、庄重、典雅，一般不用通俗语、口头语和不规范的词语；在句式上多用严密的长句和简单句；在篇章结构上遵循固定的模式。

2. 一般事务性旅游应用文

一般事务性旅游应用文主要包括计划、总结、报告（工作报告、调查报告）、简报、章程、条例、合同、公证书等。这类应用文在语言运用上与公文相近，也可以认为是消极修辞方式，即重在选择词汇、句式、语调、篇章方面。但是由于不是法定公文，可以在篇章结构、语言风格上有所突破，甚至可以适当使用一些排比、双关等修辞手法，以增强文章的可读性。

3. 论文

论文包括评论和学术论文（科技论文、社科论文、学位论文），在写作上以议论为主，通过概念、判断、逻辑推理表达作者对客观事物或社会现象的看法，达到以理服人的目的。论文在语言运用上要求准确、鲜明、生动、严谨，但是为了增强表达效果，使语言表达鲜明、生动，富有说服力，也会使用一些文艺性的修辞，如夸张、反问、比喻等。

4. 具有文艺性的旅游应用文

旅游应用文中有一些具有文艺性的文种，比如导游词、欢迎词、旅游广告等，其语言运用中的修辞方式较为广泛，除了实用性的修辞之外，也经常使用文艺性的修辞方式，往往把二者的优点融合在一起，使文章的表现手法更加灵活多样，更富有表现力。

应用能力训练

1. 如何理解旅游应用文的主旨？
2. 旅游应用文的结构有哪些特点？
3. 如何理解旅游应用文中修辞手法的运用？

第三节 旅游应用文的表达方式

文章常用的表达方式有叙述、议论、说明、描写、抒情五种。这些表达方式都适用于旅游应用文。

一、叙述

（一）什么是叙述

所谓叙述，就是作者对人物的经历或事件的发展变化过程以及场景、空间的转换所做的叙说和交代。

请看下面一段文字：

弯弯曲曲走了一会儿，上上下下四五次，才到洞口。进入洞口中几丈远，有一处洞穴很狭窄，像个瓮口，同游的人中最瘦的也得头和身要贴着地面才能进去。到这儿才开始点起火把，一望无边无际。……

这是明朝游记《云水洞》的译文节录。作者袁宗道对游云水洞的经历及场景、空间的转换做了条理清楚的叙说和交代。这就是一段叙述。

（二）叙述的作用

叙述是旅游应用文写作中最基本、最常用的表达方式。新闻报道等叙述性文章固然以它为主要表达方式，一般的议论性文章如论文，说明性文章如导游词等，都要用到它。

（三）叙述的要领

一方面，要明确作者站在什么角度说话，由谁来当叙述的主角。叙述的人称，就是解决这个问题的。人称是指叙述者的立足点和观察点，即叙述者是以什么身份、站在什么位置上述说、交代事物的。

另一方面，要掌握叙述方法。最基本的叙述方法有顺叙、倒叙、插叙、补叙四种。

二、议论

（一）什么是议论

议论与叙述有明显的区别：一是思维方法不同，议论用的是逻辑推理，叙述用的是形象思维。二是着眼点不同，议论重点在说理，叙述着眼于过程。三是语言不同，议论的语言比较概括、抽象，叙述的语言要求形象、具体。

（二）议论的作用

议论在论文、评论里是表达作者观点和用来说服读者的重要手段，但论说文里的议论有论点、有论据，还有完整的推理论证过程；而公文、事务文书只要把道理直接说出来就行了。

（三）议论的方法

议论的方法总体上可以分立论和驳论。不管是立论还是驳论，都要围绕议论的三要素——论点、论据、论证展开。立论和驳论又都有一些具体的方法。

立论，就是从正面论证自己的观点、见解和主张。立论的方法有多种，如对比法是通过正误对比、好坏对比、新旧对比等，使二者的本质显露得更加鲜明、突出，从而证明论点；因果分析法是通过分析问题，剖析事理，揭示论点与论据之间的因果关系，从而证明论点。

驳论，就是设法证明对方的论点是错误的，从而驳倒对方，反证自己的论点正确。主要方法有以下几种：

一是驳论点。直接或间接地运用事实、道理证明对方的论点是错误的。比如，对方论点为“贺卡用纸量不多，不会耗用多少绿树”。反驳：“制造 4 000 张贺卡，需要 1 棵大树做原料。如果全国 13 亿人口中的一半人平均每人一年发一张贺卡，就要毁掉 162 500 棵大树。这，还算少吗?”

二是驳论据。比如，对方论点同上，其论据是：“一棵大树的纸浆原料可以制造一万张贺卡，现在全国每年生产的贺卡只有几十万张，只需要几十棵大树就够了。”反驳论据：“据报道，仅是北京的中小学生，今年响应‘减卡救树’的倡议，就少买了 400 万张贺卡。想想看，全国生产的贺卡该有多少呢?”

三是驳论证。论证一定要逻辑严密。如果对方在论证中犯了违反推理规则、转换论题、偷换概念等毛病，反驳者就可以给予反击。驳论证是通过分析对方论证方法上存在的逻辑弊病，达到证实对方论点错误的目的。比如，对方论点同上，这样论证：“环境的确需要保护，绿树也的确是环境的重要组成部分。但我国的森林那么多，砍伐那么几十万棵树，也不至于破坏环境吧。”反驳论证：“对方前后自相矛盾，明显违反了推理规则。砍掉几十万棵大树，‘环境的重要组成部分’遭到损毁，怎么能说‘不至于破坏环境’呢?”

（四）议论的要领

论点方面：一要正确；二要鲜明；三要集中。

论据方面：一要真实；二要充分；三要典型；四要新鲜；五要与论点有必然联系。

论证方面：论证的过程实际上是提出问题、分析问题、解决问题的过程，并不是简单地摆出几个论据就完事。

语言方面：议论语言的特点是抽象、概括、逻辑性强。所谓抽象，并不是空洞无物，而是要从具体事物中概括出事物的本质。比如，我们说“21 世纪是中国旅游事业的黄金时代”，这是考察了中国丰富的旅游资源，发现了中国发展旅游事业的有利条件，通过与其他国家和地区的比较，还充分研究了 21 世纪中国旅游事业的机遇等而得出的结论。以“黄金”来比喻，又使语言形象化，不至于枯燥无味。

三、说明

（一）什么是说明

说明的特点是以客观的态度、平实的语言，对事物进行“讲解”。用简洁的语言对事物和人物进行解说的表达方式，就叫作说明。请看下文：

清明上河园景区，占地 600 余亩，其中水面 180 亩，大小古船 50 多艘，房屋 400 余间，景观建筑面积 30 000 多平方米，形成了中原地区最大的仿宋古建筑群。仿照张择端的《清明上河图》，景区设驿站、民俗风情、特色食街、宋文化展示、花鸟鱼虫、繁华京城、休闲购物和综合服务八个功能区，并设有校场、虹桥、民俗、宋都四个文化区。

（二）说明的作用和方法

说明这种表达方式的运用非常广泛，旅游应用文写作离不开它。它的主要用途是介绍、讲解、注释等。说明的方法，主要有定义说明、解释说明、分类说明、比较说明、数字说明、图表说明、举例说明、引用说明、分解说明、形象化说明等。

（三）说明的要领

首先，要抓住特征。其次，要注意顺序。再次，要实事求是。最后，语言要平实，简明易懂。运用形象化说明要贴切，不宜故弄玄虚。

四、描写

（一）什么是描写

通过形象、感性的语言，把对象的状貌、情态、心理活动等描绘出来的表达方式，就是描写。请看开封《山陕甘会馆导游词》中关于一幅画的描写：

旁边这组图在西厢房梢间的额枋上，是一幅民间风俗画。此图是一派水城风貌，干道是水渠，街心行船上一女子怀抱琵琶正在弹奏。一人在船头演唱，表情诙谐。船后一女子，头戴大檐遮阳帽，耳环垂肩，笑容可掬，宽衣博袖，双手摇橹，悠然自得。游船是画面的中心，前来看热闹的有身骑高头大马的达官贵人，有轻摇合扇、嬉皮笑脸的公子王孙，妇女牵着儿童，老妪手扶老翁，都争先恐后地四面拢来，连路边的两位石匠也停下手里的活计，向船头瞧个不停。画面刻画了 25 个人物，表情不同，姿态各异，一个个都被刻画得栩栩如生。

（二）描写的作用

描写是记叙性文书主要的表达方式，用于描述情景、刻画形象等。在议论和说明文书里，它作为辅助表达手段，也较为常用，主要是为了增强形象性、生动性。

（三）描写的要领

首先，要了解描写的对象。

其次，要掌握描写的方法，如侧面烘托等。

最后，要注意描写是为表现文章主题服务的。

五、抒情

（一）什么是抒情

抒情是运用富于感情色彩的语言抒发作者内心感受的一种表达方式。如《山陕甘会馆导游词》的结尾：

这些雕刻把这座建筑衬托得辉煌壮丽，更使你充分得到美的享受。我们在欣赏这些作品时，难道不为我国清代雕刻家们鬼斧神工般的雕刻技巧拍案叫绝吗？

（二）抒情的作用

在旅游应用文中，抒情多见于广告、导游词、通讯等文体，主要用于直接或间接抒发作者的情感和感受，以增强文章的感情色彩。

（三）抒情的方法

抒情的方法有直接抒情和间接抒情两种。直接抒情也叫直抒胸臆，即不借助客观事物，直接把心中的情感抒发出来。间接抒情包括依事抒情、据理抒情、借景抒情等，即把感情的抒发糅合在描写、叙述、议论之中。

（四）抒情的要领

抒情的基本要旨是感情真实、健康、自然，切忌虚情假意、矫揉造作。

应用能力训练

写文章常用的表达方式有哪几种？

第四节　旅游应用文的写作

旅游应用文的写作与一般文章的写作过程类似，是有规律可循的。如一般性文章写作中的准备材料、明确主旨、安排结构、定好基调、围绕主旨、精心修改等环节，以及这些环节中的方法和技巧，在写作旅游应用文时均可借鉴。

一、写作前的准备

“凡事预则立，不预则废。”旅游应用文写作前的准备工作主要有准备材料、明确主旨、安排结构等，三者是相互联系、相互贯通的，是整个写作活动的一个有机部分。

（一）准备材料

材料是一切写作的基础。旅游应用文中的材料是作者在日常工作中直接积累或通过调查搜集的，选择和利用材料的随意性与空间较小，要根据工作需要，按照既定的主旨、文体来确定。

1. 搜集材料

搜集材料是审核和选用材料的基础，搜集的材料越多越好。凡是认为有用的，不论是正面的、反面的、过去的、现在的、完整的、零散的、具体的、概括的、直接的、间接的，都要搜集起来。搜集材料的方法主要有两个：一是手勤、脑勤，善于积累；二是调查研究，如开调查会、个别访问、做问卷、现场察访、查阅资料等。

2. 审核材料

审核材料是对所搜集的材料进行鉴别、归类、整理。鉴别主要是区分有用的和无用的、真实的和虚假的；归类主要是分门别类，将材料分为主要的、一般的、次要的，具体的、概括的，典型的、非典型的等；整理则是对认为可能用到的材料进行粗加工，将自己的认识、感悟标记在材料上，以便于写作时使用。

3. 选用材料

材料要为文章的主旨服务，有了材料之后，要按照主旨的需要精心选用。为了鲜明、深刻、充分地表现主旨，必须选用那些典型的、新鲜的、生动的、能充分说明主旨的材料。材料选用恰当，写作时便会水到渠成。

（二）明确主旨

主旨即旅游应用文写作的目的。只有主旨明确了，才能确定选用什么材料，怎样安排结构，以何种语体表达。如果在动笔之前主旨不明确，写起来无所遵循，不是茫然无从下笔，就是文不对题。那么，如何明确旅游应用文的主旨呢？就是所谓的"吃透两头"，即吃透上头的精神和意见，了解并掌握下头的具体情况。

"吃透上头"包括掌握党和国家的方针、政策、法律、法规，这是旅游应用文写作的根本依据，只能遵循，不能违背。对旅游部门领导的思想、意见和要求要认真听取、研究，尤其是旅游部门主要领导的指示要吃透。动笔之前"吃透上头"，才便于明确写作的主旨。

"吃透下头"就是要熟悉和了解本部门的情况与群众的实际意见。在一些旅游事务性应用文中，还需要吃透旅游市场的情况、游客的想法和要求。只有摸准群众的脉搏，把握群众的情绪，才能将下头的实际情况与上头的指导精神结合，提炼出明确的写作主旨。

但仅仅如此还是不够的，要想使旅游应用文正确地反映现实和发挥作用，作者还必须深入思考，认真地分析研究。在多数情况下，党和国家旅游行政机关的方针政策、旅游部门领导的思想认识、群众的愿望与要求是一致的；但由于领导和群众所处的位置不同，看问题的角度和切身的利益不同，也会出现分歧或不一致，这就需要作者认真研究分析各种情况，提炼并概括出正确的主旨。

（三）安排结构

在动笔之前还应做好安排文章结构的工作，即如何围绕着主旨布局谋篇。一篇文章应分成几部分，最好列出提纲，有了提纲，才能做到心中有数。对于每一部分应包含哪些内容，以及如何开头、如何结尾、如何过渡、如何照应等，都应有一个较为清楚的思路。这样既能保证质量，又能提高写作速度。

旅游应用文的文种不同，文章的结构也会有所不同。比如公文中指令性的"命令"，往往只是对解决问题的结果予以表态或答复，一般结构简单，篇段合一；而"指示"的结构一般是"提出问题—解决问题"；"工作总结"则是"基本情况—做法与成绩—问题与打算"；"学术论文"的结构一般是"提出问题—分析问题—解决问题"。

不同的旅游应用文，要求不同，所列写作提纲有粗细之分；而每个人的写作习惯不同，所列提纲也有详略之别。因此，写作前的准备并不是严格的规定，最终如何运用，还须因文、因人而定。

二、写作过程的把握

应用文的写作过程就是作者将自己的思想和意图转化成书面文字。这个过程的重点是认真把握写作基调，充分表现文章主旨，仔细酝酿组织文字。

（一）定好基调

写作如同作词、谱曲一样，首先有个定调问题。白居易说“首句标其目”，说明文章开头的定调关系到整篇。旅游应用文种类繁多，功能各异，落笔时一定要定好基调。比如，工作报告是国家旅游机关、旅游企事业单位的领导人，在规模较大的重要会议上的讲话稿，必须庄重严谨；动员报告是在群众大会上号召和鼓动大家积极参与某项活动的讲话稿，必须激昂、热烈、有鼓动性；欢迎词是用来欢迎宾客的讲话稿，要营造一种宾至如归的氛围，就必须具有亲和力。

（二）充分表现文章主旨

主旨是文章的灵魂，在写作过程中必须表现充分，让读者印象深刻。

第一，要“一意贯底”。就是指一篇文章自始至终只能有一个写作目的，所谓“一事一文”，不能偏离写作中心。文章所涉及的内容，包括选用材料、安排结构、遣词造句等，自始至终都应紧紧围绕着一个中心。不仅要深刻体现写作的主旨，而且要围绕这个中心组织材料，做到脉络清楚、详略得当。

第二，要“主旨单一”。“立意要纯”“意多乱文”，写文章中心应集中、突出，思想要深刻。如果在一篇文章中有多种立意，既想说明这个问题，又想说明那个意思，必然造成着墨分散，如同“蜻蜓点水”“隔靴搔痒”，使问题说不透、讲不清。另外，旅游应用文是为了解决旅游工作中的实际问题，从提高办事效率上讲，必须“主旨单一”。例如，在“请示”中如果写了多项请示事项，这些事项中，有的上级同意、有的上级要再研究、有的上级反对，这就给主办机关出了难题，无法迅速进行批复，影响行文的效果。“主旨单一”是应用文写作的基本要求，但也并非不可突破。在一些工作汇报、情况汇报中可以出现几个事件、多个问题，但不能把文章的内容写得太杂乱，以免淹没了中心，造成主旨不明。

第三，“选材要严，开掘要深”。所谓“选材要严”，是指写作中运用材料的标准，主要体现在紧紧围绕着文章的主旨，选用真实的、新颖的、典型的材料。所谓“开掘要深”，是指对材料的充分运用，要深入发掘材料本身的意义，充分发挥材料的作用。这就需要对材料做深入分析，看看这些材料外在的意义是什么，内含的意义是什么，用在文章的什么地方合适，力求做到观点和材料的统一，使材料和文章内容形成一个有机的整体。

三、写作后的修改

好文章大多经过反复修改、润色。正所谓“如切如磋，如琢如磨”，写文章也像雕琢玉石一样，要反复切磋、反复琢磨。唐代诗人贾岛的诗“鸟宿池边树，僧敲月下门”中“推敲”的典故，也告诉我们文章写完之后，要字句斟酌、反复修改。

（一）主旨的进一步深化

主旨或中心思想是文章的核心，修改文章，首先要使主旨或中心思想更正确、更深刻。在旅游应用文修改中，主要审查文稿的主旨是否正确、是否明确，要说明和解决的问题是否讲清楚了。如果发现目的不明确、重点不突出、主次不分明、缺乏针对性，就必须围绕主旨一一进行修改。

（二）材料的调整

材料是文章的基础，但并不是说材料越多越好，关键在于材料选择要充分、精当。修改调整的方法有增加、删减、调换。增加材料通常是因为缺少某些材料，使文章表述不完整、不充分。如果缺少材料，记叙类文章会显得内容单薄；议论性文章，则会论据不够充分，论证不够有力，论点也不鲜明；应用性文章，可能说明不了问题，达不到解决问题的目的，所以必须根据需要增加一些材料。删减材料主要是因为文章的材料使用过多，造成内容臃肿，不利于读者迅速了解文章的精髓，导致传播效果欠佳，这就需要削枝强干，大胆删除冗余材料。调换材料，主要是因为文章材料使用的地方不够恰当，虽然材料很典型，但是需要在布局上进行调整，使得材料和文章的主旨更加一致，材料和观点更加统一。

（三）结构的调整

调整文章的结构主要基于以下几方面的原因：第一，文章的结构不符合事物的发展规律，不合逻辑，比如文章前后脱节、轻重倒置等；第二，文章的结构不符合人们的思维习惯和阅读习惯，不利于读者提高阅读效率；第三，文章的层次不清晰，段落划分不恰当，从整篇文章上看详略不适当，需要将一些段落进行合并和调整。修改结构的原则仍然是适合文章主旨的需要，做到匀称、完整、周密、合理、自然。

（四）修改语言及标点符号

语言运用的基本原则是规范化，较高的要求是准确、鲜明、生动，具有艺术性。因此，对语言的精心推敲、润色是十分必要的。修改语言文字就是要把那些病句、不通顺的句子改得合乎语法；把那些重复啰唆的字句删除；把那些语意不明、晦涩难懂的句子改得清楚、明确；把那些平庸、呆板的句子改得生动、活泼、新颖。另外，应用文的语言要精当、准确、得体，要使用规范化的文字，凡不规范的都应修改。

标点符号是语言的辅助部分，运用恰当，可以正确地表达文章的内容，否则，会造成混乱，甚至扭曲文章的原意。从应用文的规范性上讲，标点符号使用正确是最基本的要求，初稿中难免会用错标点符号，修改文章时一定要把标点符号列为一项重要内容，认真地进行修改。

四、旅游应用文写作的学习方法

（一）学习应用文写作的基本方法

1. 学好基本理论，指导写作实践

旅游应用文的文体多种多样，写作要求各有不同，写作的格式、方法、技巧等都是经过长期实践得出来的，已经形成了一定的理论框架。学习好这些基本的理论，正确认识各类应用文的特点和写法，将有助于写作实践。

2. 模仿经典例文，启发写作思路

对于初学者来讲，首先，应阅读各类应用文范例，这样可以熟悉应用文的格式，领悟各文种的写作思路；其次，可以用具体的写作实例，套用经典例文的写作模式；最后，经过反复的写作练习，达到运用自如。

3. 加强写作训练，形成写作技能

旅游应用文写作是一门实践性很强的基础课程，学习理论的最终目的在于实际运用，而熟练运用的前提在于经常性地进行写作训练。要将应用文写作知识转化为写作能力，形成良好的写作技能，必须依靠有目的、有计划、有重点的写作训练。

（二）进一步提高写作水平的途径

文章功夫不全在文章内，也在文章外。要写出较高水平的文章，作者不仅要具备较高的文字水平，而且必须全面提高自己的修养。人们习惯于将修养归结为德、才、学、识四个方面，其实这四个方面不是孤立的，而是相互联系的。

德，指加强道德修养，也就是在思想上要爱国敬业，有责任感，做事认真，对社会有奉献精神，而不是自私自利、斤斤计较。

才，指增长才干。才干并非天生的，而是在学习的基础上，经实践锻炼出来的。加强学习，多方面丰富自己的知识，在实践中经受锻炼、积累经验，才干自然就会增长。

学，指加强学习。既要学习党和国家的路线、方针和政策，也要学习专业知识，了解相关学科的基本知识，围绕自己的工作形成知识系统，培养运用理论分析问题和解决问题的能力。

识，指扩大见闻。多了解社会现状，了解国外情况，了解专业发展前沿情况，自然就会增长见识，遇到问题就容易形成自己的看法，找到解决问题的途径。

应用能力训练

1. 旅游应用文写作前应做好哪些准备工作？
2. 旅游应用文的修改包括哪几个方面？
3. 结合自己的实际，谈谈旅游应用文写作需要哪些方面的基本功。

第二章
旅游宣传类文体写作

第一节　景区、景点介绍

例文 1

云台山

云台山位于河南省距省会郑州西北 70 千米的焦作市修武县境内，总面积 240 平方千米，拥有十一大景点，是一处以太行山岳丰富的水景为特色，以峡谷类地质地貌景观和悠久的历史文化为内涵，集科学价值和美学价值于一身的科普生态旅游精品景区，因山势险峻，峰峦之间常年云锁雾绕而得名。

云台山地区经过了 25 亿年以上的沧桑巨变，其间经历了无数次的裂山断海、风侵水蚀才形成了今天让人叹为观止的灵山秀水。在裂谷作用下形成的“云台地貌”，是新构造运动的典型遗迹，不仅衍生出美学价值极高的地质地貌景观，也培育出这一区域繁杂多样的自然生态景观。这些丰富的地质遗迹，俨然成为记录这里亿万年沧桑演变的活字典，它们以大量的信息和实证准确地记录了云台山园区地壳的形成及演变历程。在这里，不仅能欣赏到山水的表，得到耳目之娱，更能看到山水的本，了解比人类文明深远几十亿年的地球历史。2004 年 2 月 13 日，云台山被联合国教科文组织评选为全球首批世界地质公园。同时，云台山还是国家级风景名胜区、全国文明风景旅游区、首批国家 5A 级旅游景区、国家自然遗产、国家森林公园、国家级猕猴自然保护区、国家水利风景区、国家文化产业示范基地，荣获世界杰出旅游服务品牌、中国旅游知名品牌、全国旅游系统先进集体、全国青年文明号、全国工人先锋号等多项荣誉，并被国家工商行政管理总局认定为中国驰名商标，被国家旅游局确定为学习实践科学发展观联系点。2007 年 8 月，云台山与美国大峡谷国家公园结为姐妹公园，成为我国第二家通过官方建立的中外姐妹公园，并被列入当年胡锦涛主席访美时中美两国政府签署的合作备忘录。2010 年 3 月，“云台山”被国家工商总局认定为中国驰名商标。2010 年 7 月，云台山被河南省人民政府授予 2010 年度（首届）河南省省长质量奖。2011 年，云台山被国家质量监督检验检疫管理总局评为全国质量工作先进单位。

云台山以山称奇，以水叫绝，因峰冠雄，因峡显幽，历史文化积淀深厚。这里四季分明，景色各异。春来冰消雪融，万物复苏，小溪流水，山花烂漫；夏日郁郁葱葱的原始次生林，丰富独特的飞瀑流泉，造就了云台山奇特壮美、如诗如画的山水景观；秋季来临，层林尽染，红叶似火，登高山之巅，观云台之秋色，插茱萸、赏红叶，遥寄情思；冬季到来，大自然又把云台山装扮得银装素裹、冰清玉洁，但见群山莽莽苍苍、雄浑奇劲。

云台山历史文化积淀深厚。它是儒、释、道景观并存的宗教名山，有汉献帝避暑台和陵墓，也有中国山水园林文化鼻祖“竹林七贤”的隐居地（至今有刘伶醒酒台、嵇康淬剑石、孙登啸台等遗迹），有唐代药王孙思邈采药炼丹的洞府，以及唐代大诗人王维吟诵“独在异乡为异客，每逢佳节倍思亲”的佳话……可谓名副其实的“避暑有楼，醒酒有台，载文咏诗有碑碣”。

景区内有单级落差314米的亚洲第一高瀑——云台天瀑；有被誉为华夏第一奇峡的红石峡；有华夏第一秀水之称的潭瀑峡；有唐代大诗人王维写下千古名句“遥知兄弟登高处，遍插茱萸少一人”的茱萸峰；有融山的隽秀、水的神韵为一体，被赞为“人间天上一湖水，万千景象在其中”的云台天池——峰林峡；有生态旅游最佳去处“云台第一大峡谷”——青龙峡；还有将中国山水园林文化从官廷推向民间的“竹林七贤”隐居地——百家岩等精品景点。

资料来源：http://www.yuntaishan.net/help/profile.asp.

一、景区、景点介绍的含义

景区、景点介绍就是介绍旅游景区、景点的说明性文字，旨在使旅游者对景区有一个全面、初步的了解。这类文体主要有三个特点，即真实自然性、独特差异性、审美艺术性。

二、景区、景点介绍的种类

（一）自然景观

自然景观是指一切具有美学和科学价值、具有旅游吸引功能和游览观赏价值的自然旅游资源所构成的自然风光景象。简而言之，自然景观就是大自然自身形成的自然风景。在介绍自然景观时应涵盖以下几项内容：

（1）景区位置：景区所在的准确地理位置。

（2）地貌规模：景区的地质结构、风景规模。

（3）风景特色：景区的风景特点、奇异之处。

（4）地位评价：景区的游览价值、权威评价。

（二）人文景观

人文景观是指人类活动所留下的具有观赏价值的痕迹或实物。它们是人类历史发展的见证，在内容、形式、结构、格调等方面都具有历史特点，同时表现出明显的地方特点和民族风格。在介绍人文景观时应涵盖以下几项内容：

（1）地理位置：人文景观的具体位置。

（2）历史变迁：人文景观的始建年代、规模、经历的变化、现今遗存。

（3）景观特色：人文景观的历史性、文化背景、民俗风情。

（4）人文价值：人文景观所揭示的历史文化内涵和文物的存在价值，以及景观现在的文化地位和影响。

三、景区、景点介绍的结构和写法

（一）概述景区

概述景区时，可以先明确景区的地理位置，巧妙引导，先声夺人；也可以评价景区中景观的价值、特色。总之，开头要有特色，以给人们留下深刻的印象，起到激发人们的兴趣和好奇心的作用。

（二）分述景点

人们的认识角度不同、审美层次不同，也会导致介绍文字的水平高低差异。所以在这部分的写作中，需要对景区进行多方位、多层面的挖掘，将人文民俗、传说典故、风味特产融于其中，提炼、总结出景观的独特之处。

（三）结束

常见的结束技巧有总结式结束、畅想式结束、提升式结束、自然结束法。

四、景区、景点介绍的写作技巧

（一）巧妙引导，先声夺人

景区、景点介绍贵在特色，这是吸引旅游者的根本原因。所以写作这类文章时需要抓住自然景观和人文景观的独特之处，用最准确、最新奇、最别致的字眼来概括描述。例如：

6 000 多年的文化底蕴造就了乌镇不少的名人，从宋、元、明到清光绪二十七年（1901 年）为止，乌镇共有举人 103 人、进士 48 人，正应了“中原两圣人，江南千状元”这句俗话。其中，现代作家茅盾、清朝翰林夏同善以及南北朝梁昭明太子萧统的老师沈约名气颇盛。

（二）巧妙结束，回味悠长

1. 总结式结束

走进澳门，在摩天大楼的夹缝间，既可看到中式建筑的寺庙，又可看到西式建筑的教堂；既可看到人们在求神拜佛，也可看到人们在做礼拜。在现代商住楼宇、豪华酒店、华丽的教堂和飞驰的小轿车之外，传统的风采韵味随处可见：东方式的园林建筑，香火鼎盛的庙宇，沉默的炮台，狭窄的石子街道，黄昏时的三轮车，还有中老年人的唐装……宁静的传统景致与动感十足的现代节拍相互融合、补充，形成澳门独特的城市景观。

这段结束语，对澳门的城市景观做了一个全面的总结，给人以回味悠长的想象空间。

2. 畅想式结束

苍山洱海，山水相依，绵延 40 多千米，就像一幅色彩鲜明的山水画卷。“风、花、雪、月”四景更使苍山洱海风光独具魅力，使人们无限向往！

这段关于苍山洱海介绍的结束语，具有很强的鼓动性，激发了人们的游览兴致。

3. 提升式结束

风景秀丽的“女儿国”泸沽湖，风情山水互为熏染，使人一走进泸沽湖畔，便犹如走进了一个秀美、缥缈的神秘世界。台湾著名学者李森灿先生曾称赞它是极端完美的艺术品。

这是一段对自然景色进行人文挖掘的、具有审美延伸效果的结束语，提升了景观的欣赏价值和美学地位。

4. 自然结束法

看完陈列，顺道还可以去“听鹂馆”参观。那是一座小小的四合院，里面的盆景值得观赏，临时举办的各种展出也很有文化品位。

这一小段文字是武侯祠的结尾，文字简单而自然，采用了随游踪延续的顺理成章的自然结束法。

例文 2

乾清宫

时代：清嘉庆。

分类：宫。

区域：内廷中路。

乾清宫，内廷后三宫之一，始建于明代永乐十八年（1420 年），明清两代曾数次被焚毁而重建，现有建筑为清代嘉庆三年（1798 年）所建。

乾清宫为黄琉璃瓦重檐庑殿顶，坐落在单层汉白玉石台基之上，连廊面阔 9 间，进深 5 间，建筑面积 1 400 平方米，自台面至正脊高 20 余米，檐角置脊兽 9 个，檐下上层单翘双昂七踩斗栱，下层单翘单昂五踩斗栱，饰金龙和玺彩画，三交六椀菱花隔扇门窗。殿内明间、东西次间相通，明间前檐减去金柱，梁架结构为减柱造型，以扩大室内空间。后檐两金柱间设屏，屏前设宝座，宝座上方悬“正大光明”匾。东西两梢间为暖阁，后檐设仙楼，两尽间为穿堂，可通交泰殿、坤宁宫。殿内铺墁金砖。殿前宽敞的月台上，左右分别有铜龟、铜鹤，日晷、嘉量，前设鎏金香炉 4 座，正中出丹陛，接高台甬路与乾清门相连。

乾清宫建筑规模为内廷之首，作为明代皇帝的寝宫，自永乐皇帝朱棣至崇祯皇帝朱由检，共有 14 位皇帝曾在此居住。由于宫殿高大，空间过敞，皇帝在此居住时曾分隔成数室。据记载，明代乾清宫有暖阁 9 间，分上下两层，共置床 27 张，后妃们得以进御。由于室多床多，皇帝每晚就寝之处很少有人知道，以防不测。皇帝虽然居住在迷楼式的宫殿内，且防范森严，但仍不能高枕无忧。据记载，嘉靖年间发生“壬寅宫变”后，世宗移居西苑，不敢回乾清宫居住。万历帝的郑贵妃为争皇太后闹出的“红丸案”、泰昌妃李选侍争做皇后而移居仁寿殿的“移宫案”，都发生在乾清宫。明代乾清宫也曾作为皇帝守丧之处。

清代康熙以前，这里沿袭明制，自雍正皇帝移住养心殿以后，这里即作为皇帝召见廷臣、批阅奏章、处理日常政务、接见外藩属国陪臣和岁时受贺、举行宴筵的重要场所。一些日常办事机构，包括皇子读书的上书房，也都迁入乾清宫周围的庑房，乾清宫的使用功能大大加强。

雍正元年曾下诏，密建皇储的建储匣存放乾清宫“正大光明”匾后。康熙、乾隆两朝，这里也曾举行过千叟宴。

现为宫廷生活原状陈列。

资料来源：http://www.dpm.org.cn/shtml/116/@/17744.html.

例文 3

国家游泳中心（水立方）

国家游泳中心（水立方）位于北京奥林匹克公园内，是 2008 年北京奥运会标志性建筑物之一，总建筑面积约 10 万平方米，由北京市国有资产经营有限公司（以下简称市国资公司）负责建设、管理和运营，于 2003 年 12 月 24 日开工，2008 年 1 月竣工。

2007 年 8 月，北京国家游泳中心有限责任公司注册成立，作为市国资公司的全资子公司，在市国资公司领导下，全面负责国家游泳中心项目的建设、管理和运营工作。

2008 年奥运会期间，国家游泳中心承担游泳、跳水、花样游泳等比赛，产生 42 块奥运金牌。奥运会后，游泳中心既可承担重大水上比赛（如：残奥会、世界游泳、跳水锦标赛）和各类常规赛事，又是具有国际先进水平的集游泳、运动、健身、休闲于一体的多功能国际化时尚中心，为市民强身健体提供良好的基础条件。

国家游泳中心作为北京奥运会主要的比赛场馆之一，具有国际级的设施水平和知名度，周边拥有超过 50 万人的消费居民群体，具有地铁奥运支线方便快捷的交通条件。

资料来源：http://www.water-cube.com/cn/other/2012/0626215.html.

应用能力训练

1. 你所在的地域有哪些人文与自然相结合的景观呢？请说一说。
2. 请以本地的旅游景点为例，说说它的独特之处。
3. 以你最熟悉的景点为例，模拟景点介绍的开头或结尾。

第二节　导游词

例文 1

河南开封铁塔导游词

游客朋友：

大家好！在开封众多的文物古迹当中，铁塔是开封的标志性建筑之一，成了游客必到之地，就像人们所说的："来开封不登铁塔，等于没来过开封。"

铁塔位于开封城内东北隅铁塔风景区内，以精湛绝妙的建筑艺术和雄伟秀丽的修长身姿而驰名中外，被人们誉为"天下第一塔"。

铁塔建于北宋皇祐元年，就是公元 1049 年，因当年建在开宝寺内，称开宝寺塔。又因其外表全以褐色琉璃砖镶嵌，远看近似铁色，加之本身坚固异常，犹如铁铸，故从元代起民间称之为"铁塔"。据史料记载，铁塔前身是一座木塔，系我国北宋时期著名建筑学家喻浩为供佛祖释迦牟尼佛舍利而建造的。据说，他经过八年的构想设计和建造，终于在公元 989 年把这座佛塔建成。木塔共八角十三层，高 120 米，上安千佛万菩萨，塔下作地宫，供奉佛祖的舍利子。木塔做工精细，"其土木之宏伟，金碧之炳耀，自佛法入中国，未之有也"，因此该塔被称为"天下之冠"。初建成的塔向西北倾斜，有人问喻浩缘由，他说京师无山，又多西北风，离此地不远又有大河流过，用不到百年的时间，塔受风力作用和河水浸岸的影响，就自然会直过来了，并预言此塔可存在七百年不会倒塌。但令人遗憾的是，这个木塔在宋仁宗庆历四年，就是公元1044年夏天，便被雷火所焚，仅存在五十多年。到了皇祐元年，宋仁宗下诏在距此塔不远的夷山上，仿照木塔的样式建造了我们今天所看到的这座铁色琉璃砖塔。

铁塔是因其卓绝的建筑艺术闻名遐迩的。铁塔现高55.88米，平面作八角形，十三层楼阁式，底层每面阔4米多，向上逐层递减，层层开设明窗，一层向北，二层向南，三层向西，四层向东，以此类推，其余皆为盲窗。设计明窗，除有采光、通风、瞭望之用，还能减缓强风对塔身的冲击力。明代嘉靖、万历年间，又在塔心柱正对明窗之处，镶嵌了琉璃佛砖，保护塔心柱免受风力侵蚀。

设计师在设计建造铁塔时，采用仿木结构，它以许多形状、大小各异的“结构砖”相组合。这些结构砖，就像经过斧凿的木料一样，有榫、有眼，组装起来，严密合缝。塔身的檐、椽、瓦等，也俱为琉璃砖所成。砖型的规格化是我国佛塔建筑的一大进步，可以砌出各种仿木结构，这些特点使铁塔在我国佛教建筑史上占有重要地位。

粗壮的塔心柱是支撑塔壁、抵御外力的核心部分。各种不同用途的外壁砖瓦构件通过登道与塔心柱紧密衔接，异常坚固，具有很强的抗震能力。九百多年来，铁塔历经地震、暴风、水患，特别是1938年5月，日军用大炮对铁塔进行轰炸，北面从第四层至第十三层的各级檐角、塔壁遭受不同程度的毁坏，但铁塔仍然屹立。对此，民间老人们解释说：铁塔作为一座佛塔，经历如此多的灾难而不倒塌，是受佛祖保佑的结果。佛教相信三世轮回，所以当地信佛的老人常告诉游客，如果你围绕铁塔左绕三圈，右绕三圈，佛祖将保佑你一生平安。

铁塔外壁镶嵌的花纹砖有五十余种，花纹图案包括飞天、降龙、麒麟、坐佛、玉佛、菩萨、狮子、伎乐、花卉等，造型优美，精妙生动，具有鲜明的宋代艺术风格。

铁塔原建于夷山之上，后来由于黄河泥沙沉积，将夷山及塔基淤没。据《如梦录》载，基座辟有南北二门，向南一门匾曰“天下第一塔”。基座下有一八棱方池；北面有小桥跨池而过，由小桥进北门入塔。由此可以想象，当年铁塔如同一株破水而出的芙蓉，亭亭玉立，更使塔身外观显得挺拔灵秀。

铁塔内有砖砌登道，绕塔心柱盘旋而上，历一百六十八层台阶可至塔顶。登到第五层，可以看到城内景色；登到第七层，可以看到城外原野；登到第九层，可以看到浩瀚奔腾的黄河；登到第十二层，则云雾扑面，此即著名的古开封汴京八景之一的“铁塔行云”。诗曰：“浮屠千尺十三层，高插云霄客倦登。润彩氤氲疑锦绣，行人迢递见觚棱。半空铁马风摇铎，万朵莲花夜放灯。我昔凭高穿七级，此身烟际欲飞腾。”

细心的游客会发现眼前的铁塔是座斜塔，已向东南方向倾斜。看来，喻浩先生当年的担心并非多余！

在铁塔西百米处，是一座重檐伟阁、漆栋画梁的大殿，名叫“接引殿”。周围由二十四根大柱支撑，青石栏杆。望柱上雕刻有形态各异的九十六只小狮子。

殿内矗立着一尊高大慈悲的站佛——阿弥陀佛，俗称接引佛。这尊高大的接引佛像，是宋元时期用全铜铸造的，身高5.4米，重12吨，赤足站立，穿有山水云朵花纹的袈裟法衣。最上方有一“光明无量”的匾额。周围四根柱子上写有两副楹联：一副为“诸恶莫做，众善奉行，已了如来真实意；四大本空，五蕴非有，是为波罗蜜多心”。另一副为“四八愿普被群机，决定万修万人去；二五有同生正信，合当一念一如来”。佛像周围的殿壁上绘制有大型壁画《西天极乐世界图》，上有佛像七十多尊，图中有慈眉善目的菩萨、婀娜多姿的彩女、手托花盘的仙娥、舞姿轻盈的飞天等，锦衣广带，彩绦飘飞，一派温馨和谐的天国景象。

铁塔胜景历来是文人骚客歌咏的对象。元人冯子振曾赋诗歌咏中秋节铁塔燃灯的壮观景象：“擎天一柱碍云低，破暗功同日月齐。半夜火龙蟠地轴，八方星象下天梯。光摇滟滪沿珠蚌，影落沧溟照水犀。火焰逼人高万丈，倒提铁笔向空提。”新中国成立后，1952 年 10 月 30 日，毛泽东主席视察黄河，曾亲临开封铁塔，当时被日军炸坏的铁塔尚未修复，是毛泽东主席亲自批准了铁塔的修复工程。1958 年铁塔周围已辟为铁塔公园，占地 51.24 公顷，其中陆地面积 41.62 公顷，湖水面积 9.62 公顷。1961 年 3 月 4 日，铁塔被国务院批准为我国第一批重点文物保护单位。现在，除铁塔和接引佛殿外，还有大型植物园、铁塔湖，置身景区里，绿树成荫，碧水荡漾，画舫穿梭。我们在欣赏景区之美时，更能体会到古今劳动人民的勤劳与智慧。

游客朋友，我们在铁塔的参观活动就要结束了。愿壮丽雄伟的铁塔给大家留下美好的回忆，愿高大的接引佛给大家带来吉祥和福气！谢谢！

资料来源：李宗军，等. 河南优秀导游词精选. 郑州：河南人民出版社，2005.

一、导游词的含义

导游词是导游人员引导旅游者游览时的讲解词，是对有关景物进行解说的应用文字。导游词是导游人员同游客交流思想、向游客传播文化知识的工具，也是吸引和招揽游客的重要手段。

二、导游词的特点和种类

（一）导游词的特点

导游词的内容是通过导游人员的口头语言表达传递给旅游者的。导游人员通过生动、形象、富有感染力的讲解去激发旅游者的兴趣，使之积极参与游览，获得更多知识，欣赏景观，从而获得美的享受。但是，若没有丰富、规范的书面语言做“脚本”，导游人员对自然景观、人文景观的认识很难深刻、全面，在讲解时也会遇到“巧妇难为无米之炊”的情况。所以，学习撰写导游词不仅是为旅游者服务，同时也是旅游景点、景区最重要的工作之一。

导游词是导游人员在引导旅游者游览时对景观、风土人情、文物等进行解说的应用文字。其特点有：口语通俗化、知识趣味性。

（二）导游词的种类

根据讲解的形式，导游词可分为两种：

（1）口语形式。通过口头语言进行表达。

（2）书面形式。此形式是口头表达的依据。

根据讲解的对象，导游词可分为三类：

（1）以人为主的导游词。一般要说明人物的身份、经历、性格、贡献及社会评价等。

（2）以景为主的导游词。一般要说明景的特点、有关的传说、史实、成因和影响等。

(3) 以物为主的导游词。一般要说明物的性质、特征、功能、成因及其与人类或社会的关系等。

三、导游词的结构和写法

(一) 导游词的结构

1. 前言

前言是导游人员对游客表示热情欢迎、交代游览活动计划、提醒有关事项的文字。

2. 总述

总述对游览地进行概括介绍，包括游览地的总体概貌、游览地的旅游价值和地位、将要游览的主要内容和特色等。

3. 分述

分述是对各部分景观逐一进行具体讲解说明的内容，该部分要注意重点突出。

4. 结语

结语是导游人员与游客真诚告别，对游览过程进行总结的话语，一般比较简洁。

(二) 导游词的写法

导游词的格式是：标题＋称呼语＋正文。

1. 标题

一般由地名和文种构成，如“兴隆热带植物园导游词”。

2. 称呼语

常用的称呼语有“各位游客”“各位朋友”等。

3. 正文

由前面所介绍的前言、总述、分述、结语四部分构成。

四、导游词的写作要求

(一) 强调知识性

一篇优秀的导游词必须有丰富的内容，融入各类知识并旁征博引、融会贯通，以引人入胜。导游词的内容必须准确无误，令人信服。导游词不能只满足于一般性介绍，还要注重深层次的内容，如同类事物的鉴赏、有关诗词的点缀、名家的评论等，这样会提高导游词的档次和水准。

(二) 讲究口语化

导游语言是一种具有丰富表现力的生动形象的口头语言，这就是说，在导游词创作中要注意多用日常用语和浅显易懂的书面语；要避免难懂的书面语词汇和音节拗口的词汇；多用短句，以便讲起来顺口，听起来轻松。强调导游词口语化，并不意味着忽视语言的规范化。

(三) 突出趣味性

为了突出导游词的趣味性，必须注意以下六个方面的问题：

一是编织故事情节。讲解一个景点，要不失时机地穿插趣味盎然的传说和民间故事，以激起游客的兴趣和好奇心理。但是，选用的传说故事必须健康向上，并与景观密切相连。

二是语言生动形象，用词丰富多变。生动形象的语言能将游客导入意境，给他们留下深刻的印象。

三是恰当地运用修辞方法。导游词中恰当地运用比喻、比拟、夸张、象征等手法，可使静止的景观深化为生动鲜活的画面，揭示事物的内在美，使游客陶醉其中。

四是幽默风趣的韵味。幽默风趣是导游词艺术性的重要体现，可为导游词锦上添花。

五是情感真切。导游词语言应是文明、友好和富有人情味的语言，应言之有情，让游客赏心悦目、倍感亲切温暖。

六是随机应变，临场发挥。

（四）突出重点

每个景点都有代表性的景观，每个景观又都从不同角度反映出它的特色内容。导游词必须在照顾全面的情况下突出重点。面面俱到、没有重点的导游词是不成功的。

（五）要有针对性

导游词不是以一代百、千篇一律的。它必须从实际出发，因人、因时而异，要有的放矢，即根据不同的游客以及当时的情绪和周围的环境进行讲解。切忌不顾游客的差异，导游词一篇通吃的现象。编写导游词一般应有假设对象，这样才能有针对性。

（六）重视品位

创作导游词必须注意提高品位。一要强调思想品位，弘扬爱国主义精神是导游人员义不容辞的职责；二要讲究文学品位，导游词的语言应该是规范的，文字是准确的，结构是严谨的，内容层次是符合逻辑的，这是对一篇导游词的基本要求。如果在关键介绍之外适当地引经据典，得体地运用诗词名句和名人警句，就会使导游词的文学品位更高。

例文 2

中国最美山村——江西婺源导游词

“半亩方塘一鉴开，天光云影共徘徊。问渠哪得清如许，为有源头活水来。”这是南宋著名理学家朱熹赞美家乡婺源的诗句。

婺源是江西省一个具有悠久历史的古县，历史上属安徽管辖，是古徽州一府六县之一，也是南宋著名理学家朱熹的故里和中国铁路之父詹天佑的家乡。这里民风纯朴，文风鼎盛，名胜古迹遍布全县。婺源既有完美的明清古建筑，也有田园牧歌式的氛围和景色。

这里山清水秀，松竹连绵，飞檐翘角的古民居建于青山绿水之间：或依山，隐现于古树青林之间；或傍水，倒映于溪池清泉之上，与层层梯田、缭绕的云雾相映成趣，如诗如画。四季景色各呈千秋，尤其是春秋两季，漫山遍野的映山红和满山的红枫叶犹如一簇簇火苗争奇斗艳。置身于这样的景色之中，定会让你心旷神怡和流连忘返。

婺源以山川之灵秀，土地之肥沃，物产之丰富，贤俊之广众而著称。

县境内纵横密布、碧而清澈的河溪山涧与怪石奇峰、古树茶亭、廊桥驿道融雄伟豁达与纤巧秀美于一体。著名景点有西北的大鄣山与灵岩洞群，东北的浙岭与石耳山，中部的福山和西部的大游山，唐宋以来就是游览胜地。苏东坡、黄庭坚、宗泽、岳飞、朱熹等在此留下了不少赞美的诗文。

“两水夹明镜，双桥落彩虹。”因袭唐诗而得名的宋代古桥彩虹桥，是婺源廊桥的代表。这里四周青山如黛，桥下绿水长流，桥的两旁有廊亭，廊亭的两旁有石桌石凳，在这里或品茶弈棋，或浏览风光，会让你感受到世外的悠闲和宁静。

离县城西南30千米左右的文公山有朱熹回乡扫墓时亲手栽植的古杉24棵（寓24孝之意），至今逾800余年，长势依然很好，古杉之巨，为国内所罕见。

婺源不仅景色优美，更有深厚的文化内涵，历来享有“书乡”之誉。这里人杰地灵，名人辈出，一门九进士，六部四尚书，足见其文风之盛。婺源物产丰富，有闻名中外的茶叶“婺绿”，可谓中国绿茶之上品；味道鲜美的荷包红鱼，被誉为“人间天物”；石冠群山的“龙尾砚”（歙砚），为中国四大名砚之一。

婺源以山、水、竹、石、树、木、桥、亭、涧、滩、岩洞、飞瀑、舟渡、古民居为组合的自然景观，有着世外桃源般的意境，犹如一幅韵味无穷的山水画，形成一个独特而美丽的田园风光游览区，给人们一种回归自然和超凡脱俗的感觉。对那些久经都市嘈杂喧闹的人们和爱好旅游、美术、摄影的艺术工作者来说，到婺源一游或收集创作素材，不能不说是一种美的享受和明智的选择。

应用能力训练

选择你熟悉的景点，撰写一篇导游词。

第三节　旅游指南

例文1

海南岛自行车环岛骑行攻略

对于骑车人来说，海南无疑是个不可多得的骑行胜地，海风、沙滩、椰林，如画的风景，加上强度和难度适中的线路，让越来越多的骑车人奔向这里，感受丰富多彩的轮上之旅。

海南骑行有三条线路：东线、中线和西线。这三条线路的起点和终点都是海口和三亚，分别行经海南岛的东部、中部和西部。

东线北起海口，途经文昌、琼海、万宁、陵水至三亚，全长大约420千米，一路上大多沿着海岸线走。沿途有较多景点，旅游设施也开发得比较完善，集中了椰风海韵的精魂，荟萃了海南悠久的人文胜迹。

西线北起海口，经儋州、昌江、东方、崖城到三亚，全长大约450千米。途经地区稍荒凉一些，但自然风光比起东线毫不逊色，原始风味给人另外一番感受，并能领略到更多当地的人文风俗。

中线途经五指山，跨保亭、五指山、琼中、屯昌四市县，经济相对较落后，主要聚居着黎族、苗族同胞，基本上没有被汉化，保留着本民族的风情和生活习惯。这条线全长约300千米，山区路段体力消耗较大，较少人选择这条线路骑行。

以上三条线路，每条需要4～8天时间。

环岛骑行线路：

D1：海口—灵山—三江—大致坡—潭牛—文昌—清澜镇（117千米）。

11:00到海口，下船立即购买回程票，然后开始骑行。今天的目的地是高隆湾。海口经琼山至灵山，是通往美兰机场的干道（属223国道），地势平坦，路况较好，水泥路面，有专门的慢车道。刚刚出发时，要注意控制速度，不要骑得太快。灵山—三江—大致坡—潭牛—文昌段是15省道，双车道沥青路，地形略有起伏，一路都是林荫道。在文昌路开始分为去往西南方向的迈号和去往东南方向的清澜两条路，走去往东南方向的路。从文昌到清澜镇约11千米，路况很好，有路灯。清澜镇离高隆湾很近，晚上可以去高隆湾露营，路的尽头就是细软的沙滩，旁边是高耸的椰子树。清澜附近的景点有东郊椰林和红树林保护区。以20～25千米时速骑行，骑行时间约6小时。

游玩、食宿：东郊椰林门票18元/人，从清澜渡口乘轮到东椰林，价格是8元/人，快艇则是40元。

第一天的行程比较紧张，中午饭可以在路边小镇上解决，晚上就可以在海边吃海鲜大餐了。住宿方面，如果不露营，当地的私人旅馆很便宜，20～30元就能住下。推荐在沙滩上露营，感受大海的气息。

东郊椰林：位于文昌市东郊镇，与著名的清澜港相邻，这里是椰树的王国。身处其中，不管将视线投到哪里，都能看到高矮不等、斜直各异、婆娑多姿的树林。这里有50多万株椰树，有红椰、青椰、良种矮椰、高椰、水椰等。椰子水被当地人称为天水，清甜甘美。

红树林保护区：清澜渡口附近有一大片看不到尽头的红树林保护区，渡船在红树林外缓缓行驶，各种飞鸟在树林内自由飞翔。

D2：清澜—迈号—会文—长坡—琼海—博鳌（85千米）。（略）

D3：博鳌—龙滚—万宁—兴隆温泉（93千米）。（略）

D4：兴隆—陵水—英州—亚龙湾（120千米）。（略）

D5：亚龙湾—三亚—天涯（60千米）。（略）

D6：天涯—崖城—黄流—板桥（107千米）。（略）

D7—D8：板桥—东方—太坡—昌江（89千米）—雅星—儋州（79千米）。（略）

D9：儋州—福山—海口（130千米）。（略）

注意事项：

（1）一路上都是沿海，环境很潮湿。特别是晚上，停下来一两小时，自行车、装备上就会起一层水雾，衣服晾在室外只会越晾越湿。

（2）不要赶夜路，公路上都没有路灯，夜行危险。

（3）早些出发，趁清晨凉快多骑一些。中午12:00到14:30太阳辐射最强的时段最好停下休息，否则容易晒伤。

（4）国道往往不进城市的市区，而是在郊外经过。在路口要注意路标，不要走错方向。

骑行装备：

（1）头盔、手套、骑行短裤是必备的基本装备。

（2）稍厚的外套、沙滩鞋、游泳裤、太阳镜。

（3）气筒、简单的修车工具、防晒霜、车灯或头灯。

（4）双层帐篷、薄或抓绒睡袋、防潮垫、充气枕等露营装备。

（5）中暑药等常用药品。

（6）软锁、捆物胶带、自行车后架。（没有驮包可用背包代替，捆紧就可以，只是骑车重心就没有这么稳了，也不方便取东西。）

骑行安全守则：

（1）不逆行、不上快车道及人行道、不闯红灯。

（2）注意速度不要过快。

（3）在平缓路面骑行时，前后车距1～2米。

（4）若骑行队伍中有人离开或受伤，应通知其他队员，并把车放在路旁醒目的地方。

（5）在队伍中骑行时遇路面不平、有石头等，前旗应及时向身后的队友依次传达。

（6）骑行时要照顾身后队友，尽量避免突然晃动、急刹车等行为。

（7）下坡时呈单列骑行，保持足够的前后车距，严禁下坡时超车。

（8）尽量不走夜路。

资料来源：http://auto.sina.com.cn/news/.

一、旅游指南的含义

旅游指南是介绍游览地的吃、住、行、游、购、娱等各种情况，对旅游者在旅游活动中能起到指引作用的一种应用文体。旅游指南是一个通称，实际上，“旅游大观”“旅游地图”“旅游线路图”等也属于旅游指南。其特点有：实用性，科学性，趣味性。

二、旅游指南的种类

（一）按旅游的范围来划分

（1）介绍某条旅游线路的，如“海南旅游品牌联盟推广线路”“广深珠三天四晚精品游”。

（2）介绍某一个景点的，如“三亚南山文化旅游区”“天柱山旅游指南”等。

（3）介绍某一个省市或地区的，如“南京旅游览胜”“海南之旅”。

（4）介绍某一个国家的，如“马来西亚旅游指南”“新加坡之行”。

（二）按旅游的内容来划分

（1）综合性介绍，包含旅游的六大要素：吃、住、行、游、购、娱。

（2）单项介绍，仅就六大要素中的某一方面进行说明，以满足游客的特殊需要，如“美食旅游指南”“探险旅游指南”等。

三、旅游指南的结构和写法

旅游指南一般由标题、正文、附录组成。

（一）标题

标题即旅游指南的题目、名称，常用的有单项标题和复式标题两种。单项标题如“新马泰旅游指南”“成都小吃一览”等，复式标题如“儋州石花水洞地质公园——140万年的时光孕育出绚烂的美丽”等。

（二）正文

旅游指南是为旅游者的旅游行为指点迷津的，因此必须适合旅游者的需要。正文一般包括旅游资源、必要的旅游设施和旅游服务等内容，通常有分列式和短文式两种写法。

1. 分列式写法

通常用于篇幅较长、内容较广泛、以文字为主的综合性旅游指南。这种写法把说明的内容分成游览、食宿、交通、购物、特产以及旅游日程安排等部分，每一部分又按照不同的项目，分别有条理地进行说明。

2. 短文式写法

通常用于篇幅较短、内容有所侧重或以图为主的单一性旅游指南。这种写法不把全文分成几个部分，而是用一大段或几段文字概括地介绍。

（三）附录

旅游指南一般有尾部，但也有不用尾部的。如有尾部，可根据需要收集一些有关的资料作为附录，以补正文之不足。因为旅游指南一般不宜写得过细、过深，应当简明、易读、使用方便，提供的材料以新、实、细、全为原则。为了节省正文的篇幅，有些与旅游景点或旅游活动有关的内容可列入附录部分。比如《故宫旅游指南》在正文之外将中国历史年代简表、明清各朝年表、故宫博物院参观路线图等作为附录收入其中。

四、旅游指南的写作要求

（1）实用性。

（2）真实性。

（3）科学性。

（4）趣味性。

五、旅游指南与景区介绍、导游词的区别

旅游指南除了概要介绍景区、景点外，还要有服务参观景区、景点的内容，如对旅游中的衣、食、住、行等情况的介绍。

旅游景区、景点介绍侧重于揭示、表现自然地理和人文地理环境的差异性，以激发人们的好奇心，这种差异性表现得越新奇、独特，就越能诱发潜在的旅游者产生旅游的动机和行为。好的景区、景点介绍，能够帮助人们加深对景区、景点的了解，增长知识，获得美的享受。

导游词则是导游人员在引导旅游活动中对旅游景区、景点所进行的生动、详细、全面的介绍，以及对于旅游景区、景点的风土人情、旅游产品的说明、讲解。

例文 2

武汉大学赏樱指南

到武汉大学赏樱最好选择非周末，人相对少一些。武汉大学很大，进入大门之后，有学生会给游客带路。在樱园学生宿舍区外面就是著名的“樱花大道”，这里的游客很多，都会选择在樱花树下拍照。

樱花的花期只有半个月，不过这里的品种多，有早樱、晚樱、红垂樱等 10 多个品种，开花时间会先后错开。三月底来到这里的人们，一般都不会错过落英缤纷的美丽景致。

在武汉大学校园里，除樱园外，第四教学楼、鲲鹏广场、人文科学馆、行政大楼、校医院一带以及工学部主教学楼、信息学部星湖、医学部等处皆有樱可赏。而最佳的赏樱地点，莫过于樱园。

住宿：赏樱花最好是住在武汉大学附近。武汉大学的学校宾馆弘毅楼值得推荐，价格不高，条件还不错。

交通：519、515、572、552、591、413、608、806、564、724等公交车均到武大主校区的大门口。未名湖—樱园—人文科学馆—行政楼区域设为环状步行区域，限制车辆通行。双休日，校内车辆也禁止在该区域内穿行。

门票：武汉大学的赏樱门票20元，印制《武大樱花导览手册》，随门票免费发放。

资料来源：http://trip.elong.com/news/n012p9v7.html.

例文3

河南最易“穿越”旅行地

此前大热的电视剧《宫》里穿越到清朝的晴川和八阿哥上演的缠绵爱情装点了众多少女夜晚的梦，一个现实中普普通通的现代人，靠着自己从小学习的各种知识，变成一个伟大的古代人。我们也特意选择了一些可能和过去有时光交集的地方，让你在最短的时间内，实现“穿越”的梦想。

开封清明上河园　宋都里的市井故事

一千多年前，张择端把开封景象从现实搬进了画卷。一千多年后，开封人又把它从画卷中搬进了现实。

清明上河园充满了快乐和温情的市井气息。正当你沉醉于大宋的世俗民风时，冷不防就置身于一个个精心编排的表演之中。大道上缓缓走来的不是铁面无私的包大人吗？那边广场上龙争虎斗的原来是劫法场的梁山好汉！这里是王员外家的小姐招亲。晚上的大型水上实景演出《大宋·东京梦华》，其浓重的色彩，浪漫的场景，宏大的场面，绝对能让你享受到“宝马雕车香满路，凤箫声动，玉壶光转，一夜鱼龙舞”那种极度华丽的视觉场景。

当你徜徉其中，还沉醉于“一朝步入画卷，一日梦回千年”的美梦的时候，说不定就真的“梦回千年”了。

宋朝穿越指南：

1. 熟读《宋史》，至少要通读《水浒》和《七侠五义》。

2. 足球技术高明者优先，武艺高深者优先，会用冷兵器者优先，能连喝十八碗酒者优先。

3. 严禁参军。宋兵甲乙丙丁们，不是死在大辽、西夏和金国的战场，就是死在晁盖、方腊和各种替天行道的英雄之手，没有万人敌的武功，多半就是炮灰。

龙门石窟　北魏遗风

龙门石窟在洛阳城南12千米处，两山崖石壁立，中有伊水北流，形似一座天然门阙。龙门石窟露天开凿，大大小小的洞窟密布于伊水东西两山的峭壁，南北长达1千米，全山共有佛像11万余尊，其中最大的佛像高达17.14米，最小的仅有2厘米高。走近佛像，发现每一尊佛像都大小不同，形态各异，衣着华丽，神采生动，栩栩如生。

远远望去，整个石窟群气势壮观恢弘，让人心生敬畏。在这里，游人如织，但却听不到一丝乱世的嘈杂；艳阳高照，却凉风习习，让人神清气爽。高高的佛祖立于天地苍穹，微笑颔首，慈祥地面对苍茫众生。仰面默然注视，你会发现心境变得如此平静，仿佛尘世的所有烦恼，都已悄然远去。

站在石窟大佛的脚下，似乎能听到那石壁上铿锵有力的敲打声。那不绝的敲打声，似乎也是通往那个年代的钥匙。

北魏穿越指南：

1. 熟读佛家经典者优先，雕刻专家优先。

2. 北魏时代有一个奇特的风俗，即遇有重大事件时，当事人要亲自铸铜像以占否泰。尤其是在册立皇后的时候，将被册立的数名候选妃子都要铸造一尊铜像，以铸像的成败来决定册立大事，想母仪天下的穿越女们还是先练练铸像吧！

3. 南北朝时期门阀林立，普通庶族想出人头地难如登天。如果穿越后发现自己不是在门阀大家，又没有一身上天入地的本事，那还是回来吧！

康百万庄园　清朝大宅门里的财富密码

俗话说“富不过三代”，巩义市的康百万家族，创造了连富12代、兴盛400年的财富神话。到康百万庄园探寻财富的秘密，也正成为很多在生意场上屡战屡败的人的一个心愿。

康百万庄园的建筑风格既有别于晋商大院，又不同于徽商的别墅、戏楼格局，它依“天人合一、师法自然”的传统文化选址，临街建楼房，靠山筑窑洞，滨河设码头，据险垒寨墙，既保留了黄土高原民居和北方四合院的形式，又吸收了官府、园林和军事堡垒建筑的特点，门类齐全、布局合理、设计精巧、独具特色，融南方之古朴幽雅与北方之粗犷厚重于一体，是中原民居中最有代表性的古建筑群体。

康百万庄园虽然也经历过修补，却不着一丝修补的痕迹。这座庄园如此固执地保留着属于自己的质朴。或许正是这种亘古不变的气质，才吸引着人们一再前往。或许在古朴墙壁的暗格里，就存放着前往前世的通关密码。

康百万庄园穿越指南：

1. 要想一鸣惊人，最简单的方式就是吟诗作对，其中最安全的，当数毛主席的《沁园春·雪》。除此之外，现代流行歌曲也是穿越者的最爱。据统计，王菲的《明月几时有》、黄霑的《沧海一声笑》、周杰伦的《东风破》等中国风歌曲，乃穿越人士居家旅行必备的。

2. 数学、金融、企业管理天才优先。会珠算、心算者优先。

3. 玩摇滚、朋克等长发先锋艺术家优先。

4. 会多国语言者可开拓海外贸易。

西峡恐龙遗迹园　侏罗纪时代的进化论

看过《侏罗纪公园》这部电影的观众肯定会对那些几层楼高的恐龙有着极深的印象，当霸王龙的血盆大口出现在面前时，大多数人晚上一定会做噩梦。了解这些恐怖动物而依然想去侏罗纪时代的人都不是普通人，他们该有多么厌恶这个现实世界才能产生如此大的勇气。

在西峡恐龙园，您不但可以见识到沉睡了6 000多万年的恐龙蛋化石；还可以漫步“时空隧道”，了解地球生物的演变过程，看到这些生物进化的发展史。

当你在恐龙园里注视那些恐龙的化石，也许某个不被注意的缝隙，就能带你前往那个弱肉强食的奇幻大陆。

史前穿越指南：

1. 懂得相当数量的户外知识，包括钻木取火、磨制石器、捕鱼打猎、制造弓矢……

2. 尽量团队进驻，可减少被凶猛动物猎杀的危险，并有能力组织狩猎猛犸象和小型恐龙等。

3. 胆小者慎入，肠胃不好者慎入，手无缚鸡之力者禁入。

资料来源：http://henan.youth.cn/2015/0320/1056321.shtml.

应用能力训练

1. 为你熟悉的一处景区写一则旅游指南。
2. 为周边旅游景区或旅游城市设计一则自助游旅游指南。

第四节　旅游广告

例文 1

中国（开封）2013 清明文化节大巡游
集结令

2013 年 4 月 1 日，中国（开封）2013 清明文化节大巡游将在七朝古都开封隆重举行。在今年清明文化节期间，市旅游局仍将继续组织大巡游活动，并且巡游规模更大，表演内容更丰富多彩。

开封市旅游局诚挚邀请国内外网民、游客前来参加中国（开封）2013 清明文化节，并在节会期间身着宋装来汴参加清明文化节大巡游活动……

着宋装、游宋都、品宋酒，满城尽是“大宋子民”。北宋九帝身披龙袍赠福柳，黑脸包公铁面无私辨忠奸，大相国寺僧人持器奏梵乐，梁山好汉生死与共劫囚车……

3 月、4 月的汴梁城春风和煦、垂柳掩映，一场声势浩大的清明文化大巡游行动将会揭开神秘的面纱，呈现给世人的是一场全民穿越时空、感觉宋文化的完美视听盛宴。

不信？你听，清明文化节大巡游活动的号角已经吹响，擂鼓阵阵、旌旗猎猎，开封市旅游局邀您“一朝步入画卷，一日梦回千年”的“穿越”沙漏已经开启。来吧，朋友！让我们一同穿越时空隧道，体验千年大宋的美好与繁华。

一、旅游广告的含义

旅游广告指通过文字及其他手段宣传旅游产品，有效推动旅游产品的销售，帮助旅游企业获得经济利益的一种方式。

二、旅游广告的特点和种类

（一）旅游广告的特点

1. 传播迅速，覆盖面广

旅游广告以电视、网络、报纸、广播、杂志等主要载体为宣传手段，这些媒体直面公众，传播迅速及时，受众范围广，能达到直观的传递效果。

2. 创意独特，潜印象深

创意是广告的灵魂，它的影响和意义往往超出广告本身。不少旅游广告运用“创意需独特”这个原则，在进行宣传时取得很大的成功。如地处祖国南端热带地区的海南省三亚市，针对人们认为“三亚一年四季皆很热，只适合冬季避寒”的偏见，在全国的众多主流媒体打出广告“夏季到三亚来避暑”，创意独特且富有说服力，利用事实有效地解读了三亚的“清凉攻略”，使公众在潜意识里留下一个深刻的印象，从而改变以往的看法。

3. 传播文化，趣味性强

旅游商品的基本内涵是旅游资源。旅游广告在指导旅游活动之外，还具有宣传的功能和欣赏的价值。旅游广告使人在轻松愉快中获得知识，并获得艺术享受，因而又具有趣味性。

（二）旅游广告的种类

1. 媒体广告

媒体广告以报纸、杂志、电视和广播四种新闻媒体为主要手段，是我国广告事业中最主要的广告形式。

2. 新媒体广告

随着以互联网为平台的新媒体的兴起，以商业网站、微博、微信、QQ 群、App 客户端为代表的新媒体旅游广告越来越受到关注。

3. 户外广告

户外广告也称路牌广告，主要有交通类、建筑类两种类型。交通类是指在交通工具内外，如各种车体以及候车室、候机室、候船室等处设置、张贴的旅游广告。建筑类是指在商店或饭店、大楼等建筑物的外墙、霓虹灯等上面制作的广告。户外广告必须简短、醒目。

4. 户内广告

户内广告是指在各种旅游设施内部，如饭店、宾馆、游乐场所、表演场所内张贴的广告，特点是内容较详细。

5. 印刷品广告

旅游企业也可以将自身的产品或单位介绍等内容印在海报、明信片、电话本和挂历等宣传品上，并大规模、撒网式地进行散发。这类广告就是印刷品广告。

6. 声像广告

此类广告主要以城市繁华路段的电子显示屏为载体，通过图文、影像、音响等吸引公众的眼球。

7. 馈赠品广告

馈赠品的形式多样。馈赠品广告是以各种小巧价廉的馈赠品，如水杯、雨伞、钥匙圈、购物袋等为媒体的旅游广告。

三、旅游广告的结构和写法

旅游广告一般由标题、正文、随文组成。

（一）标题

1. 直接标题

直接标题直接标明旅游产品、旅游服务项目，即以简明的文字表明广告的内容，使人们一看就知道广告的信息内涵。例如，“五指山国际度假寨欢迎您”。

2. 间接标题

这种标题往往不直接说明产品和产品的有关情况，而是先用富有趣味性或戏剧性的语言引起人们的好奇心和注意力，诱导人们关注正文。

3. 复合标题

一则广告有两个或三个标题，就形成复合标题。复合标题一般由正题和副题或引题与正题组成。例如，“庐山之美在山南，山南之美数秀峰（正标题）——秀峰索道带您轻松畅游庐山（副标题）”。

（二）正文

1. 开头

开头主要对标题提出的内容进行简要说明或解释。

2. 内容

内容即中心段，具体说明相关细节，让人消除疑虑。这部分受篇幅和创意等因素的影响，文字可长可短、可偏可全。总的来说，它必须主题突出，特色鲜明，具有较强的吸引力。如酒店业广告一般包括地理位置、周边环境、酒店设施、服务项目及特色介绍等；景区、景点广告一般包括地理位置、交通路线、景区（点）介绍、周边饮食住宿及特产等内容；旅游产品广告一般包括产品的品种、性能特点、价格等。

3. 结尾

结尾部分主要用热情诚恳的语言诱导消费者去购买。

正文体裁一般有：陈述体、新闻体、小说体、对话体、诗歌体等。不同的体裁适合不同的创意和内容。

（三）随文

广告随文是跟随在广告正文之后的有关文字，是对正文的必要补充和说明。一般包括注意事项、广告单位名称、地址、电话、邮政编码、网址、银行账号、单位负责人或联系人姓名等。

四、旅游广告的写作要求

（一）内容要真实可信

撰写旅游广告时，必须坚持实事求是的原则，不得弄虚作假，蒙骗消费者。广告宣传的目的在于说服、影响消费者，只有真实的广告，才能建立旅游诚信。

（二）刻画主题要鲜明突出，目标明确

在撰写旅游广告时，应该有一个集中、鲜明、突出的主题，要了解消费者的需要，从标题到正文都要围绕主题考虑内容和形式，同时还要考虑宣传对象的特点。

（三）表达形式要新颖活泼，形象优美

旅游广告的表达形式要突出多样性，可采用文字、路牌、声像和物品等各种形式形象生动地表达内容，以增强宣传效果。在撰写旅游广告时，要做到新颖，以给人留下深刻的印象，或是以确凿的事实和充足的理由说服消费者购买旅游商品，或是深入人心地倾听消费者的需求，主动出击。

例文 2

执花之手任遨游

【穹庐之下，遨游送你空气净化器】

2015 年 3 月 18 日至 3 月 31 日，在线预订日本、韩国、荷兰线路且出行，订单金额排名前两名，分别送价值 17 999 元 RGF 空气净化器与 5 999 元 RGF 空气净化器一台；在线预订国内线路且出行，订单金额最高的，即可获得价值 5 999 元 RGF 空气净化器一台。

例文 3

欢乐和你一个都不能少
畅享桑巴激水狂欢节

火辣推介：长隆水上乐园

2014 年 7 月 1 日—7 月 31 日，广州长隆水上乐园 7 月主题活动桑巴激水狂欢节盛大开启，在优质的水世界里，陪你和阳光玩游戏！“魅影水派对”夜场为你上演盛夏“白十黑”玩水盛典，热辣足球宝贝“煽风点火”，和你一起绽放世界杯激情！这么酣畅淋漓的盛夏玩水季，怎能不让你沉浸其中、畅快开怀。

野趣夏令营约定你

火辣推介：长隆野生动物世界

以长隆野生动物世界为核心拍摄地的《爸爸去哪儿》大电影，大家还记忆犹新吧！如今，现实升级版的《爸爸去哪儿》大电影体验线路新鲜出炉！这个暑期，你也可以像“星爸”一样，带上孩子住进小木屋，体验难忘的丛林大冒险！鬼马的黄猩猩为你叫响 morning call，大象王子与你亲密跳舞，可爱的丛林小动物陪你聊天，你还拥有世界最大的私家后花园——东非大草原，与斑马追逐，和长颈鹿散步，深入考拉馆，夜探熊猫宝宝之家……这一切是否让你兴奋不已？探秘夜晚和清晨的长隆野生动物世界，你会发现它是如此与众不同，如此丰富和神奇！

初夏玩水季全力开动
惊险刺激“勇士漂”初夏冰爽泉水体验

火辣推介：盘龙峡生态旅游区

即日起至 7 月 10 日，凭本人 2014 年中、高考准考证，入住盘龙峡酒店即送价值 138 元勇士漂流。

盘龙峡号称“中国勇士第一漂”，起点在盘龙峡的双龙潭，橡皮筏顺着时宽时窄、时缓时急的水流顺流而下。由于水势多变、水流落差大，橡皮筏在溪流中起伏跌宕，高歌猛进，尽显勇士风范。这种与自然搏斗、“有惊无险”的漂流，给人们带来感观刺激的同时，也能释放压力。

应用能力训练

1. 请为你最喜欢的旅游景点设计广告标语，不超过 20 个字。
2. 某五星级酒店成立十周年，请你为其写一则十周年店庆的广告文。

第五节　旅游宣传片解说词

例文 1

《七彩云南旅游》宣传片解说词

在中国的西南部，有一个神秘、神奇的地方，那就是云南。

云南在亚洲，在中国，她离我们并不遥远，从韩国、泰国、马来西亚、新加坡、缅甸、老挝、越南、柬埔寨和孟加拉国，你都可以直飞云南的省会城市昆明。云南的地质地貌复杂多样，拥有世界上最具代表性的各种地貌特征，平均海拔 1 500 米，东部是喀斯特地貌，北部是雪山冰川，西部是地热火山，南部是热带雨林，中部是高原湖泊。多样性的地貌决定了云南多样性的气候。在云南，同一时节可以感受到不同的气候特征。这里阳光灿烂、天空纯净。良好的生态保护，使云南成为动植物的王国。这里生活着 26 个不同的民族，各民族有独特的语言文字、民族风俗和宗教信仰，形成了文化的多样性。中原文化、异域文化、民族文化、西方文化相互交融，让我们一起走进云南，去揭开她神秘的面纱。

云南是山的世界，全省 39.4 万平方千米土地，有 94%是高山和丘陵。云南的山风格迥异、秀美灵性，这里有世界上最美的山，这里有充满灵性的山，这里有价值连城的山。如梅里雪山，海拔 6 740 米，藏语意为“雪山之神”；哈巴雪山，海拔 5 396 米，意为“世界花园之母”；玉龙雪山，海拔 5 596 米，纳西族的圣山；大理点苍山，白族的象征；高黎贡山，高山植物园，物种基因库。

云南是河的故乡，金沙江、珠江、澜沧江、怒江、红河，从北到南、从西向东奔腾不息，养育着 4 400 万各族人民。云南的西北部是世界自然遗产“三江并流”地区，拥有地球上独一无二的江河奇观，这里容纳了中国 20%的高等植物，聚集了中国 25%以上的动物物种。金沙江水一路穿行，流入峡谷，创造了世界著名的江河奇观——虎跳峡。在丽江石鼓镇，金沙江以 130 度的转折向北流去，形成著名的“长江第一湾”。怒江蜿蜒于群山之中，切割了横断山脉，形成怒江大峡谷，被人们称为“东方大峡谷”。澜沧江是亚洲仅有的“一江连六国”的国际河流，被誉为“东方多瑙河”。云南是珠江的源头，珠江在香港汇入太平洋。

云南是自然奇观的博物馆，形成于 207 亿年前的石林伟岸成林、规模巨大，堪称世界奇观。元谋土林，作为天成地就的自然景观，是世界上规模最大的土林。彩色沙林色彩斑斓、美轮美奂。老君山，中国最令人震撼的丹霞地貌之一。哈巴雪山脚下白水台，是自然形成的雪白晶莹的台地，被当地人称为“仙人遗田”。腾冲火山，上百座火山聚集在一片较小的区域，雄壮而神秘，拥有 80 多处地热温泉的腾冲热海，被称为罕见的地热博物馆。东川红土地，是红土高原的最好体现，气势磅礴、色彩斑斓。九乡溶洞是中国数量最多、规模最大的溶洞群之一。罗平九龙瀑布，一日可观十瀑，是中国最大的瀑布群景观。云南的高原湖泊千姿百态，每一个旅游者对她们都有不同的诠释。昆明滇池是云南水域面积最大的高原湖泊。大理洱海是白族的故乡，诗一般的地方。丽江泸沽湖被视为人间净土，这里居住着的摩梭人至今还保持着母系社会形态，被称为“女儿国”。玉溪抚仙湖是中国第二深水湖，在神秘的水下沉寂着一片古人遗留的宏大实质建筑。文山普者黑，一个充满田园诗意的地方，泛舟湖中，山水一色、如在画中。碧塔海、纳帕海、属都湖、九十九龙潭是云南最具特色的高原圣湖。

一、旅游宣传片解说词的含义

旅游宣传片是用制作电视、电影的表现手法，对旅游景点或者旅游企业内部的各个层面，有重点、有针对性、有秩序地进行策划、拍摄、录音、剪辑、配音、配乐合成制作的电视片。其目的是更好地凸显旅游产品或者旅游企业独特的风格面貌，稳定提升旅游产品或旅游企业的形象。

旅游宣传片解说词是一种配合旅游宣传片对人物、画面、展品或旅游景观进行讲解、说明、介绍的应用性文体。旅游宣传片解说词发挥对视觉的补充作用，让观众在观看实物和形象的同时，从听觉上得到形象的描述和解释，犹如身临其境，从而达到情感上的共鸣。

二、旅游宣传片解说词的类型

旅游宣传片解说词大致分为景区景点宣传片解说词、旅游企业宣传片解说词、旅游商品宣传片解说词等类型。

（一）景区景点宣传片解说词

景区景点宣传片解说词是介绍旅游景区景点的应用性文字，包括景区景点的地理位置、历史特色、游览价值等。其作用是感染观者，引起其了解及参观游览该景区景点的兴趣。

（二）旅游企业宣传片解说词

旅游企业宣传片解说词即配合旅游企业宣传片而写作的应用性文字，主要目的是打造旅游企业的良好形象，增加观者对旅游企业的了解。

（三）旅游商品宣传片解说词

旅游商品宣传片解说词是介绍旅游商品的应用性文字，要配合宣传片使用。

三、旅游宣传片解说词的结构与写法

旅游宣传片解说词的形式多样，写法灵活，可以是散文体，也可以是韵文体，没有固定的格式。旅游宣传片解说词严格来说并不能单独存在，也不是单纯的写作，只是配合实物或画面的文字说明。其结构通常可以分为开头、主体和结尾。

（一）开头

旅游宣传片解说词的开头也是多种多样的，既可以开门见山，也可以迂回铺垫；既可以概括要点、平铺直叙，也可以出人意料、自问自答；既可以先以轶闻传说开篇再转入正题，也可以采用经典名语顺势阐发。

（二）主体

主体是旅游宣传片解说词的核心部分，在写作上可以采用多种手法，如叙述、描写、抒情等。

（三）结尾

旅游宣传片解说词的结尾应根据实际需要确定，有的发人深省，有的令人回味，有的鼓舞人心，目的都是给观众留下深刻印象。

例文 2

《沐川生态文化旅游》宣传片解说词

登上峨眉之巅，东南远望；拜别乐山大佛，一路南行，展现在你面前的是一幅美轮美奂的天然画卷，走进这幅自然天成的图画，你就走进了中国的竹子之乡——沐川。走进沐川，你就踏入了一片绿色的海；走进沐川，你就融入了一片绿色的爱！

沐川，就像一颗镶嵌在我国四川西南边陲上的绿色宝石，晶莹剔透。久负盛名的川西竹海，十万亩竹林延绵起伏，一望无涯。马边河、沐溪河贯穿全境，将 1 400 多平方千米的土地，连缀成了川西南最迷人、最具魅力的一片绿色的土地。

生态沐川，绿色无限。绿色是她谦和的性格，绿色是她坚毅的风骨，绿色是她年轻的张扬，绿色是她幽古的神韵！

沐川的绿，轻轻地叩击着你的心灵；沐川的绿，悠悠地召唤着你的来到！沐川的绿，宁静中带着炽热；沐川的绿，飘逸中尽洒风采！

箫洞飞虹的苔绿、永兴湖水的碧绿、万亩春茶的嫩绿、川西竹海的大绿，天下最亮丽多姿的绿色，染尽了沐川的层峦叠嶂；人间最柔美、炽烈的情爱，醉倒了沐川的家乡儿女！

踏在茶马古道的石阶上，你能找寻到绵延的丝绸古韵；漫步在廊桥永济的木栅中，你会领略到沉稳的清古风范；游走在沐川的山水之间，你会感受到生命与大自然是如此和谐。

来到沐川，你会深深地爱上这片斑斓的绿色；走进沐川，你就舍不得离开这片荡漾的碧海！绿色是她的源泉，绿色是她的命脉，绿色是她的希望，绿色是她的未来！

建设四川生态经济强县，沐川人民靠勤劳取胜；开发生态绿色资源，沐川人民凭智慧发展。

绿动沐川，生态沐川！沐川儿女正以万丈豪情、百倍努力，谱写沐川绿的新篇！

资料来源：http://www.xuezizhai.com/fw/jieshuoci/1840.html.

应用能力训练

1. 请观看你所在城市的旅游宣传片，注意解说词是如何与画面配合的。
2. 选取一处景点，为其创作旅游宣传片解说词。

第六节　旅游新闻

例文 1

张家界旅游产品说明会在长春举行

××××年×月××日，“走遍全世界还是张家界”旅游产品说明会在长春举行。说明会上，张家界市旅游局副局长王兆业介绍了张家界的特色旅游产品，并推介了张家界的旅游优惠政策。据了解，×月××日，张家界将开通直飞东北地区沈阳的航班。接下来，张家界市政府将与长春龙嘉国际机场研究开通张家界至长春的旅游航线，航线开通后，长春赴张家界旅游的游客量将有较大的增幅。

资料来源：http://www.zjjzx.cn/news/mtjj/650101.html? olc.

一、旅游新闻的概念

“新闻”有广义和狭义两层含义。广义的新闻是报刊、广播、电视、互联网新媒体中各种新闻体裁和报道的总称，包括消息、通讯、特写、调查报告、评论、新闻图片、新闻资料、访谈节目等。狭义的新闻专指消息。在我国，通讯被认为是另外一种重要的新闻题材。

19世纪，美国人约翰·博加特为新闻下了一个通俗、风趣、诙谐的定义，即狗咬人不是新闻，人咬狗才是新闻。此后，趣味性、反常性成了当时报刊界定新闻的主要标准。在我国新闻学界，徐宝璜、胡乔木、陆定一、甘惜分、王中等都为新闻下过定义。其中，陆定一认为“新闻是新近发生的事实的报道”，强调了事实第一性、新闻第二性。新闻有三个基本的特性：真实性、新鲜性、公开性。我们认为，新闻是对新近发生的有新闻价值的事实的报道。和旅游行业相关的新闻报道都可以称为旅游新闻。

二、新闻的基本特性

（一）真实性

新闻不同于文学艺术，新闻是客观事实；文学艺术是一种创造，是一种源自社会现实的合理想象。新闻来不得半点想象。

新闻的真实性包含两个层次：一是具体真实。新闻对事实的描述必须是真实的，时间、地点、人物、事件等必须准确无误。二是总体上真实。新闻不仅对细节的描述是真实的，对事物的全貌概括应是客观、公正、全面的，评价和解释也是贴切的。

（二）新鲜性

新闻的新是时间新、内容新，是新近出现的事实，是新人、新事、新气象、新经验、新思想、新趋势等，必须有鲜活的个性。因此，新闻不是历史，新闻和历史分道扬镳。有人说，昨天的新闻是今天的历史，今天的新闻是明天的历史。

（三）公开性

公开是新闻的目的。新闻是桥梁，是人们了解外界的窗口，因此越多人知道越好。

三、新闻价值

新闻价值是客观的，新闻作者可以挖掘新闻价值，但不能无中生有，肆意夸大价值。新闻价值有以下五个要素：

一是新鲜性，体现在时间新、事实新。时间新，指事情是新近发生的。随着通信手段的进步，时间新已经被定位在刚刚发生的、正在发生的。事实新指事件的内容是新鲜的，在以往或者在一定区域内从未发生过。

二是接近性，指事件的内容跟受众心理感情上比较接近。比如事件就发生在受众的周围，或者事件与受众的关系密切，受众十分关注。

三是显著性，指事件具备引人注目的地方，具有非同一般的性质。

四是重要性，指事件在一定范围内具有重要性。

五是趣味性，指事件内容新奇特异，富有趣味。

四、新闻题材的分类

新闻的题材多种多样，大体上可以分为三类：消息类、通讯类、评论类。

（一）消息类

消息类可分为动态消息、综合消息、典型消息、述评消息。

（二）通讯类

通讯类可分为人物通讯、事件通讯、工作通讯、概貌通讯。

（三）评论类

评论类可分为社论、编辑部文章、本报评论员文章、短评、编后、编者按。

五、新闻的基本构成和写作

新闻的题材不同，其结构和写作方式有所不同，一般以消息的写作方式为基本规范。一篇消息通常由新闻标题、新闻导语、新闻主体、新闻背景、新闻结尾五部分构成。这五部分内容并不是都要存在，也可以仅出现几个部分，如仅有导语、主体等，甚至有的消息只有标题而成为标题新闻。

（一）新闻标题

新闻标题就是新闻的题目，它是对新闻内容的形象概括。“看书先看皮，看报先看题。”新闻标题对于吸引、引导人们阅读新闻报道具有举足轻重的作用。标题可以分为单行标题、两行标题（引题＋主标题、主标题＋副标题）、三行标题（引题＋主标题＋副标题）。标题要贴切传神、简洁明了，突出新闻要素。

（二）新闻导语

新闻导语是消息的开头部分，一般由最新鲜、最重要的新闻事实或依托新闻事实的精辟议论组成。导语有三项使命：一是以简洁的文字勾勒出新闻的要点和轮廓，使读者一见即知主要传递的是何种新闻信息；二是一语定意，为整篇报道定下基调；三是最大限度地激发读者的阅读兴趣。

（三）新闻主体

新闻主体是消息的躯干，也是具体展示和叙述新闻事实的部分，是提供相对完整的新闻信息的部分。主体的主要作用：一是完成对标题和导语所涉及的新闻事实（事件）的具体展示；二是对标题和导语所涉及的新闻事实（事件）加以必要的补充和延伸；三是对读者的疑难问题做出详尽且有理有据的回答；四是尽可能不断地提供“亮点”，激发读者的兴趣。

（四）新闻背景

新闻报道的任何事件，都有形成的时间和空间条件，有其内因和外因，这些就是新闻的背景材料。背景材料可以解释、烘托和深化主题；可以代替作者的议论而使报道显得客观；可以补充情况、介绍知识。背景材料是新闻的从属部分，可以独立成段，也可以穿插在新闻的导语、主体或者结尾之中。

（五）新闻结尾

新闻结尾是指为了深化新闻主题、强化新闻价值或扩大信息容量，作者根据新闻内容精心设计的新闻收结部分。如果能把结尾写得耐人寻味，可以使稿件获得“锦上添花”的效果。结尾要紧扣新闻事实，不要有“套话”“空话”；要能增添新闻信息，而不要同义反复；要力求新颖别致，而不要平庸老套、千篇一律。

六、常见的几种新闻结构

（一）“倒金字塔”结构

把事情的高潮或结果放在最前面，按事实的重要程度和读者的关注度先主后次地安排，内容越重要的、读者越感兴趣的越要往前安排，然后依此递减。这在新闻写作中称为“倒金字塔”结构（如例文2）。

（二）时间顺序式结构

这种结构也称为金字塔式结构，往往按时间顺序安排事实，先发生的放在前面，后发生的放在后面。这种结构叙事条理清晰，现场感强，很适用于写作故事性强、以情节取胜的新闻，尤其适用于写现场目击记。其缺点是开头平淡，难以一下子吸引受众；消息的精华部分也可能淹没在长篇叙述中。

（三）对比式结构

这种结构重在通过对比，揭示差异，突出新闻主题。

（四）提要式结构

这种结构通常把新闻中最重要的事实概括到导语中，然后以小标题的形式逐项安排内容（如例文 3）。

例文 2

“晋善晋美”——山西旅游的新名片

中国旅游新闻网 12 月 13 日讯（王文华） 12 月 12 日，山西省旅游局发布“皇城相府杯”山西旅游主题宣传口号和形象标识征集活动获奖公告，“晋善晋美”摘取山西旅游主题宣传口号采用作品奖。

“皇城相府杯”山西旅游主题宣传口号和形象标识公开征集活动自 5 月份开展以来，受到了社会各界的广泛关注，共征集到旅游主题宣传口号 13 018 个，旅游形象标识 1 216 个。经广泛征求专家学者和政府相关单位的意见，通过海选、初选和复选以及网络投票等步骤筛选产生了复选入围作品。12 月 6 日，“皇城相府杯”山西旅游主题宣传口号和形象标识作品终审评选会在山西省太原市召开。在太原市城南公证处全程公证下，由省内外专家学者组成的专家评审委员会，以无记名投票的方式，进行了评选。

山西省太原市霍刚、李明明，贵州省凯里市吴少云，陕西省西安市郑文全 4 名作者的山西旅游主题宣传口号作品“晋善晋美”内容一致，符合本次征集活动公告要求，共同获山西旅游主题宣传口号采用作品奖，平均分配 5 万元人民币奖金。同时，“华夏神韵，晋善晋美”“梦里老家，画里山西”“人文山西，晋善晋美”“寻梦古文明，情醉新山西”“大山之西，晋善晋美”5 个山西旅游主题宣传口号获入围作品奖，作者各获奖金 2 000 元人民币。

令人遗憾的是，旅游形象标识采用作品奖空缺。专家评审委员会一致认为本次征集活动旅游形象标识投稿作品中缺乏能够准确体现山西旅游整体形象的作品。但 6 件作品获入围作品奖，各获奖金 2 000 元人民币。

例文 3

以敢于担当的勇气履行监督职责
——国家旅游局聘任首批旅游服务质量社会监督员侧记

“旅游管理质量如何、旅游产业发展的水平如何，行政主管部门说了不算，最终评判者是广大游客。社会监督员就是广大游客的代表，旅游业发展好坏，你们最有发言权。”

3 月 13 日下午，国家旅游局 503 会议室，面对首批受聘的 22 名旅游服务质量社会监督员，国家旅游局局长李金早用务实简洁的话语，传递着调动社会力量、参与旅游监督、提升旅游服务质量的诚意和决心。

一纸聘书的分量

以记者的身份走进国家旅游局，新华社记者钱春弦早就习以为常。但这一天与往日有些不同，因为她又多了一个“社会监督员”的身份。

“旅游涵盖衣、食、住、行。要把这么宽广的领域管理起来，单纯靠行政力量是不够的。”在钱春弦眼中，“社会监督员”聘书的分量极重。在她看来，聘任社会监督员工作，高瞻远瞩；个人受聘社会监督员，更是“感觉很自豪”。

“开展社会监督是由旅游业自身性质决定的。旅游产业链很长，能带动 110 多个相关行业，可以说是全产业链。要把全产业链管起来，就要靠社会监督，这不只是抽象层面的社会监督，而是人员相对固定的社会监督员的共同努力。”钱春弦说。

钱春弦的想法也是与会首批社会监督员代表的共识。

“‘万名社会监督员’制度的推出，是国家旅游局贯彻十八届三中、四中全会精神，推进依法兴旅、依法治旅的创新之举，反映出国家旅游局对抓好旅游法贯彻实施工作的决心。”全国人大财经委办公室副主任张玉璧对此高度评价。

“我同意张主任的说法。”中央文明办三局处长张继青说，旅游服务质量“万名社会监督员”制度既有利于旅游产业的健康发展，也有利于维护游客的合法权益。2014 年中国出境游人次已经破亿，引进社会监督非常必要。

“旅游市场监督仅靠一两个部门很难管好，必须要把方方面面的资源调动起来。”国家林业局森林旅游处处长陈鑫峰表示，国家旅游局建立社会监督员制度，发动社会力量做好社会监督，非常有意义。

“今天召开这个座谈会，主要是想听听大家的意见和建议，与大家一起分析现状、交流思想、共商对策。听了大家的发言，我觉得大家对工作本身的意义，都有很深的认识和解读。”李金早说，建立旅游服务质量“万名社会监督员”制度，是国家旅游局实施“515 战略”的一项创新性工作，是贯彻落实党的十八届三中、四中全会要求，全面推进依法兴旅、依法治旅的重要举措。旅游管理的质量和发展水平的评判者是广大游客，社会监督员就是广大游客的代表。国家旅游局设立旅游服务质量社会监督员正是顺应形势、主动作为。

接过聘书就是接过责任

近年来，我国旅游业迅猛发展，2014 年接待游客数量已经超过 37 亿人次。在旅游规模不断扩大的同时，一些瓶颈仍然存在，一些问题随之而来。如旅游发展方式粗放、质量不高，旅游产品供给不足；旅游厕所数量过少、质量低劣、分布不均、管理缺位等旅游公共服务提供不到位，旅游基础设施建设滞后；旅游管理和服务信息化水平偏低，不能适应互联网时代的游客需求等。

服务质量如何提升？市场乱象如何消除？飞速发展的中国旅游业，需要更加给力之举。

“旅游发展好不好，人民群众说了算。”李金早说，人民群众不可能都来，这就需要代表，社会监督员就是人民群众的优秀代表。监督员通过自身的旅游体验和切身感受，把问题、意见和建议提供给各级旅游部门。此外，旅游部门自身也需要被监督。客观上讲，旅游部门工作确实存在一些局限和死角，建立旅游服务质量“万名社会监督员”制度，表明了旅游部门自我加压、主动接受社会监督的诚意，有利于各级旅游部门依法履职、改进作风、敢于担当、主动作为，更好地服务于旅游业发展、服务于广大游客。

正如李金早所说："事情干起来了，就要干好。"为保证社会监督员队伍更好地履行职责，避免流于形式，国家旅游局事前做了周密的部署。

"为做好这项工作，国家旅游局编印了《旅游服务质量社会监督员工作手册》，包括监督工作办法、相关法律法规和联络方式等内容，已经发给大家。"国家旅游局副局长杜一力说，目前我们正在制作监督员证件，旅游经营者可以通过扫描证件二维码，识别和确认监督员身份；国家旅游局官网将开辟专栏，国家旅游局会专门发文，要求各地旅游部门积极配合社会监督员开展工作。

会上，国家旅游局政法司负责人介绍了监督员应履行的监督职责：监督旅游经营者及从业人员的旅游经营行为和旅游服务质量；厕所、旅游标识、通往景区的道路等旅游基础设施和公共服务设施是否存在不合理、使用不方便、达不到安全卫生要求等问题；对规范旅游市场秩序、提高旅游服务质量、改进旅游公共服务等方面提出意见和建议；协助开展旅游法律法规、文明旅游宣传工作，引导消费者依法合理维权和社会公众理性反映诉求；监督旅游主管部门及其工作人员依法履行职责情况；旅游法和其他法律法规明确要求的事项。

要有堂吉诃德式的勇气

李金早说，旅游市场面宽、点多、分散，单纯依靠行政管理已经远远不够，只有将单纯的行政管理转变为"行政执法＋社会管理＋市场运营和专业运作等多管齐下"，方能奏效。

座谈会上，如何做好市场监管工作，让市场环境更加规范有序等问题成为与会代表共同关注的话题，大家纷纷建言献策。

"'为山九仞，岂一日之功。'旅游市场秩序是一个'冰冻三尺，非一日之寒'的问题，不可能'duang'的一下就好起来了。想要治理好，必须要有共治的理念。政府部门监管加力，媒体曝光监督给力，群众监督形成合力，如此才能编织出一张严密的监督网，让市场上的失信者寸步难行。"《人民日报》记者王珂说。

"中国出境旅游人数众多，已经成为世界上的一道独特的风景。这是一个大国发展到一定阶段的必然现象。这么多人出国旅游，出现一些纠纷是在所难免的。国家旅游局要投入更多时间、倾注更多心血。"外交部领事司副司长兼领事保护中心主任翟雷鸣建议，国家旅游局应建立某种形式的信息沟通机制，实现相关部门数据库的信息共享。比如，外交部的12308领事保护热线就可以与国家旅游局实现信息共享。国家旅游局还应建立一套中国公民境外旅游纠纷的处理机制，让驻外办事处更好地发挥作用。

有建议，有分析，有共鸣。两个小时的座谈会，面对有备而来的社会监督员代表，面对精彩发言，李金早从始至终神情专注，边听边记。

"大家讲得都很精彩。"听完代表发言，李金早举起手头的聘书，提高音量说，"中国是制造业大国，聘书这种印刷品也是世界上产量最大的国家，但有多少聘书起了作用呢？我希望旅游社会监督员的聘书能够真正发挥作用。"

李金早要求，社会监督员要"本着实事求是的原则，以敢于担当的勇气，履行监督职责。要有堂吉诃德式的不达目的誓不罢休的决心和勇气，伸张正义、百折不挠，以实际行动提升旅游服务质量监督水平，切实为广大游客营造更加优质的出行环境”。

资料来源：http://www.cssn.com.cn/www/news/shizhengzixun/0316115Y52015.html.

应用能力训练

根据当前旅游行业的热点，拟写一则旅游新闻。

第三章
旅游调查策划类文体写作

第一节　策划文案

例文1

上海苏州河旅游策划方案

一、导言（略）

二、目标和任务（略）

三、调研分析

（一）苏州河的昨天与今天

1. 苏州河寻根（略）

2. 苏州河风光（略）

3. 治理苏州河（略）

（二）苏州河河上游览的设想与建议

过去，苏州河曾是沪上人家春游、踏青的好去处。今天，若能还苏州河以清丽的面貌，那她必将成为都市人休闲、观光、游览的场所。我们对苏州河沿线（外白渡桥河口至真北路桥）的人文景观做了粗略的统计，具体情况如下：

各类桥梁25座（包括闸桥与高架桥）。

大型公园：中山公园、长风公园。

大学校园：华东政法学院（原圣约翰大学）。

上海名街：四川北路商业街、乍浦路美食街、西藏路商业街、长寿路商业街、曹家渡商业区。

四、项目策划

我们对开发苏州河河上游览有了以下设想与建议。

（一）苏州河水面观光旅游

苏州河的历史鲜明地刻在一座座桥上，每座桥都经历过不同的年代，有着自己的故事。如果在每座桥的桥侧或附近，河上游船的游客和路人都能一眼望见的地方建一座碑亭或主题雕塑，将大大增加水上游览的情趣。例如，在强家角桥下建一座浮桥式的水上亭子，以纪念这里曾是苏州河上的最后一个摆渡口；在四川路桥的南岸建一座抗日纪念雕塑，以纪念曾在此与日寇进行过殊死搏斗的解放军战士们；等等。

具体方案设计如下：

(1) 主题：桥的文化。

(2) 线路：河口（外白渡桥）至强家角人行天桥。

(3) 运营内容与特征：游客乘坐中小型游船沿苏州河缓缓航行，由导游向游人介绍经过的各座桥梁的典故等，从而了解苏州河的历史和发展。在特别的景点处还可暂时停船，上岸游览。

(4) 建议停泊上岸的游览点：

外白渡桥：苏州河造桥史上的先例，上海最早的钢架桥；

四川路桥：北堍是有悠久历史的邮政总局，再向北延伸又有著名的“中华名品街”——四川北路商业街；

乌镇路桥：扩大规模后的新桥于国庆50周年时竣工，南岸环境幽雅；

恒丰路桥：历史悠久而独特，几经改建，现在已是较为先进的苏州河上大型桥梁之一；

内环线高架桥：环绕上海中心城区，是我国目前最大、设施最齐全、功能最完善的城市高架快速干道系统；

强家角桥：苏州河上最后一个摆渡口取消后在原处建造的人行天桥。

（二）苏州河沿岸观光游览

苏州河横跨上海市区，经过许多重要地段，各个地域都有自己的特色，或是供人购物的商业区，或是使人放松身心的公园，或是休闲娱乐的场所。苏州河沿岸观光游览，游客可同时进行观光、购物与饮食等多种活动。

具体方案设计：（略）。

（三）苏州河顺流至黄浦江游览

苏州河与黄浦江，从不同的角度代表着上海、展现着上海。

具体方案设计如下：

(1) 主题：共同的上海城；

(2) 线路：从原铁路桥（中山公园附近）起，沿苏州河顺流而下，到河口转入黄浦江，继续向南航行，至十六铺码头；

(3) 运营内容与特征：游客乘坐游船，由苏州河顺流而下，直至黄浦江，全程都由导游介绍河流及其周边的历史、文化、发展等，尤其强调其与上海昨天、今天乃至未来发展的重要联系。

五、项目分析与评定

（一）发展资源分析

1. 项目优势

(1) 苏州河是上海的母亲河，她与上海人民有着水乳交融的关系。苏州河是一条贯穿上海东西的重要河流，经过市区的许多重要地段，与上海的历史、人们的衣食住行乃至上海的未来发展都有着密不可分的联系。大家都关注着自己的母亲河。

(2) 开发苏州河的旅游资源，是以苏州河本身作为基础的，旅游内容也以观光、介绍、游览为主，无须兴建大型工程来作为特别的旅游景点。在资金方面，不需要很大的投资花费。

(3) 河上旅游的工具主要是游船，这是一种投资不太大，同时又非常便捷的交通工具，乘客可以在船上自由走动，同时还可以进行娱乐、饮食等多种活动。

(4) 苏州河旅游的地理范围限定于苏州河干流的沿线附近，与其他地域基本无关，便于经营和管理。

(5) 苏州河展示着上海的昨天和今天，沿线有几座具有特殊历史意义的桥梁。现在，苏州河沿岸的部分地区已建成了示范步行段，苏州河的风景越来越宜人。

2. 项目劣势

(1) 由于工业和生活污水的直接排放、支流污水对干流的污染以及无法流入黄浦江的不利水动力条件等，苏州河已经黑臭了几十年。在人们的印象中，苏州河已经成为一个超级大型的垃圾场。人们谈起苏州河总是“敬而远之”，故在较短的时间内恐怕很难接受在苏州河上旅游这一建议。

(2) 苏州河在上海市区境内的河道较窄且蜿蜒曲折，有的沿岸地区还很荒芜落后，岸边的垃圾站、废水池和化工厂也没有全部拆迁。这些遗留物至今仍然对苏州河有负面作用，阻碍它的发展。

(3) 苏州河的综合整治不是一朝一夕的事。

3. 发展机会

(1) 20 世纪初的上海是远东第一大都市，苏州河上的许多景致连同外滩的风景都是上海繁华历史的见证。深爱着这个城市、有着老上海情结的人们，都可以通过苏州河来感受或者重温他们的“上海梦”。同时，对于整日忙于学习和工作的年轻人而言，他们对上海这个养育他们的城市的了解实在太少了，而通过苏州河，他们就可以了解上海的地理和历史等状况，关心自己的母亲河以及上海的明天，从而加强建设上海的责任感。

(2) 上海市人民政府乃至中央对上海的苏州河环境综合整治都极为关心，市政府还专门颁布了《上海市苏州河环境综合整治管理办法》，规定了综合整治的各方面目标、管理措施、处理方法等，还特别成立了“上海市苏州河综合整治有限公司”，负责苏州河综合整治。目前，苏州河全面整治 17 项工程中的一期前 10 项已陆续展开并且进展顺利，各项任务指标都在一天天地提升，现已正式启动的苏州河调水工程也正在向人们展现苏州河可喜的变化。我们的母亲河将变得越来越美丽，苏州河再也不会是“黑”和“臭”的代名词，而将变成水波荡漾、绿树环绕、景色怡人的旅游胜地。

(3) 上海的目标是发展成为国际经济、金融、贸易中心，这将吸引越来越多的海内外游客来这里旅游观光。常年在上海的人都会发现，上海目前的旅游资源相对贫乏，较多的是一些新建或改建的商业街、金融区、摩天大楼和娱乐场所等，而缺少一些蕴含丰富文化的景点。苏州河，这一拥有得天独厚的地理位置，并且见证上海的昨天、今天，同时也关系着上海的未来的河流，只要得到适当的开发，将会很好地向人们展示真正的上海风情，让人们在感叹大都市繁华的同时，也感受到它的亲切和温馨。

4. 发展威胁

(1) 苏州河河上旅游的基础是它先变清变美，而苏州河的综合整治耗资巨大、历时长久，任何方面的一个小问题就可能带来新的困难。

(2) 上海的人口在增加，上海的经济在快速发展着，虽然我们早已认识到环境污染的危害，也采取了不少措施来治理和防范，但是客观存在的人口消耗的问题仍然可以导致环境恶化。横卧上海东西的苏州河，未来仍然面临着环境污染的严峻考验。

（二）综合分析与建议

由以上分析可以看到，开发苏州河的旅游资源既有优势，又有劣势。它的优势主要是：苏州河本身对于上海的重要意义，经济技术上的可行性，市政府的关注；而它的劣势则主要是长久以来（同时也是现今及未来依然存在）的环境污染问题和人们对于这条曾经“黑臭”的河流多年来积累的偏见和距离感。

六、项目实施步骤（略）

七、投资预算（略）

八、效益预测（略）

附件：（略）

一、策划文案的含义

策划是对具体的问题提出对策，制订计划。具体地说，就是“通过整合各种资源，利用系统的分析方法和手段，通过对变化无穷的旅游市场和各种相关要素的把握，设计出能解决实际问题的、具有科学的系统分析和论证的可行性方案与计划，并使这样的方案与计划达到最优化，使效益和价值达到最大化的过程”。

把策划的结果以文字和设计图、表格等形式，按照一定的思维和规律记录下来，就形成了策划文案。策划文案就是指记载、表达策划成果的文书。

二、旅游策划书

旅游策划即在旅游工作和旅游活动中，为实现某一特定目标，提出具有创意的思路和切实可行的对策，并制定出具体的实施计划方案。旅游策划是以旅游资源为基础，通过实地考察，将有关资料进行综合评析及创造性的思维，重新整合旅游吸引物的全过程；同时实现旅游资源与市场机制的有效整合，使旅游者对当地的山水风光、文化历史获得最完美的体验，并且使整个规划具有经济性、社会性、创造性、时效性和可行性等。

旅游策划的项目包括旅游景区景点与项目开发策划、旅游目的地形象策划、旅游城市形象策划、旅游企业形象策划、旅游产品形象策划、旅游公关活动策划、旅游节事活动策划、旅游会展活动策划等。

（一）旅游策划书的特点

1. 专业性

一方面，策划人员是专业人员。随着我国的《策划师资格认证工作规程》的实施，中国策划学会和中国策划学院联合颁布首个《策划师资格认证标准》，确立了一套完整的策划执业标准和准入体系，它是结合人力资源和社会保障部关于职业技能培训认证的相关规定，对策划师资格认证实行“培训与认证分离的原则”及“统一标准、统一教材、统一培训、统一认证和统一颁证”的认证制度。专业旅游策划师不仅需要学习旅游资源和旅游开发关联学科，还要学习经济学、管理学、公关学等知识，熟悉各类旅游企业的全程经营模式，并有丰富的经营管理经验。他们在对客户和市场的现状进行仔细评估的基础上，深入了解客户的短期、长期目标，充分发挥客户现有的财力、物力和人力资源优势，降低其劣势，加强其竞争力，从专业的角度提出最佳方案。另一方面，策划文案是一种专业文案。旅游策划文案往往涉及很多专业问题。例如，旅游策划文案《中英街旅游发展的问题分析和对策研究》涉及政治、历史、地理、经济、文化乃至国际关系等多方面的专业问题。

2. 创造性

创意是旅游策划书的生命。旅游策划是一种创造性活动，从某种意义上说，旅游策划与其说是一门科学，不如说是一门艺术更为恰当。策划者是在充分掌握各种信息，并对信息进行综合、理性分析的基础上，进行创意策划的。策划创意具有明确的目的性，其目的是寻求最大的综合效益。

3. 预定性

策划必须具有"弹性"。旅游策划书作为一种计划、决策文案，是在分析、评估、预测的基础上提出构想的方案，因而具有明显的预定性。它要预测未来的形势，提出预期的目标，按照估算设定项目完成的时间、方法和步骤。在实施过程中，还必须根据环境的变化，不断对方案进行调整和修正，以保持该策划在现实中始终处于最佳适应状态。

4. 可行性

旅游策划书的真正价值在于它的可行性。文案中的实施计划、方案必须从实际出发，一定要考虑其可行性——在经济上、环境上和技术上的可行性，包括当地的经济承受能力，当地的物产，当地的气候，当地河山的特征，当地人的文化素质、思维方式等基本因素。

（二）旅游策划书的格式和内容

1. 封面

封面是旅游策划书的首页。封面文字部分包括标题、副标题、策划单位和策划人员、完成（或提交）日期等。有些策划书的封面还添加了美术设计，使整个封面看上去更美观，主题更突出。

篇幅短小的策划书一般不设计封面。

2. 目录

目录是策划书的层次顺序提纲，其作用有二：一是概括文案内容；二是方便读者检索。

3. 标题

完整的标题是由"项目名称＋策划（或策划方案）"构成的。如"洛带古镇旅游开发策划方案"。可有正标题和副标题，如"东方不老岛　海上仙子过——中国象山旅游形象专题策划"。也有些策划书只写项目名称，我们称为"简式标题"，如"雄关险道仙霞岭"。

4. 正文

（1）前言。一般包括项目简介、项目背景、策划情况等，是全文的内容提要。也可以不写前言，直接写项目简介、项目背景或项目概要等。

（2）目标和任务。主要说明"策划什么""为什么策划"等问题。通过 SWOT 分析发现景区现有的问题和卖点，从而确定策划的目标。目标应根据具体的测验要求和实际情况而定，要具体、明确，以利于在实施过程中检验。目标和任务可以由委托单位指定，也可以由策划者自定。

（3）调研分析。调研分析是旅游策划中的重要环节，包括人文调研分析、环境调研分析、市场调研分析、竞争调研分析等。

人文调研分析。旅游文化创意既有各个区域的“特性”，也有各个区域“人类的共性”，在制订方案时，策划者要站在一个更高的视点上，通过分析，找出当地自然、地理、文化、物产的独特性，开发出一个最适宜当地经济拓展的景区规划蓝图。

环境调研分析。也就是对市场竞争与需求的分析，是对一个旅游策划项目具有获利能力的最低市场规模估计。通常通过如下几种方法进行分析：根据历史情况来预测未来的客流量，这是最常用的一种方法；根据接待能力来预测市场规模；根据经济目标来确定应该达到的市场规格。

市场调研分析。即对市场进行质的分析。旅游市场调研一般从以下三个角度进行：一是客源区域特征，按照区位、旅游目的地的性质，将客源市场分为国内市场、国际市场、区内市场、区外市场等；二是社会人口特征，包括年龄、收入、闲暇时间、受教育程度、职业、宗教信仰等；三是消费行为特征，包括旅游动机、旅游方式、逗留时间、旅游季节、消费水平、住宿等级及娱乐购物等。

竞争调研分析。策划的目的是维持或建立某种旅游产品在市场中的位置。由于市场存在着竞争，因此，旅游策划必须对市场的竞争环境和自身的优点、缺点进行分析。为了使策划实现预期目标，策划者必须了解外部环境，并进行观察和分析，从中寻找机会、发现威胁。同时，每个景区都要定期检查自己的优势与劣势，并对本景区的环境、财务、营销、客流量等进行考核、评估。

(4) 策划创意。即“意见和建议”，这是策划书中最重要的内容。创意不是凭空而来的，它必须有确切的依据，与当地的文化、地貌、物产、人文特征、气候、农工商贸等相融合。策划创意一般遵循以下原则：

第一，独创性原则。策划者要勇于创新、独辟蹊径，要有个人独特的构思，源于生活却高于生活。通过策划，提出一个性格独特、形象鲜明的主题概念（形象概念），使本景区与其他景区分别开来，展现出本景区的个性、魅力和特性。

第二，愉悦性原则。旅游策划在运用规划学原理的同时，要使得旅游遵循娱乐活动的客观规律。在某种意义上，旅游业是创造美和生产美感的行业。游客的旅游形式和内容可能千差万别，但有一点是共同的，即陶冶情操、愉悦身心、获得美的享受。因此，策划者要向游客展示当地河山最美的一面、当地群众最美好的形象、当地真实的人文风貌，以满足人们多种多样的审美情趣。

第三，新奇性原则。在现代市场经济条件下，旅游业竞争异常激烈，新产品层出不穷。策划要想成功，要想得到市场认同，就必须做到“人无我有，人有我新，人新我变，人变我奇”。

第四，协同性原则。策划者必须认识到，旅游是一个集群产业，有着一条相互不可或缺的产业链，它同周边社会、经济、环境的联系极为密切，产业链中的各个部分、产业与环境之间存在相互联系、相互制约的关系。因此，策划应从全局出发，从长远着眼，个体景区规划要与区域社会规划和旅游发展总体规划的目标要求相适应，做到地区景区规划服从于全国和区域的旅游经济规划，并且与之保持相互协调。

第五，效益性原则。效益性原则就是指在策划时必须考虑如何以最小的投入取得最大的回报。效益分为社会效益和经济效益两种。社会效益以促进社会进步、提高社会文化水平为重要目标，从而实现社会和谐，并促进本地区传统优秀文化的发扬光大，是一种双赢的举措。经济效益则是旅游规划成功与否的衡量标准，策划者必须坚持经济效益原则，严格控制核算成本，强化方案的经济功能及开发后的经济收效，以提高居民和经营者的经济收入为策划主导。

第六，可操作性原则。策划的可操作性主要包括四个方面：经济性分析，考虑策划方案是否符合以最低付出取得最优效果；利弊分析，分析策划方案可能产生的利益、效果、危害、风险、影响等情况；科学性分析，分析本策划方案是否在客观科学的理论指导下进行，是否对景区展开过切实的勘察、调研、预测，并在此基础上严格按照规划程序进行创造性思维和科学性构想；法理性分析，策划要符合法律法规，一是要经过合法程序和审批手续程序，二是规划内容及实施结果要符合现行法律和政策。

（5）实施办法或措施与步骤。办法或措施要可行，步骤要合理、明确。

（6）经费预算。方案中的预算要经过认真核算。

（7）策划效果与效益预测。

（8）附件。包括有关政策文件、佐证材料、参考资料及图表等。

三、专题活动策划书

专题活动主要指对外接待、参观、开业、庆典、新闻发布会、记者招待会、竞赛、捐助、促销等大型活动。开展专题活动是为了达到一定的目的，在一个特定的时期、特定的场合，使成为对象的每一个人都能亲身体会到直接有针对性的某种刺激媒介，其直接性是报纸杂志、广播电视等媒介所不可比拟的。专题活动策划书就是对上述活动所制订的行动计划文案。

（一）专题活动策划的步骤

1. 确立目的，设计主题

确立专题活动所要达到的具体目的，并据此设计专题活动的主题。活动的主题是多样的，它既可以是口号式的，如“为了千千万万个失学儿童”“迎接奥运，爱我中华”，也可以是陈述式的。

2. 确定采用的形式、规模，选择媒介

专题活动所采用的形式及规模，要根据具体目的、所要达到的效果，以及针对不同的公众对象来确定。

专题活动的传播媒介主要选择大众传播媒介与群体传播媒介，应根据专题活动的形式、对象、需要传播的内容来考虑并予以综合利用。

3. 编制实施计划的工作程序表

编制工作程序表不可抽象化，要和具体的条件相结合，而且一定要能够实现。如果程序表中的某一细节无法实现，就会直接影响下一个细节，进而影响整个活动项目的实现。

4. 确定主要参加者

专题活动的主要参加者包括主持人、有关领导、重要来宾等。主持人可以说是关键人物，直接影响专题活动的水平甚至成败。公众往往通过这一关键性人物来确认企业的形象。主要参加者确定后，应提前印发请柬。

5. 制订宣传方案

首先要确定本次专题活动主要宣传什么。一次专题活动一般只围绕一个主题进行宣传，即抓住一个重点。专题活动举办前要尽早通知新闻单位，并提供素材，以帮助记者事先了解该项专题活动可能产生的社会效益与经济效益，争取媒体支持。

6. 组建筹备人员队伍

专题活动在策划与实施中，需要各个环节的相互照应、密切配合，这样才能提高工作效率；同时，周密的组织工作，可以使公众感受到企业的实力与魅力，从而增强对企业的信任感。

7. 准备各种设施、实物、礼品

根据专题活动的需要提早准备现场的各种设施，如现场电源、灯光、音响、投影机、摄像机等，这是一项烦琐、复杂且细致的工作。

现场实物如企业标志等，亦应提前准备好。

礼品应尽量体现企业独到的风格，既有纪念意义，又要考虑实用价值，还要能产生广告效果。

现场的装饰与布置应独具匠心，适合专题活动主题的需要。其中，主席台与记者席是考虑的重点。

8. 预算费用开支

专题活动的各种开支都要事先估算好，以便做到量入为出，并留有余地。任何一个企业在举办专题活动前都要考虑成本问题，并详细做好各项预算。因为这不仅体现了设计、组织者科学的工作态度，同时有助于强化活动计划的科学性。

9. 现场组织

现场组织工作主要包括引领、登记、接待来人，发放宣传品、纪念品，解决临时产生的有关问题等。

10. 方案调整与进程控制

在专题活动的方案确定后，仍应当根据各种反馈信息不断调整、修正方案，以提高专题活动的质量。在专题活动实施过程中，则应尽力把握进程，除非发生特殊情况，否则应严格执行原定方案，确保收到预期效果。

（二）专题活动策划书的主要内容

专题活动策划书记录着整个策划活动的过程，一般包括活动的背景、活动的目的、活动的主题、活动的时间、主办单位、承办单位、参加人员、媒体、活动的主要内容和日程安排及开支预算等。

例文 2

“聊城美食文化之旅”专题活动策划案

一、前言

聊城位于黄河中下游地区，是国家级历史名城，是鲁西政治、经济、文化中心。聊城在黄河、运河文化的交汇点上，多次发生文化的碰撞、融合与更生，逐渐形成了独特而又丰富的文化内涵。它既有齐文化崇商敬农的传统，又有鲁文化尚仁重义的特点；既有燕赵文化慷慨无私的侠义，也糅杂了秦晋文化开放宽厚的气度。明清时期，聊城曾是京杭运河沿岸的九大商埠之一，南北物资交流频繁，饮食风味大受影响，趋成一派并极具特色。

在我国众多的历史文化名城中，聊城是一个文化个性十分鲜明的城市。如果说在中国历史文化版图上有诸多闪光点的话，那聊城正是这样的闪光点之一。研究并发掘聊城的历史文化，最重要的是探求它的精神实质，探究其中最有价值、最值得弘扬的社会历史文化精神。聊城饮食文化源远流长，成为聊城历史文化极其重要的组成内容。随着社会经济的发展、人们生活节奏的加快和社会交往的频繁，聊城的饮食文化正发生着转变。如今的聊城饮食文化兼具传统文明与现代文明的双重特点，正在继续发展的道路上焕发生机勃勃的魅力。

二、活动宗旨

近几年，聊城大力发展旅游业，强力打造品牌旅游城市形象，加快强市名城的建设步伐。如今，旅游业已成为聊城的第二大支柱产业，旅游业的繁荣带动了第三产业的发展，而其中饮食服务行业的经济收入也得到大幅提升。聊城饮食行业正以一种全新的姿态接轨国内外大市场，不断叫响聊城饮食的品牌。聊城所处地域和自身历史文化决定了聊城饮食文化的兼容性和开放性。聊城饮食文化极具特色品位和个性魅力，兼收南北风味精华又自成风格和传统特色。各家宾馆、酒店、饭店、小吃店等在发展与磨砺中不断打造自己的特色品牌形象。众多饮食行业吸收传统饮食文化的精华，紧跟市场需求，走南闯北，从中发现、引进和开发适合本地域口味的聊城饮食菜品。

“民以食为天。”饮食文化是离老百姓最近、让老百姓感受最直接、给老百姓留下印象最深刻的文化。“聊城美食文化之旅”专题活动将整合聊城地域内饮食文化的特色，充分展现聊城市内各饮食行业的风采，关注民生，为聊城经济的发展、为旅游名城的建设而贡献力量。

三、创作宗旨

（一）以聊城名宴展现新时代、新环境下的聊城饮食精华；

（二）以聊城名菜体现新思想、新理念下的聊城餐饮特色；

（三）以聊城名吃服务于新时期来聊城的商务及旅游人士；

（四）以聊城特产展望聊城经济繁荣下聊城人饮食的美丽前景。

本次专题的创作将对促进和提高聊城市餐饮文化、旅游业在品牌、特色、文化、服务等方面的水平起到重大的推动作用。

四、活动主题

展现饮食文化魅力，打造名城旅游品牌。

五、主办单位

聊城市市政府节庆办公室。

六、承办单位

聊城市健康协会饮食营养专业委员会；

首都艺术家协会驻聊城办事处——“聊城美食文化之旅”摄制组。

七、活动时间

2008 年 2 月 23 日—2008 年 4 月 30 日。

八、媒体

聊城市电视台、聊城日报、聊城晚报、聊城美食网。

九、活动内容及日程安排

（一）活动主要内容：

聊城饮食的精细、韵味乃至色香味，传承了水城博大精深的历史文脉，也结合了各地饮食文化的精华，为聊城餐饮的发扬光大奠定了深厚的基础。

基于聊城饮食文化特性，将活动分为名宴、名菜、名吃、特产四辑进行制作。

（二）活动步骤：

1. 美食征集；

2. 制作“聊城美食文化之旅”美食专题片；

3. 制作“聊城美食文化之旅”美食宣传画册；

4. 拟在“聊城美食文化之旅”活动尾期进行美食评比。

（三）拟定奖项设置：（略）

（四）活动日程安排：（略）

十、美食宣传及推广

（一）在活动开展之始，选择××家媒体合作伙伴，刊发“聊城美食文化之旅”专题活动美食征集启事；

（二）“聊城美食文化之旅”专题片制作完成，可作为聊城饮食文化对外宣传片；

（三）征集美食将分四辑制作成“聊城美食文化之旅”专题片出版发行；

（四）征集美食将分四辑制作成“聊城美食文化之旅”美食宣传画册并编辑出版；

（五）“聊城美食文化之旅”专题片制作完成，将在聊城电视台投放播出；

（六）“聊城美食文化之旅”专题片在聊城美食网栏目长期播放；

（七）“聊城美食文化之旅”专题片、美食宣传画册可面对旅游市场公开出售发行。

应用能力训练

为你熟悉的景区做一个营销策划方案。

第二节　广告文案策划

例文 1

世界之窗

深圳世界之窗文化旅游景区毗邻锦绣中华与中国民俗文化村，于 1994 年开业，集世界奇观、自然风光、民俗风情、民间歌舞于一园，再现了一个美妙的世界。

园内景区分为世界广场、亚洲区、大洋洲区、非洲区、美洲区、现代科技乐园、雕塑园、国际街等。景观采用自由比例，或精致微妙，或气势恢弘。埃菲尔铁塔高 108 米，巍然耸立，游人可乘观光电梯到塔顶，饱览深圳和香港风光；尼亚加拉大瀑布水流飞泻，声势浩大，让人有身临美洲之感……每当夜雾降临，华灯初放，由世界民族歌舞组成的大型广场综艺晚会即在世界广场拉开帷幕，把景区活动推向高潮。

“你给我一天时光，我给你一个世界！”

单位：深圳世界之窗有限公司　电话：（0755）6608000

一、广告文案

广告是商品经济的产物。《辞海》对广告的定义是：向公众介绍商品、报道服务内容或文娱节目等的一种宣传方式。一般通过报刊、电台、电视台、招贴、电影、幻灯、橱窗布置、商品陈列等形式来进行。

广告文案有两类，即广义的广告文案和狭义的广告文案。

广义的广告文案也称广告稿、广告拷贝或广告表现。它的内容包括广告作品的全部，如广告文字、绘画、照片，以及布局安排等。

本书所讲的广告文案是指狭义的广告文案，即用以展示广告内容、宗旨的语言文字，包括标题、正文、标语、随文四个部分。

（一）广告文案的特征

1. 具备完善的表现结构但不拘于结构的完整

与一般文本相比，广告文案具备标题、正文、标语、随文等各部分，表现结构独特而完善。在完善的表现结构中，各部分各司其职，赋予广告文案独特的吸引力、完备的信息内容、生动的表现力、强烈的感召力。同时，广告文案要层次分明、主次有序，以获得良好的传播效果。但是，广告文案的结构并不拘泥于结构形式的完整，而是从广告的传播目的或销售目的出发，以发展创意、表现创意为根本，对结构进行合理取舍与安排。在实际的广告文案中，会出现只采用了结构中的某一部分的文案（如无标题文案、唯标题文案等），这种打破完整结构的文案，以独特的结构、独特的诉求方式，形成更有效的传播力、说服力。

2. 运用并借助各种表现手法达到广告目的

广告文案的表现方式、表现手法多种多样，而表现手法的创造、选择和运用，其目的只有一个，就是实现有效传播，达到广告目的。

3. 传达信息但更注重针对大众的说服和劝诱

广告文案只有在传达广告信息的活动中才得以存在，广告文案的写作活动也只有在传达广告信息的过程中才得以展开。而且，广告文案写作的根本任务是如何在传达的同时说服和劝诱目标受众。

（二）广告文案的写作原则

广告文案的写作是写作者在广告运作目的的制约和支配下，进行广告作品的主题提炼、材料选择、结构安排、文案部分与美术设计部分配合的过程；是写作者采用不同的语言排列组合、不同的表现方式表达广告主题，传达广告信息，以实现广告意图的过程。

1. 真实性原则

如果违背了真实性原则，广告文案就会失去受众的信任，广告本身也就毫无意义了。一方面，广告文案与受众的联系最直接。广告文案与广告作品中的其他要素一起，作为广告活动的“代言人”与受众对话，这个“代言人”所说的话真实与否，将在很大程度上决定着受众能否得到真实、准确的信息，能否产生正确的消费意向。因此，只有符合真实性原则的广告文案才是符合“以人为本”的广告理念的。广告文案人员诚实地表现真实的广告信息，是对受众最好的服务形式。另一方面，广告文案的最终目的是说服消费者产生消费行为，具有一定的功利性，如果广告人为了功利的目的放弃了对消费者的道德责任，不真实的广告文案便会充斥广告空间，最终让众多的消费者遭殃。从这个意义上讲，真实性原则对于广告可能带来的负面效应具有强有力的遏制作用。

2. 原创性原则

原创性又称原创力、独创性，是广告人在广告运作过程中赋予广告运动和广告作品以独特的吸引力和生命力的与众不同的力量。广告人将原本存在的要素重新加以排列组合，用一种新颖而与众不同的方式来传达。独创性表现在两个方面：一是表现手法上的独创；二是信息内容的独创。

广告如果没有关联性，就失去了目的；如果不够原创，就吸引不了受众的注意力；如果不能造成震撼，给受众留下的印象就不会持久。现代社会同类产品越来越多，一般的表现方式很难引起受众的注意，因此，广告人要将原创性作为一个重要的原则来遵循。

3. 有效传播原则

广告的有效传播，指的是广告经由表达、传播达到广告目的的过程。在有效传播问题上，广告界持有不同的观点，具有代表性的有以下几种：

（1）广告的有效性体现在改变目标消费者的态度上。

（2）广告的最终作用是销售，从销售业绩可以看出广告是否有效。

（3）好的广告要有助于创立持久的品牌。

（4）有效传播，是通过沟通，建立与目标消费者之间的独特关系。给品牌一个生命和灵魂，能让消费者轻易地将品牌与竞争品牌区别开来。它能给消费者一种既熟悉又亲密的感觉。

（三）广告文案的结构

1. 标题

标题即广告的题目，其点明广告的主旨，是广告的“灵魂”。出色的广告标题不仅能吸引消费者阅读全文，而且起着画龙点睛的作用。广告标题有直接标题、间接标题、复合标题三种。标题写作中要注意以下三点：第一，体现主题。不论形式如何，广告标题均应体现广告的主旨。第二，言简意赅。广告标题一般较短小，表达内容应力求丰富，一目了然。第三，含义确切。广告标题含义要明确，不可模棱两可，以免造成歧义或误解。

2. 正文

广告正文是广告文字的中心部分，其主要作用是说明或描述广告的信息内涵、树立商品的形象、促进销售。

广告正文的写法不一，有新闻式、布告式、简介式、论说式、描写式、小说式、戏剧式、诗歌式、问答式、证书式、表格式等。

美国广告专家欧吉沛提出了广告文案撰写的 12 项原则，主要有：不要期待消费者会阅读令人心烦的散文；要直截了当地述说要点，不要有迂回的表现；避免“好像”“例如”的比喻；最高级的词句、概括性的说法、重复的表现，都是不妥当的，因为消费者的理解会打折扣，也会忘记；不要叙述商品范围外的事情；要写得像和人谈话，而且是容易记忆的，像在宴会上对着邻座人讲话似的；不要用令人心烦的文句；要写得真实，而且要使这个真实加上魅力的色彩；利用名人推荐，名人的推荐更具有效果；讽刺的笔调不能推销东西，除了生手，卓越的撰文家不会利用这种笔调；不要怕写长的文体；照片底下，必须附加说明。

随着社会的进步和人们经济与文化水平的提高，旅游逐步由观光型向多元化发展，而且追求旅游的高质量，追求旅游活动的多方位和更加完美的享受。现代旅游广告也越来越讲究文化内涵和艺术性。

3. 标语

广告标语又称广告口号，它是广告制作中根据商品的长期销售需要，在一定时期反复使用的特定的宣传语句。它可以加深人们对某一商品或观念的理解与记忆，维持良好的印象，具有鼓动与诱导作用。

广告标语以立意新颖、特点突出、朗朗上口、便于记忆为佳，其撰写方法多样，常用的有赞扬式、号召式、情感式、提示式、夸张式、含蓄式、比喻式、比较式、双关式、幽默式、标题式等。例如：

九寨沟的魅力期待你的体验（情感式）

珠江——岭南文化的摇篮（比喻式）

冬游到大连体验新浪漫（揭示式）

斯里兰卡——菩萨凝视的岛屿（赞扬式）

4. 随文

广告随文是跟随在广告正文之后的有关文字，是对正文的必要补充和说明。一般包括注意事项，广告单位名称、地址、电话和邮政编码、银行账号、单位的负责人或联系人姓名等。

二、广告策划文案

广告策划是根据广告主的营销计划和广告目标，在市场调查的基础上，制订出一个与市场情况、产品状态、消费者群体相适应的、经济有效的广告方案，并加以实施、检验，从而为广告主的整体经营提供良好的服务的活动。广告策划实际上就是对广告活动进程进行的总体规划，或者叫做战略决策，包括广告目标制定、战略战术研究、经济预算等。广告策划文案是由广告策划者根据广告策划的结果撰写的，由广告主审核、认可，为广告活动提供策略指导和具体实施计划的一种应用性文件。

（一）广告策划的作用

1. 保证广告活动的计划性

现代意义上的广告活动必须具有高度的计划性，必须预先设计好广告资金的数额和分配比例、广告推出的时机、广告媒体的选择与搭配、广告口号的设计与使用、广告推出方式的选择等，而这一切都必须通过策划来保证和实现。通过科学的策划，一可以选择和确定广告目标与诉求对象，使整个活动目的明确、对象具体，防止出现盲目性；二可以有比较地选择广告媒体和最有效的推出方式；三可以有计划地安排广告活动的进程和次序，合理地分配和使用广告经费，争取最好的广告效益。总之，通过广告策划可以保证广告活动自始至终有条不紊地进行。

2. 保证广告工作的连续性

促进产品销售，塑造名牌产业和名牌产品形象，这是广告的根本目的。而要达到这一目的，并非一朝一夕之事，仅仅通过一两次广告活动是不能实现的，必须通过长期不懈的努力和持之以恒的追求，逐步累积广告效果。

3. 保证广告活动的创造性

创造性地开展广告活动，使每一次广告活动都能有效地影响消费者，使之采取相应的购买行为，可以说，这是每一次广告活动所追求的目标。广告人员的创造性是保证达成此目标的关键所在。广告策划可以把各个层次、各个领域的创意高手聚集起来，利用集体的智慧，集思广益，取长补短，激发创意，从而保证广告活动的各个环节都充满创意。

4. 保证广告活动的最佳效果

韩非子说："凡功者，其入多，其出少，乃可谓功。今大费无罪而少得为功，则人臣出大费而成小功，小功成而主亦有害。"（《韩非子·南面》）这段话告诉我们，做任何事情，都要讲求效益，追求最佳效果。广告策划可以使广告活动自发地沿着一条最简捷、最顺利的途径运动，可以自发地使广告内容的特性表现得最强烈、最鲜明、最突出，也可以自发地使广告功能发挥得最充分、最完全、最彻底，从而降低成本、减少损耗、节约广告费用，形成广告规模效应和累积效应，确保以最少的投入获得最大的经济效益和社会效益、近期效益和长远效益。

总之，追求技术参数上的最优化程度，保证最佳效益，是广告策划的重要作用。

（二）广告策划文案的结构和内容

1. 封面

版面精美、要素齐备的封面，能给阅读者留下良好的第一印象。

篇幅短小的广告策划文案一般不需要封面。

2. 目录

在广告策划文案目录中，应该列举广告策划文案各个部分的标题，必要时还应该将各个部分的联系以简明的图表体现出来，一方面可以使策划文案显得正式、规范；另一方面也可以使阅读者能够根据目录方便地找到想要阅读的内容。

3. 前言

广告策划文案的前言部分一般包括广告策划的目的、进行过程、使用的主要方法及策划书的主要内容等。

4. 正文

正文是策划文案的核心部分。广告策划各个环节的内容和决策的结果都要在策划文案中体现出来，包括对广告活动的分析、广告活动的策略、执行计划和效果控制计划四个方面的核心内容，为广告活动实施提供完整的策略和方法依据。正文主要内容包括：

（1）市场分析：营销环境分析；消费者分析；产品分析；企业和竞争对手分析；企业和竞争对手的广告分析。

（2）广告策略：广告的目标市场策略；产品定位策略；广告诉求策略；广告表现策略；广告媒介策略。

（3）广告实施计划：广告目标；广告活动的时间；广告活动的地点；广告活动的内容；广告表现（设计草图、电视广告故事板、广告文案讨论稿）；广告媒介计划；广告费用预算。

（4）广告活动的效果评价和监控：监控的目标；监控的方法；监控的实施计划。

（三）广告策划文案的写作要求

1. 内容充实

广告策划本身已经包括了丰富的内容，撰写广告策划文案的任务就是将这些内容完整、全面地表达出来。如果能够做到这一点，广告策划文案就可以基本做到内容充实。由于有些重要的背景性内容在广告策划运作过程中只作为前提来使用，广告策划者虽然对它们非常了解，但是广告客户却未必了解，因此在写作策划书文本时要将它们补充进来。

2. 说服力强

撰写广告策划文案是为了获得广告客户的认同，因此策划文案的说服力对于策划业务的成功与否至关重要。策划文案的说服力来自对策划内容的合理组织，包括信息的条理化、信息内在联系的紧密化和明确化。因此，在写作策划文案时，应该对各种信息进行分析，弄清彼此的联系，任何一个观点都务必做到有足够的依据，并且这些依据都经过合理组织，并能够充分地说明问题。

3. 表现技巧娴熟

策划文案的表现技巧既包括语言表达、结构组织等需要长期积累的技巧，也包括版面设计、字体运用等应用性非常强的技巧。娴熟的表现技巧不但可以使策划文案行文顺畅、容易阅读，还可以通过美观的版面和字体吸引读者。因此，一份优秀的策划文案不但应该具有充实的内容、强大的说服力，还应该具有赏心悦目的外在表现形式。

例文 2

“一场说走就走的旅行”广告策划文案

一、目标

通过广告宣传，使广大自助游客户认识到我们的旅游产品“个性化旅游定制服务”，区分出我们的产品“个性”“服务”的特点。

二、定位

“个性化旅游定制服务”定位于中低档的自助游消费群体。

三、媒体选择

电视、网络、户外广告（站台、路边广告牌）、杂志、移动传媒（公交车、出租车上的电视、电台）。

四、广告创意

（一）电视广告文案（适用于电视、网络、移动传媒）

口号：一场说走就走的旅行。

广告文案（脚本）

场景一：

人物：女白领（身着职业装，戴一副大黑框眼镜）、办公室其他职员

地点：办公室

道具：文件（纸张若干）、眼镜、手机

背景：低沉的音乐，灰白色底色画面

女白领如往常一样忙忙碌碌地处理各种文件，办公室来来往往各种人，将一摞摞文件放到她的桌上。（画面用加速处理，人的身影有飘来飘去的感觉。）拉近镜头，女白领脸上烦躁厌倦的表情（特写），看着周围来往的人群，接近爆发状态。此时，周围声音逐渐变畸形、扭曲，最后安静。女白领突然站起来，将手中的资料一抛，拿起自己的手机（手机特写）在一片纸花飞舞中大步走出办公室。（欢快急速的音乐响起）女白领边走边将眼镜丢掉，拨打电话116117（116117镜头特写），然后将手机移至耳边说："我想去旅行!"

场景二：

人物：女白领、旅行社职员

地点：各大旅游景点、旅行社办公室等

道具：手机、个性线路设计书、笔纸若干

背景：欢快的音乐，画面色彩明亮

画面切换，将屏幕一分为二，上部分是女白领从海南—桂林—大理—西藏的旅行画面；下部分是旅行社的线路设计师设计线路和金龟子提供服务的场景。

由于人力、物力、财力的限制，白领的旅游过程以照片展示为主。选图要突出白领放松、欢快的神情，穿衣风格等整体感觉要与之前的OL风格形成鲜明对比，在途中穿插打电话的场景。最后在西藏的旅行以将经文抛向天空结束。（背景音乐由欢快转柔和。）

与之相呼应的旅行社办公室场景，在旅行一开始设计师将顾客的"专属个性旅游计划"和"专属线路"展示出来。然后根据目的地的转换设计出飞机在两个目的地的飞行画面。下部分在将场景转向西藏的天空时消失。

场景三：

人物：女白领

地点：海边

道具：鞋、手机等

背景：落日黄昏，柔和的背景音乐（钢琴曲）

画面回到海边，女白领身着纱裙，一手提着凉鞋、一手拿着手机，赤足在夕阳的沙滩上漫步。镜头从女白领的脚缓慢移至脸部，抓拍她享受自由的表情。（可抓拍闭上眼睛的侧面、拥抱大海之类的。）

最后画外音响起："一场说走就走的旅行，从金色椰风开始。"

（二）平面广告文案（适用于报纸、杂志、户外广告）

1. 针对个性化定制产品

广告语：一场说走就走的旅行

画面一分为二，左边为现代办公室，右边为各地风景名胜。一人拖着行李箱从左边办公室跨至右边旅游景区，左边为职业装束，右边为休闲打扮，形成鲜明对比。

此设计旨在告诉广大被工作、生活所累的人群，应当从忙碌奔波中释放自己，跟随自己的心，"来一场说走就走的旅行"。不论您现在在哪里、做什么，只要您想去旅行，我们就可以为您做到。

2. 针对“××品牌”专属旅行顾问

广告语：“××品牌”——您的旅行私人管家，您在哪里，××就在哪里。

此设计将“××品牌”的形象代言人附在世界地图上，直白含义为“××品牌”无处不在，突出“您在哪里，××就在哪里”的概念，意味着“××品牌”将走向国际，为全世界每一个角落的旅游者服务。图中的“××品牌”的形象代言人戴着耳麦，意味着金龟子随时待命，接听您的电话，为您提供服务。

应用能力训练

1. 尝试为一个旅游景点创作一则广告。
2. 请为一部手机或一种旅游产品设计一则广告。
3. 请为你所在的学校撰写一个广告宣传文案。

第三节　市场调查报告

例文

九寨沟景区假日旅游市场调查与分析

随着人们物质生活水平的日益提高，休闲旅游的生活方式已逐步走入了国内居民家庭，旅游逐渐成为一种时尚和精神需求。伴随着休假制度的改革，我国形成了春节、劳动节、国庆节等假日旅游期；同时，为全面提升居民生活质量而实行的刺激消费、扩大内需等政策，也使假日旅游市场欣欣向荣。

一、假日旅游制度的利弊

假日旅游制度一方面丰富了群众的精神文化生活；另一方面拉动了地方经济增长。但假日旅游的弊端也集中表现出来：

一是许多景区的接待量都超过其承载能力，对旅游资源产生掠夺式破坏。

二是加剧了当地交通运输紧张状况。

三是假日旅游改变了正常的旅游活动规律，不利于旅游业及相关行业的良性发展。尽管旅游活动有淡旺季之分，但这是客观规律作用的结果。为应付人为的、爆发式的需求而增加的投入，过后必然闲置，造成极大浪费。

四是假日旅游相对降低了旅游服务质量，在一定程度上会损害消费者利益。

假日旅游制造了短暂的兴旺，但不能从根本上拉动经济增长。假日消费不过是消费行为的集中体现，在消费水平既定、消费预期不定、消费支出分流的情况下，假日消费有涨必有落。

二、假日旅游制度在九寨沟景区的表现

（一）数据分析

以2013年国庆节及2014年春节为例。

九寨沟景区虽然经历了“4·20”雅安芦山地震、“7·10”都江堰泥石流等地质灾害，全年仍接待游客292万余人次。

2013年国庆节旅游接待情况如下：

时间	2012 年接待游客（人次）	2013 年接待游客（人次）	增减人数	增长率
10 月 1 日	32 409	16 750	−15 659	−48.32%
10 月 2 日	47 353	47 786	433	0.91%
10 月 3 日	52 935	40 881	−12 054	−22.77%
10 月 4 日	46 752	40 851	−5 901	−12.62%
10 月 5 日	31 036	39 008	7 972	25.69%
10 月 6 日	16 368	14 910	−1 458	−8.91%
10 月 7 日	10 600	8 409	−2 191	−20.67%
合计	237 453	208 595	−28 858	12.15%

2014 年春节期间接待人数（略）。

从上表可以看出，假日旅游单日和总体游客接待量都有了大幅突破，旅游高峰期持续时间也在增长。

2013 年国庆节团队游客与散客对比如下：

日期	进沟人数	网订团队	网订散客	散客总数	散客比例	2012 年比例
10 月 1 日	16 750	6 262	361	10 488	62.6%	63.16%
10 月 2 日	47 786	11 846	1 352	35 940	75.2%	65.16%
10 月 3 日	40 881	13 502	1 301	27 379	67.0%	67.92%
10 月 4 日	40 851	12 016	1 906	28 835	70.6%	69.46%
10 月 5 日	39 008	12 053	1 370	26 955	69.1%	67.72%
10 月 6 日	14 910	6 175	835	8 735	58.58%	60.26%
10 月 7 日	8 409	3 613	372	4 796	57.03%	53.86%
小计	208 595	65 467	7 497	143 128	68.62%	66.3%

2014 年春节接待人数情况：

日期	进沟人数	团队人数	比例	散客人数	比例
1 月 31 日	1 117	348	31.15%	769	68.85%
2 月 1 日	5 147	870	16.90%	4 277	83.10%
2 月 2 日	10 982	2 501	22.77%	8 481	77.23%
2 月 3 日	12 257	2 156	17.59%	10 101	82.41%
2 月 4 日	10 985	2 160	19.66%	8 825	80.34%
2 月 5 日	7 949	2 401	30.21%	5 548	69.79%
2 月 6 日	5 262	1 679	31.91%	3 583	68.09%

上表显示，整个假日旅游期间，散客所占比例很高，自助、自驾游客也占很大比重。

（二）假日旅游市场火爆的原因分析

1. 多角度下的市场营销

近年来，九寨沟管理局加强了市场拓展，通过举办形式多样的节庆活动，开展专题推广，积极进行网络宣传等促销活动，刺激了终端旅游市场的持续增长。

2. 假日休闲方式改变

全国各主要休闲度假胜地的旅游新闻和数据显示，近几年，越来越多的人放弃在家休息的方式，而选择携家出游，利用难得的假期带家人饱览美丽风光和不同的人文风情。

3. 优惠政策推动

假日期间，国家实行七座以下小车高速公路免收费政策，景区实行60周岁老年人半价优惠、70周岁老年人免门票政策，这些政策极大地刺激了游客出游。

4. 出游方式改变

根据分析，近几年前来九寨沟的游客构成，自驾、自助游客比例不断上升，而节假日期间，自驾、自助游客比率更是连续多次超过60%，成为节假日游客量主力客源。同时，自2013年10月1日《旅游法》颁布以来，旅游市场得到了新一轮的整顿，旅行社团费随之大幅增长，导致更多游客选择自驾、自助旅游。另外，由于当前旅游资讯更加便捷化和透明化，新媒体提供了丰富多样的旅游线路资讯，游客也可以轻松通过网络预订食宿交通等，这些都为游客自助旅游提供了便利。

5. 错峰出游意识增强

由于近几年节假日期间，全国多个景区出现游客井喷现象，各级政府和旅游部门加强了错峰旅游宣传，部分时间较为自由的游客也增强了错峰出游的意识。因此，春节假日旅游高峰期延长，且最高峰和次高峰日的接待量差距缩小。

三、假日制度再思考

假日制度是把双刃剑，虽然在很大程度上拉动了经济的发展，拉动了内需，增强了国人的消费能力，但也带来了一些问题。每年一到长假，人们成群结队出外旅游，使一些运输状况本来就很紧张的道路雪上加霜，而且长假期间的游客数量大大超过景区的承载限度。

具体到九寨沟景区，假日制度的弊端集中表现在以下几方面：

一是假日旅游需求的集中释放与旅游服务的有限供给之间的矛盾依然比较突出。随着经济社会的发展，人们的旅游需求在迅速增长，旅游已经成为一种大众化的消费，旅游消费集中在国庆假日且集中在部分重点热门景区，这给景区旅游接待造成了较大压力，需要各旅游接待相关部门进一步加强公共信息服务平台建设，合理分流旅游者。

二是旅游基础及配套服务设施还有待进一步完善。面对以自驾游客为主体的假日旅游市场，九寨沟虽然节前已做好充分预案，但随着大量自主性和随意性较大游客的涌入，景区内观光车辆、旅游厕所等设施仍不能完全满足游客的瞬时需求。

三是由于大部分自助、自驾游客出行的盲目性及行动的自主性和随意性，使得景区难以调节。此外，旅行社组团费用的提高，使得国庆长假期间，旅行社接待组织性、纪律性较强团队的数量减少，给景区管理带来极大的压力。

资料来源：王国兰．九寨沟景区假日旅游市场调查与分析．城市旅游规划，2014（6）．

一、市场调查报告的含义

市场调查报告是运用科学的方法，有目的、有计划、系统地收集、整理、研究市场营销情况、供求规律及影响其发展变化的各种因素，做出结论而形成的书面报告。

市场调查报告是调查报告的一个分支，是一种专用的实用文体。它是以了解市场情况，反映商品供求及企业发展状况，总结经验，提示矛盾，指导工作为目的的专业性调查报告。在写作上，它具有调查报告的共性要求，同时又有自己的个性特点，即针对性、新颖性和时效性。

市场调查报告具有以下作用：获取经济预测的信息；提供企业决策的依据；推动企业改善经营管理。

二、市场调查报告的内容

（1）社会环境调查。

（2）市场需求调查。

（3）市场供给调查。

（4）市场营销活动调查。

三、市场调查报告的结构与写法

（一）标题

市场调查报告的标题形象、生动、醒目，具有强烈的吸引力，类似于新闻标题，如“安于‘小’专于‘小’发展‘小’——温州小商品市场生意红火”“从牛棚走向世界——江苏森林集团创名牌之路”。值得注意的是，尽管标题形式不一，标题中的调查区域、文种可以省略，但调查对象一般不能省去。

（二）导语

市场调查报告导语的写法灵活多样，有的开头明确观点，使人一目了然，如“××牌收银机，我们认为它在北京不具备市场竞争能力，原因主要从以下几方面阐述……”；有的开头提出问题，引人关注思考，如“每逢过年，中国人的头等大事就是置办‘年货’。如今赶上年根儿，商场的景象却令人‘心寒’。那么，‘上帝’都到哪儿去了？……”。导语应根据市场调查报告的种类、目的、资料及篇幅要求等进行选择，要围绕为什么进行调查、怎样进行调查和调查的结论如何等问题做文章。

（三）主体

主体是市场调查报告的核心部分，在写作时主要有三种方法：第一，先对调查的数据资料及背景资料做客观介绍，然后阐述对情况的看法、观点的分析；第二，首先提出问题，然后再分析问题，目的在于找出解决问题的办法；第三，先肯定事物的一面，由肯定的一面引申出分析部分，又由分析引出结论，循序渐进。

在主体部分，分析是市场调查报告的主要组成部分，往往要对资料进行质和量的分析，通过分析了解情况、说明问题、解决问题。分析主要有三类：第一类，原因分析。这是对问题的基本成因进行分析。如对××商品滞销、××公司破产的分析。第二类，利弊分析。这是对事物在市场活动中所处的地位、作用等进行的优劣势分析。第三类，预测分析。这是对事物的发展趋势和发展规律做出的分析。

应用能力训练

利用假期对家乡的旅游市场进行调查，撰写一份旅游市场调查报告。

第四章
旅游行政公文写作

第一节　公文概述

一、公文的含义

“公文”即公务文书的简称，有广义和狭义之分。广义的公文是指党政机关、企事业单位及社会团体在公务活动中所用的各类文字材料。狭义的公文专指行政公文。

二、公文的性质和功能

2012 年 7 月 1 实施的《党政机关公文处理工作条例》第三条规定：“党政机关公文是党政机关实施领导、履行职能、处理公务的具有特定效力和规范体式的文书，是传达贯彻党和国家的方针政策，公布法规和规章，指导、布置和商洽工作，请示和答复问题，报告、通报和交流情况等的重要工具。”因此，公文的主要功能有发布政令、领导指导工作、报告情况、请示事项、答复问题、商洽公务、交流经验、告知信息、记载活动、宣传党的方针政策、进行思想教育等。

三、公文的特点

（一）作者的法定性

作者的法定性指发文机关是法定的，必须是依法成立并能以自身名义行使法定职权和承担法定义务的党政机关、企事业单位和社会团体。公文作者不同于一般性文章或文艺作品的作者，一般性文章的作者可以以个人名义对事物表达看法、意见，人们不一定要服从、照办。而公文作者则是代表某一机关、企业和事业单位表述主张、意见的，属于法定制作人员。

（二）高度的政令性

公文是随着阶级的出现、国家的产生而形成的，它的内容必然要体现阶级的根本利益和意志，必然要为国家服务。统治阶级为了治理国家、实施政治统治、组织生产、管理文化与生活，就要利用公文这一重要工具，制定有关政策、法律、法规、办法等，还要以强制措施来保证其顺利实施。因此，公文具有高度的政令性。

（三）法定的权威性

公文是依法成立的机关、单位表述主张、观点的重要工具，具有法定效力。特别是中央党政机关的公文，主要用于传达、贯彻党和国家的方针政策，发布法律、法规、规章，具有极强的权威性。上级机关根据职权范围发布公文、表述决定或意见，要求下级单位必须认真领会、贯彻执行，否则，将依法追究有关单位、人员的法律责任和行政责任。《中华人民共和国宪法》和《中华人民共和国地方各级人民代表大会和地方各级政府组织法》规定了国家机关制定和发布公文的权限。如全国人民代表大会常务委员会有权制定、颁行法律、法令；国务院有权根据宪法、法律和法令规定发布行政措施和命令，国务院的各部委具有发布行政条例、实施办法的权力，这都体现了公文法定的权威性。

（四）体式的规定性

公文与一般文章、作品不同，它有特定的体式。如文件的结构、书写的格式、用纸的尺寸标准等，均有严格的规定。2012 年 7 月 1 日实施的《党政机关公文处理工作条例》第四条规定："公文处理工作是指公文拟制、办理、管理等一系列相互关联、衔接有序的工作。"第六条规定："各级党政机关应当高度重视公文处理工作，加强组织领导，强化队伍建设，设立文秘部门或者由专人负责公文处理工作。"从而使公文的制作、收发等更加规范，更有利于保证公文的质量及管理工作的科学性。

（五）明显的时效性

公文具有一定的时效性，没有一份公文是永远有效的。公文是在一定时期内，根据某项工作和任务而制发的，一经使用就会产生某种行政约束作用，目的达到、使命完成以后，公文的效用也就失去了，只能作为历史文件、资料存档备查。比如随着国家党政机关的体制改革，组织机构的调整、变迁等，旧的公文就会被新的公文所替代；国家所面临的政治、经济形势不同了，很多旧法律、法规、规章、制度都会被新的所代替。对于一些没有明确使用时效的公文，各级党政机关、企事业单位都应着手"废、改、立"，以规范公文的使用时效。

四、公文的种类

（一）公文的分类方法

1. 按行文关系分

（1）上行文：下级机关向上级机关报送的公文。用于下级向上级请求批准事项、汇报工作等，如请示、报告等。

（2）下行文：上级机关对所属下级机关发放的公文。用于指导、部署工作，答复有关事项等，如通知、意见、决定等。

（3）平行文：同级机关或互不隶属机关之间的行文，如函等。

2. 按文件的机密性分

（1）机密文件：主要涉及党、政、军的机密公文。可分为秘密、机密、绝密三个密级，严格限定阅读范围，并由专人负责传送、保管、收回等。

（2）内部文件：不涉及重要机密，但只能在部门内部阅读、使用，不对外公布。

（3）公布文件：指向国内外公开发布的公文。不仅不涉及机密，而且要广泛宣传、使人周知，一般使用广播、电视、报刊、网络等大众媒体向国内外公开。

3. 按文件的性质、作用分

（1）法规文件：由立法机关或其授权的部门发布的文件。如全国人民代表大会向具有立法权的地方人民代表大会发布的文件，具有法律效力。

（2）行政文件：由各级行政机关发布的文件。如国务院及下属的各部、委、局发布的文件，地方各级政府部门发布的文件，具有行政效力。

（3）党内文件：由中国共产党中央和地方机构发布的文件。如党中央和各级党委部门向党内、党外发布的文件，具有指导工作、政策引导的效力。

4. 按文体的来源分

（1）收来文件：指外单位发送到本单位的文件，简称“收文”。一般包括上级机关、下级机关、平行机关和不相隶属的机关发到本单位的文件。

（2）自制文件：指本单位因工作需要而对内、对外发布的文件，简称“发文”。

5. 按文件的使用范围分

（1）通用文件：指在党政军机关和企事业单位、人民团体中普遍使用的文件。国家统一规定文种，统一解释写作要求。

（2）专用文件：指在一定部门或在一定业务范围内，根据特殊需要使用的公文。如外交、司法、财经部门使用的照会、起诉书、会计报表等。

（二）党和国家机关通用公文的种类

2012 年 7 月 1 日起施行的《党政机关公文处理工作条例》对党和国家机关的通用公文的种类进行了修订，主要有 15 种：决议、决定、命令（令）、公报、公告、通告、意见、通知、通报、报告、请示、批复、议案、函、纪要。

五、公文的格式

公文的格式是指文件的组成部分和印刷规范，它是公文权威性、严肃性在形式上的体现。公文的格式具有规范性和相对确定性，这在《党政机关公文处理工作条例》中有专门的规定。同时，《党政机关公文格式》对公文的版式，如版头设计、版面安排、字体字号、字行字距间隔、用纸尺寸与规格等也做出了具体要求。

公文的格式分为眉首、主体、版记三部分。

（一）眉首部分格式

眉首即文件头，包括公文份数序号、秘密等级、紧急程度、发文机关标志、发文字号、签发人、横隔线等项。

1. 公文份数序号

公文份数序号亦称公文份号，是指将同一文稿印制若干份时每份的顺序编号。秘密文件才加顺序号。份数序号一般由 6 位阿拉伯数字组成，标在公文首页版心左上角第 1 行，如果数字不足规定位数，前面用“0”补齐。

2. 秘密等级

需要保密的公文，应根据保密程度注明密级。密级分为绝密、机密、秘密三种。用 3 号黑体字，顶格编排在版心左上角第 2 行，两字之间空 1 字。也有的标于标题的左上角。同一机关发出的文件秘密等级标注位置要一致。

3. 紧急程度

紧急程度是对文件送达和办理速度的要求。紧急公文应分别注明“特急”或“急件”字样，用 3 号黑体字，标注在秘密等级之下。

4. 发文机关标志

发文机关标志由发文机关全称或规范化简称加“文件”二字组成。发文机关标志一般使用小标宋体字，颜色用红色，居中印在文件首页上端。若几个机关联合行文，主办机关排列在前。发文机关标志的主要作用是强调公文法定作者的归属，引起受文者对公文权威性的警觉。

5. 发文字号

发文字号是一个机关同一年度制发公文的顺序号，简称“文号”。发文字号的作用是为检索和引用该文件提供专指性很强的代号，并为统计和管理公文提供依据。它由发文机关代字、年份和发文顺序号三个部分组成。例如，中共中央 2014 年发的第 15 号文件，其文号应写成“中发〔2014〕15 号”。发文字号应在发文机关标志下空 2 行位置居中排布，用 3 号仿宋体字。

注意：

（1）机关代字是固定不变的，且不能与其他单位的代字重复。如“京政”是北京市人民政府，“豫财”是河南省财政局。（2）发文年度号用阿拉伯数字，必须用全称。发文年度号外用六角括号。（3）序号不编虚位，不加“第”字。（4）几个单位联合发文，只标明主办机关发文字号。

6. 签发人

供上行文用，标注在发文字号右侧，书写“签发人”和签发人姓名，是表示公文生效并对公文内容负责的一个标志。“签发人”三字用 3 号仿宋体字，后标全角冒号，冒号后用 3 号楷体字标识签发人姓名。

7. 横隔线

横隔线也称红色反线，印在发文字号之下 4 毫米处，与版心等宽，用于隔开文头和正文。

（二）主体部分格式

公文的主体部分包括文件标题、主送机关、正文、附件、发文机关、成文日期、公文生效标识、附注等内容。

1. 文件标题

标题用于提示公文的主要内容，是对公文主旨的高度概括。公文标题的制作有三种情况：

（1）最基本的标题形式是“三项式”标题。即由发文机关、事由、文种三部分构成。如“国务院关于颁发《会计人员职权条例》的通知”。

（2）“两项式”标题。或由事由、文种两部分构成，如“关于赴××省旅游局学习考察的函”；或由发文机关和文种两部分构成，如“北京市人民政府令”“中华人民共和国主席令”等。

（3）只以文种为标题。这种写法往往用于公开张贴的文告，如“通告”“公告”等。

2. 主送机关

主送机关指发文机关要求对所发公文内容进行答复或处理的对方机关，也称“受文机关”。编排于标题之下空 1 行处，靠左顶格用 3 号仿宋体字书写，后加冒号。

3. 正文

正文是公文的主体和核心，用来表述公文的内容，位于主送机关之下、成文日期之上。每一段首行一律空两个字书写，回行时顶格书写。

4. 附件

附件是正文的补充材料或参考材料，是公文的重要组成部分。

常见的附件有两类：一类是发布令和发布通知等时发布、印发、转发、批转的公文。附件实质上是主件，而形式上的主件实际上只起报送、发布、按语、转发、函告作用。另一类是对正文的补充、说明或是正文的参考材料。常见的有图表、统计表、凭据等。

公文若带有附件，应在正文之下空 1 行左空 2 字用 3 号仿宋体字标注“附件”，然后按顺序完整地写明附件的名称。多个附件要在前面标上序号，最后把附件与主件装订在一起。

5. 发文机关

公文的发文机关又称落款，是公文的法定作者。在正文之后偏右处，应使用机关全称或规范化简称。几个机关联合发文，应将主办机关排列在前。以领导人的名义发文，应在领导人前冠以职务名称。

6. 成文日期

成文日期是公文生效和查考的依据，位于发文机关名称之下。会议纪要、决定、决议等不标注主送机关的公文，成文日期可用括号标注于标题下方居中位置。成文日期要书写完整，不得用阿拉伯数字，需用汉字书写，“零”写为“○”。

7. 公文生效标识

公文生效标识是公文制发机关对公文生效负责的凭证，即机关印章。要盖在机关名称和成文日期上，做到上不压正文、下要骑年盖月。以印章的下部边缘压盖发文日期，一般以压盖 4～7 个字为准。

8. 附注

附注位于成文日期的左下方，主题词之上，用以说明公文中在其他地方不便说明的各种事项，如需要加以解释的名词术语、说明公文传达范围的内容等。例如，“此件发至县团级”“此件发至各街道、乡”。附注用 3 号仿宋体字，居左空 2 字加圆括号标识。

（三）版记部分格式

公文版记部分主要包括主题词、抄送机关、印发说明等项目。

1. 主题词

主题词由反映文件内容的规范化名词或名词性词组组成，标注在发文机关落款的左下方。主题词一般在本系统或本单位所编制的主题词表中选取，词与词之间空一个字的位置。正式文件均应标注主题词。主题词的个数一般不限，但最多不超过 7 个，可根据需要有次序地排列。

2. 抄送（含抄报、抄发）机关

抄送机关用以标明需要了解公文内容的机关名称。标注在主题词横格线之下左侧顶格处，注明抄送或抄报、抄发，之后加冒号，标注抄送机关的全称或规范化简称。对上级机关用“抄报”，对同级和不相隶属的机关用“抄送”，对下级机关用“抄发”。

3. 印发说明

印发说明又叫“印制版记”，标明公文印发部门名称、印发日期。印发部门名称和日期置于文件末页下端。

公文版式见下图。

000001
机　密
特急

×××文件

（空二行）

×发〔××××〕××号

关于××××工作的通知（公文标题）

（空一行）
各省、自治区、直辖市人民政府（主送机关）：

正文

（空一行）
附件：1. ×××××××××
2. ×××××××××

×××（盖印）
二〇一六年×月×日

主题词：××　××　××
抄送：×××，×××，×××。
×××2016年×月×日印发
共印××份

公文版式

（四）公文格式的其他要求

1. 公文用纸规格

国内公文用纸一般采用国际标准A4型纸（长297毫米×宽210毫米）。

2. 书写形式

公文中所涉及的文字符号一律采用从上至下、自左向右的横写横排的形式，正文文字每行长度与图文区宽度相等，字距、行距以便于阅读和庄重为原则，尽量做到匀称、整齐。

正文中数字表示多层结构时，可用如下标识方法：

第一层：一、二、三、四……

第二层：(一)(二)(三)(四)……

第三层：1. 2. 3. 4. ……

第四层：(1)(2)(3)(4)……

六、公文语言的要求

公文的语言不同于一般文章和文学作品，其语法特征和表述方式可理解为“三多一恰当”。

(一) 多专用词语

(1) 开端用语：如根据、遵照、按照、为了、近查、兹因、兹有、关于等；

(2) 称谓词用：如本局、我单位、贵处、你方、该单位等；

(3) 经办用语：如责成、已经、兹经、业经、现将等；

(4) 引述用语：如悉、近悉、收悉、前接、近接等；

(5) 表态用语：如同意、不同意、可行、不可、应予否定、确应、照办、遵照执行等；

(6) 期请用语：如请、拟请、恳请、务必、即请查办、希执行等；

(7) 征询用语：如妥否、当否、可否、是否同意等；

(8) 期复用语：如请回复、请审批、请告知、请转发等；

(9) 承启用语：如为此、由此等；

(10) 结尾用语：如为要、为盼、为荷、特此函复、特此报告等。

(二) 多用介词结构

如因、为了、根据、通过等。

(三) 多使用缩略用语

如中共中央（中国共产党中央委员会）、三夏（夏收、夏种、夏管）、四化（工业现代化、农业现代化、科学技术现代化、国防现代化）等。

(四) 恰当使用模糊用语

如基本上、长期以来、大多数、程度不同的等。

知识链接

党政机关公文处理工作条例

第一章 总 则

第一条 为了适应中国共产党机关和国家行政机关（以下简称党政机关）工作需要，推进党政机关公文处理工作科学化、制度化、规范化，制定本条例。

第二条 本条例适用于各级党政机关公文处理工作。

第三条 党政机关公文是党政机关实施领导、履行职能、处理公务的具有特定效力和规范体式的文书，是传达贯彻党和国家的方针政策，公布法规和规章，指导、布置和商洽工作，请示和答复问题，报告、通报和交流情况等的重要工具。

第四条 公文处理工作是指公文拟制、办理、管理等一系列相互关联、衔接有序的工作。

第五条 公文处理工作应当坚持实事求是、准确规范、精简高效、安全保密的原则。

第六条 各级党政机关应当高度重视公文处理工作，加强组织领导，强化队伍建设，设立文秘部门或者由专人负责公文处理工作。

第七条 各级党政机关办公厅（室）主管本机关的公文处理工作，并对下级机关的公文处理工作进行业务指导和督促检查。

第二章 公文种类

第八条 公文种类主要有：

（一）决议。适用于会议讨论通过的重大决策事项。

（二）决定。适用于对重要事项作出决策和部署、奖惩有关单位和人员、变更或者撤销下级机关不适当的决定事项。

（三）命令（令）。适用于公布行政法规和规章、宣布施行重大强制性措施、批准授予和晋升衔级、嘉奖有关单位和人员。

（四）公报。适用于公布重要决定或者重大事项。

（五）公告。适用于向国内外宣布重要事项或者法定事项。

（六）通告。适用于在一定范围内公布应当遵守或者周知的事项。

（七）意见。适用于对重要问题提出见解和处理办法。

（八）通知。适用于发布、传达要求下级机关执行和有关单位周知或者执行的事项，批转、转发公文。

（九）通报。适用于表彰先进、批评错误、传达重要精神和告知重要情况。

（十）报告。适用于向上级机关汇报工作、反映情况，回复上级机关的询问。

（十一）请示。适用于向上级机关请求指示、批准。

（十二）批复。适用于答复下级机关请示事项。

（十三）议案。适用于各级人民政府按照法律程序向同级人民代表大会或者人民代表大会常务委员会提请审议事项。

（十四）函。适用于不相隶属机关之间商洽工作、询问和答复问题、请求批准和答复审批事项。

（十五）纪要。适用于记载会议主要情况和议定事项。

第三章 公文格式

第九条 公文一般由份号、密级和保密期限、紧急程度、发文机关标志、发文字号、签发人、标题、主送机关、正文、附件说明、发文机关署名、成文日期、印章、附注、附件、抄送机关、印发机关和印发日期、页码等组成。

（一）份号。公文印制份数的顺序号。涉密公文应当标注份号。

（二）密级和保密期限。公文的秘密等级和保密的期限。涉密公文应当根据涉密程度分别标注“绝密”“机密”“秘密”和保密期限。

（三）紧急程度。公文送达和办理的时限要求。根据紧急程度，紧急公文应当分别标注“特急”“加急”，电报应当分别标注“特提”“特急”“加急”“平急”。

（四）发文机关标志。由发文机关全称或者规范化简称加“文件”二字组成，也可以使用发文机关全称或者规范化简称。联合行文时，发文机关标志可以并用联合发文机关名称，也可以单独用主办机关名称。

（五）发文字号。由发文机关代字、年份、发文顺序号组成。联合行文时，使用主办机关的发文字号。

（六）签发人。上行文应当标注签发人姓名。

（七）标题。由发文机关名称、事由和文种组成。

（八）主送机关。公文的主要受理机关，应当使用机关全称、规范化简称或者同类型机关统称。

（九）正文。公文的主体，用来表述公文的内容。

（十）附件说明。公文附件的顺序号和名称。

（十一）发文机关署名。署发文机关全称或者规范化简称。

（十二）成文日期。署会议通过或者发文机关负责人签发的日期。联合行文时，署最后签发机关负责人签发的日期。

（十三）印章。公文中有发文机关署名的，应当加盖发文机关印章，并与署名机关相符。有特定发文机关标志的普发性公文和电报可以不加盖印章。

（十四）附注。公文印发传达范围等需要说明的事项。

（十五）附件。公文正文的说明、补充或者参考资料。

（十六）抄送机关。除主送机关外需要执行或者知晓公文内容的其他机关，应当使用机关全称、规范化简称或者同类型机关统称。

（十七）印发机关和印发日期。公文的送印机关和送印日期。

（十八）页码。公文页数顺序号。

第十条　公文的版式按照《党政机关公文格式》国家标准执行。

第十一条　公文使用的汉字、数字、外文字符、计量单位和标点符号等，按照有关国家标准和规定执行。民族自治地方的公文，可以并用汉字和当地通用的少数民族文字。

第十二条　公文用纸幅面采用国际标准 A4 型。特殊形式的公文用纸幅面，根据实际需要确定。

第四章　行文规则

第十三条　行文应当确有必要，讲求实效，注重针对性和可操作性。

第十四条　行文关系根据隶属关系和职权范围确定。一般不得越级行文，特殊情况需要越级行文的，应当同时抄送被越过的机关。

第十五条　向上级机关行文，应当遵循以下规则：

（一）原则上主送一个上级机关，根据需要同时抄送相关上级机关和同级机关，不抄送下级机关。

（二）党委、政府的部门向上级主管部门请示、报告重大事项，应当经本级党委、政府同意或者授权；属于部门职权范围内的事项应当直接报送上级主管部门。

（三）下级机关的请示事项，如需以本机关名义向上级机关请示，应当提出倾向性意见后上报，不得原文转报上级机关。

（四）请示应当一文一事。不得在报告等非请示性公文中夹带请示事项。

（五）除上级机关负责人直接交办事项外，不得以本机关名义向上级机关负责人报送公文，不得以本机关负责人名义向上级机关报送公文。

（六）受双重领导的机关向一个上级机关行文，必要时抄送另一个上级机关。

第十六条　向下级机关行文，应当遵循以下规则：

（一）主送受理机关，根据需要抄送相关机关。重要行文应当同时抄送发文机关的直接上级机关。

（二）党委、政府的办公厅（室）根据本级党委、政府授权，可以向下级党委、政府行文，其他部门和单位不得向下级党委、政府发布指令性公文或者在公文中向下级党委、政府提出指令性要求。需经政府审批的具体事项，经政府同意后可以由政府职能部门行文，文中须注明已经政府同意。

（三）党委、政府的部门在各自职权范围内可以向下级党委、政府的相关部门行文。

（四）涉及多个部门职权范围内的事务，部门之间未协商一致的，不得向下行文；擅自行文的，上级机关应当责令其纠正或者撤销。

（五）上级机关向受双重领导的下级机关行文，必要时抄送该下级机关的另一个上级机关。

第十七条　同级党政机关、党政机关与其他同级机关必要时可以联合行文。属于党委、政府各自职权范围内的工作，不得联合行文。

党委、政府的部门依据职权可以相互行文。

部门内设机构除办公厅（室）外不得对外正式行文。

第五章　公文拟制

第十八条　公文拟制包括公文的起草、审核、签发等程序。

第十九条　公文起草应当做到：

（一）符合党的理论路线方针政策和国家法律法规，完整准确体现发文机关意图，并同现行有关公文相衔接。

（二）一切从实际出发，分析问题实事求是，所提政策措施和办法切实可行。

（三）内容简洁，主题突出，观点鲜明，结构严谨，表述准确，文字精练。

（四）文种正确，格式规范。

（五）深入调查研究，充分进行论证，广泛听取意见。

（六）公文涉及其他地区或者部门职权范围内的事项，起草单位必须征求相关地区或者部门意见，力求达成一致。

（七）机关负责人应当主持、指导重要公文起草工作。

第二十条　公文文稿签发前，应当由发文机关办公厅（室）进行审核。审核的重点是：

（一）行文理由是否充分，行文依据是否准确。

（二）内容是否符合党的理论路线方针政策和国家法律法规；是否完整准确体现发文机关意图；是否同现行有关公文相衔接；所提政策措施和办法是否切实可行。

（三）涉及有关地区或者部门职权范围内的事项是否经过充分协商并达成一致意见。

（四）文种是否正确，格式是否规范；人名、地名、时间、数字、段落顺序、引文等是否准确；文字、数字、计量单位和标点符号等用法是否规范。

（五）其他内容是否符合公文起草的有关要求。

需要发文机关审议的重要公文文稿，审议前由发文机关办公厅（室）进行初核。

第二十一条　经审核不宜发文的公文文稿，应当退回起草单位并说明理由；符合发文条件但内容需作进一步研究和修改的，由起草单位修改后重新报送。

第二十二条　公文应当经本机关负责人审批签发。重要公文和上行文由机关主要负责人签发。党委、政府的办公厅（室）根据党委、政府授权制发的公文，由受权机关主要负责人签发或者按照有关规定签发。签发人签发公文，应当签署意见、姓名和完整日期；圈阅或者签名的，视为同意。联合发文由所有联署机关的负责人会签。

第六章　公文办理

第二十三条　公文办理包括收文办理、发文办理和整理归档。

第二十四条　收文办理主要程序是：

（一）签收。对收到的公文应当逐件清点，核对无误后签字或者盖章，并注明签收时间。

（二）登记。对公文的主要信息和办理情况应当详细记载。

（三）初审。对收到的公文应当进行初审。初审的重点是：是否应当由本机关办理，是否符合行文规则，文种、格式是否符合要求，涉及其他地区或者部门职权范围内的事项是否已经协商、会签，是否符合公文起草的其他要求。经初审不符合规定的公文，应当及时退回来文单位并说明理由。

（四）承办。阅知性公文应当根据公文内容、要求和工作需要确定范围后分送。批办性公文应当提出拟办意见报本机关负责人批示或者转有关部门办理；需要两个以上部门办理的，应当明确主办部门。紧急公文应当明确办理时限。承办部门对交办的公文应当及时办理，有明确办理时限要求的应当在规定时限内办理完毕。

（五）传阅。根据领导批示和工作需要将公文及时送传阅对象阅知或者批示。办理公文传阅应当随时掌握公文去向，不得漏传、误传、延误。

（六）催办。及时了解掌握公文的办理进展情况，督促承办部门按期办结。紧急公文或者重要公文应当由专人负责催办。

（七）答复。公文的办理结果应当及时答复来文单位，并根据需要告知相关单位。

第二十五条　发文办理主要程序是：

（一）复核。已经发文机关负责人签批的公文，印发前应当对公文的审批手续、内容、文种、格式等进行复核；需作实质性修改的，应当报原签批人复审。

（二）登记。对复核后的公文，应当确定发文字号、分送范围和印制份数并详细记载。

（三）印制。公文印制必须确保质量和时效。涉密公文应当在符合保密要求的场所印制。

（四）核发。公文印制完毕，应当对公文的文字、格式和印刷质量进行检查后分发。

第二十六条　涉密公文应当通过机要交通、邮政机要通信、城市机要文件交换站或者收发件机关机要收发人员进行传递，通过密码电报或者符合国家保密规定的计算机信息系统进行传输。

第二十七条　需要归档的公文及有关材料，应当根据有关档案法律法规以及机关档案管理规定，及时收集齐全、整理归档。两个以上机关联合办理的公文，原件由主办机关归档，相关机关保存复制件。机关负责人兼任其他机关职务的，在履行所兼职务过程中形成的公文，由其兼职机关归档。

第七章　公文管理

第二十八条　各级党政机关应当建立健全本机关公文管理制度，确保管理严格规范，充分发挥公文效用。

第二十九条 党政机关公文由文秘部门或者专人统一管理。设立党委（党组）的县级以上单位应当建立机要保密室和机要阅文室，并按照有关保密规定配备工作人员和必要的安全保密设施设备。

第三十条 公文确定密级前，应当按照拟定的密级先行采取保密措施。确定密级后，应当按照所定密级严格管理。绝密级公文应当由专人管理。

公文的密级需要变更或者解除的，由原确定密级的机关或者其上级机关决定。

第三十一条 公文的印发传达范围应当按照发文机关的要求执行；需要变更的，应当经发文机关批准。

涉密公文公开发布前应当履行解密程序。公开发布的时间、形式和渠道，由发文机关确定。

经批准公开发布的公文，同发文机关正式印发的公文具有同等效力。

第三十二条 复制、汇编机密级、秘密级公文，应当符合有关规定并经本机关负责人批准。绝密级公文一般不得复制、汇编，确有工作需要的，应当经发文机关或者其上级机关批准。复制、汇编的公文视同原件管理。

复制件应当加盖复制机关戳记。翻印件应当注明翻印的机关名称、日期。汇编本的密级按照编入公文的最高密级标注。

第三十三条 公文的撤销和废止，由发文机关、上级机关或者权力机关根据职权范围和有关法律法规决定。公文被撤销的，视为自始无效；公文被废止的，视为自废止之日起失效。

第三十四条 涉密公文应当按照发文机关的要求和有关规定进行清退或者销毁。

第三十五条 不具备归档和保存价值的公文，经批准后可以销毁。销毁涉密公文必须严格按照有关规定履行审批登记手续，确保不丢失、不漏销。个人不得私自销毁、留存涉密公文。

第三十六条 机关合并时，全部公文应当随之合并管理；机关撤销时，需要归档的公文经整理后按照有关规定移交档案管理部门。

工作人员离岗离职时，所在机关应当督促其将暂存、借用的公文按照有关规定移交、清退。

第三十七条 新设立的机关应当向本级党委、政府的办公厅（室）提出发文立户申请。经审查符合条件的，列为发文单位，机关合并或者撤销时，相应进行调整。

第八章 附 则

第三十八条 党政机关公文含电子公文。电子公文处理工作的具体办法另行制定。

第三十九条 法规、规章方面的公文，依照有关规定处理。外事方面的公文，依照外事主管部门的有关规定处理。

第四十条 其他机关和单位的公文处理工作，可以参照本条例执行。

第四十一条 本条例由中共中央办公厅、国务院办公厅负责解释。

第四十二条 本条例自2012年7月1日起施行。1996年5月3日中共中央办公厅发布的《中国共产党机关公文处理条例》和2000年8月24日国务院发布的《国家行政机关公文处理办法》停止执行。

应用能力训练

试述公文在眉首、主体和版记部分的格式要求。

第二节 决定、意见

例文 1

国家旅游局 公安部 国务院台湾事务办公室
关于修改《大陆居民赴台湾地区旅游管理办法》的决定

国家旅游局、公安部和国务院台湾事务办公室决定对《大陆居民赴台湾地区旅游管理办法》作如下修改：

一、将第一条、第十五条中的"《旅行社管理条例》"修改为"《旅行社条例》"。

二、将第二条修改为："大陆居民赴台湾地区旅游（以下简称赴台旅游），可采取团队旅游或个人旅游两种形式。"

"大陆居民赴台团队旅游须由指定经营大陆居民赴台旅游业务的旅行社（以下简称组团社）组织，以团队形式整团往返。旅游团成员在台湾期间须集体活动。"

"大陆居民赴台个人旅游可自行前往台湾地区，在台湾期间可自行活动。"

三、将第五条中的"赴台旅游"修改为"赴台团队旅游"。

四、将第八条修改为："大陆居民赴台旅游期间，不得从事或参与涉及赌博、色情、毒品等内容及有损两岸关系的活动。"

"组团社不得组织旅游团成员参与前款活动，并应要求接待社不得引导或组织旅游团成员参与前款活动。"

五、将第九条中的"参游人员"修改为"旅游团成员"。

六、将第十条修改为："大陆居民赴台旅游应持有效的《大陆居民往来台湾通行证》，并根据其采取的旅游形式，办理团队旅游签注或个人旅游签注。"

七、将第十一条修改为："大陆居民赴台旅游应向其户口所在地公安机关出入境管理部门申请办理《大陆居民往来台湾通行证》及相应签注；参加团队旅游的，应事先在组团社登记报名。"

八、将第十四条修改为："赴台旅游的大陆居民应按期返回，不得非法滞留。当发生旅游团成员非法滞留时，组团社须及时向公安机关及旅游行政主管部门报告，并协助做好有关滞留者的遣返和审查工作。"

九、增加一条，作为第十五条："对在台湾地区非法滞留情节严重者，公安机关出入境管理部门自其被遣返回大陆之日起，六个月至三年以内不批准其再次出境。"

此外，对条文的顺序作了相应调整。

本决定自公布之日起施行。

《大陆居民赴台湾地区旅游管理办法》根据本决定作相应的修改，重新公布。

一、决定的特点和种类

决定是一种适用于对重要事项或者重大行动做出安排，奖惩有关单位及人员，变更或者撤销下级机关不适当的事项安排的公文。

(一) 决定的特点

(1) 指示性：决定是决议性的下行公文，具有指示性，上级的决定一经传达，下级就要贯彻执行。

(2) 明确性：决定还具有明确性，决定中做出的安排在时间、目的、要求上必须明确，不能模棱两可。

(3) 说理性：决定具有一定的说理性，有的决定是上级提出的主张，它要告诉有关单位和人员应该怎样做、不应该怎样做并说明原因。

(二) 决定的种类

(1) 处置性决定。如《关于修改〈大陆居民赴台湾地区旅游管理办法〉的决定》。

(2) 公布性决定。如《全国人大常委会关于确定中国人民抗日战争胜利纪念日的决定》《河南省人民政府关于表彰河南省劳动模范和先进工作者的决定》。

(3) 部署性决定。如《中共中央关于全面深化改革若干重大问题的决定》。

二、决定的格式与写法

(一) 标题及题下标示

决定的标题，一般应包括发文机关、事由、文种三要素，并在题下标明成文时间。如“北京市旅游经济学会关于更改学会名称的决定”。有些表彰先进或处理问题的决定，也可以把成文时间标在正文后面，而不是标在题下。有些决定，其标题还可以由事由与文种两要素组成，如广西壮族自治区旅游局发出的“关于表彰桂林市旅游局的决定”。

由会议发出的决定，其标题应写会议全称、事由和文种三个要素，并在题下标明什么时间什么会议（全称）通过。

(二) 主送机关

如果该决定是在一定范围内发送的，要写主送机关；如果该决定属普发性公文，一般可不写主送机关。

(三) 正文

决定的正文，一般由原因与事项两部分组成。原因部分要简明扼要地写明做出这一决定的依据与理由；事项部分要直截了当地写明所决定的具体事项。有些表彰先进、处理问题的决定，其正文在事项写完之后，还要加一段号召。

三、决定的写作要求

撰写决定时，对所决定的事项，根据要充分。所决定的事项要完整周密，表述要简明扼要，用语要十分准确，以便贯彻执行。表彰、处分等决定，对人和事的评价要实事求是、恰如其分。

四、意见的特点和种类

意见是一种适用于对重要问题提出见解和处理办法的公文。

例文 2

国务院关于加快发展旅游业的意见

各省、自治区、直辖市人民政府，国务院各部委、各直属机构：

旅游业是战略性产业，资源消耗低，带动系数大，就业机会多，综合效益好。改革开放以来，我国旅游业快速发展，产业规模不断扩大，产业体系日趋完善。当前我国正处于工业化、城镇化快速发展时期，日益增长的大众化、多样化消费需求为旅游业发展提供了新的机遇。为充分发挥旅游业在保增长、扩内需、调结构等方面的积极作用，现就加快发展旅游业提出如下意见。

一、总体要求

（一）指导思想。以邓小平理论和“三个代表”重要思想为指导，深入贯彻落实科学发展观，进一步解放思想，深化改革开放，加强统筹协调，转变发展方式，提升发展质量，把旅游业培育成国民经济的战略性支柱产业和人民群众更加满意的现代服务业。

（二）基本原则。坚持改革开放，破除体制机制性障碍，充分发挥市场配置资源的基础性作用，走内涵式发展道路，实现速度、结构、质量、效益相统一；坚持以人为本，安全第一，寓管理于服务之中，不断满足人民群众日益增长的旅游消费需求；坚持以国内旅游为重点，积极发展入境旅游，有序发展出境旅游；坚持因地制宜，突出优势，推动各地旅游业特色化发展；坚持节能环保，合理利用资源，实现旅游业可持续发展。

（三）发展目标。到 2015 年，旅游市场规模进一步扩大，国内旅游人数达 33 亿人次，年均增长 10%；入境过夜游客人数达 9 000 万人次，年均增长 8%；出境旅游人数达 8 300 万人次，年均增长 9%。旅游消费稳步增长，城乡居民年均出游超过 2 次，旅游消费相当于居民消费总量的 10%。经济社会效益更加明显，旅游业总收入年均增长 12%以上，旅游业增加值占全国 GDP 的比重提高到 4.5%，占服务业增加值的比重达到 12%。每年新增旅游就业 50 万人。旅游服务质量明显提高，市场秩序明显好转，可持续发展能力明显增强，力争到 2020 年我国旅游产业规模、质量、效益基本达到世界旅游强国水平。

二、主要任务

（四）深化旅游业改革开放。放宽旅游市场准入，打破行业、地区壁垒，简化审批手续，鼓励社会资本公平参与旅游业发展，鼓励各种所有制企业依法投资旅游产业。推进国有旅游企业改组改制，支持民营和中小旅游企业发展，支持各类企业跨行业、跨地区、跨所有制兼并重组，培育一批具有竞争力的大型旅游企业集团。积极引进外资旅游企业。在试点的基础上，逐步对外商投资旅行社开放经营中国公民出境旅游业务。支持有条件的旅游企业“走出去”。要按照统筹协调、形成合力的要求，创新体制机制，推进旅游管理体制改革。支持各地开展旅游综合改革和专项改革试点，鼓励有条件的地方探索旅游资源一体化管理。旅游行政管理及相关部门要加快职能转变，把应当由企业、行业协会和中介组织承担的职能和机构转移出去。五年内，各级各类旅游行业协会的人员和财务关系要与旅游行政管理等部门脱钩。

（五）优化旅游消费环境。逐步建立以游客评价为主的旅游目的地评价机制。景区门票价格调整要提前半年向社会公布，所有旅游收费均应按规定向社会公示。全面落实旅游景区对老年人和学生等特殊人群门票优惠政策。增加旅游目的地与主要客源地间的航线航班、旅游列车，完善旅客列车车票的预售和异地购票办法。城市公交服务网络要逐步延伸到周边主要景区和乡村旅游点，公路服务区要拓展旅游服务功能。进一步完善自驾车旅游服务体系。规范引导自发性旅游活动。博物馆、金融服务网点、邮政服务网点等在旅游旺季应适当延长开放和服务时间。各类经营场所的公用厕所要对游客开放。建立健全旅游信息服务平台，促进旅游信息资源共享。广播、电视、报刊、网站等公共媒体要积极开设旅游栏目，加大旅游公益宣传力度。

（六）倡导文明健康的旅游方式。在全社会大力倡导健康旅游、文明旅游、绿色旅游，使城乡居民在旅游活动中增长知识、开阔视野、陶冶情操。景区景点、宾馆饭店和旅行社等旅游企业要通过多种形式，引导每一位旅游者自觉按照《中国公民国内旅游文明行为公约》和《中国公民出境旅游文明行为指南》文明出行、文明消费。旅游者要尊重自然，尊重当地文化，尊重服务者，抵制不良风气，摒弃不文明行为。出境旅游者要维护良好的对外形象，做传播中华文明的使者。

（七）加快旅游基础设施建设。重点建设旅游道路、景区停车场、游客服务中心、旅游安全以及资源环境保护等基础设施。实施旅游厕所改扩建工程。加强主要景区连接交通干线的旅游公路建设。规划建设水路客运码头要充分考虑旅游业发展需求。加快推进中西部支线机场建设，完善旅游航线网络。确保景区和交通沿线通信顺畅。加强重点城市游客集散中心建设。力争通过五年努力，全国所有A级景区旅游交通基本畅通，旅游标识系统基本完善，旅游厕所基本达标，景区停车场基本满足需要。

（八）推动旅游产品多样化发展。实施乡村旅游富民工程。开展各具特色的农业观光和体验性旅游活动。在妥善保护自然生态、原居环境和历史文化遗存的前提下，合理利用民族村寨、古村古镇，建设特色景观旅游村镇，规范发展“农家乐”、休闲农庄等旅游产品。依托国家级文化、自然遗产地，打造有代表性的精品景区。积极发展休闲度假旅游，引导城市周边休闲度假带建设。有序推进国家旅游度假区发展。规范发展高尔夫球场、大型主题公园等。继续发展红色旅游。

（九）培育新的旅游消费热点。大力推进旅游与文化、体育、农业、工业、林业、商业、水利、地质、海洋、环保、气象等相关产业和行业的融合发展。支持有条件的地区发展生态旅游、森林旅游、商务旅游、体育旅游、工业旅游、医疗健康旅游、邮轮游艇旅游。把旅游房车、邮轮游艇、景区索道、游乐设施和数字导览设施等旅游装备制造业纳入国家鼓励类产业目录，大力培育发展具有自主知识产权的休闲、登山、滑雪、潜水、露营、探险、高尔夫等各类户外活动用品及宾馆饭店专用产品。大力发展旅游购物，提高旅游商品、旅游纪念品在旅游消费中的比重。以大型国际展会、重要文化活动和体育赛事为平台，培育新的旅游消费热点，特别要抓住举办2010年上海世界博览会的机遇，扩大旅游消费。

（十）提高旅游服务水平。以游客满意度为基准，全面实施《旅游服务质量提升纲要》。以人性化服务为方向，提升从业人员服务意识和服务水平。以品牌化为导向，鼓励专业化旅游管理公司推进品牌连锁，促进旅游服务创新。以标准化为手段，健全旅游标准体系，抓紧制定并实施旅游环境卫生、旅游安全、节能环保等标准，重点保障餐饮、住宿、厕所的卫生质量。以信息化为主要途径，提高旅游服务效率。积极开展旅游在线服务、网络营销、网络预订和网上支付，充分利用社会资源构建旅游数据中心、呼叫中心，全面提升旅游企业、景区和重点旅游城市的旅游信息化服务水平。

（十一）丰富旅游文化内涵。把提升文化内涵贯穿到吃、住、行、游、购、娱各环节和旅游业发展全过程。旅游开发建设要加强自然文化遗产保护，深挖文化内涵，普及科学知识。旅游商品要提高文化创意水平，旅游餐饮要突出文化特色，旅游经营服务要体现人文特质。要发挥文化资源优势，推出具有地方特色和民族特色的演艺、节庆等文化旅游产品。充分利用博物馆、纪念馆、体育场馆等设施，开展多种形式的文体旅游活动。集中力量塑造中国国家旅游整体形象，提升文化软实力。

（十二）推进节能环保。实施旅游节能节水减排工程。支持宾馆饭店、景区景点、乡村旅游经营户和其他旅游经营单位积极利用新能源新材料，广泛运用节能节水减排技术，实行合同能源管理，实施高效照明改造，减少温室气体排放，积极发展循环经济，创建绿色环保企业。五年内将星级饭店、A级景区用水用电量降低20%。合理确定景区游客容量，严格执行旅游项目环境影响评价制度，加强水资源保护和水土保持。倡导低碳旅游方式。

（十三）促进区域旅游协调发展。中西部和边疆民族地区要利用自然、人文旅游资源，培育特色优势产业。东部发达地区、东北等老工业基地要通过经济结构调整，提升旅游发展水平。有序推进香格里拉、丝绸之路、长江三峡、青藏铁路沿线和东北老工业基地、环渤海地区、长江中下游地区、黄河中下游地区、泛珠三角地区、海峡西岸、北部湾地区等区域旅游业发展，完善旅游交通、信息和服务网络。积极推动海南国际旅游岛建设。继续促进内地居民赴香港、澳门旅游。加强海峡两岸旅游交流与合作。

三、保障措施（略）

国务院

二〇〇九年十二月一日

（一）意见的特点

意见属于可多个方向行文的公文。由领导机关或主管部门就某一问题提出的意见，有关部门必须认真贯彻执行。意见的内容偏重于对原则的阐述，具有普遍的指导意义。意见在提出处理问题的办法时，为使有关机关有所遵循，一般规定得比较具体，具有可操作性。

（二）意见的种类

1. 按行文方式来分，意见可分为转发性意见和直发性意见

主管部门就自己主管的工作提出了指导性的意见，但由于与执行单位没有隶属关系，不能直接行文，于是先呈报给与执行单位有隶属关系的上级机关，再由上级机关批转给有关单位执行，这类意见就叫转发性意见。

上级机关对下属机关的工作提出指导意见，由于是领导与被领导的关系，可以直接下达，这类意见就叫直发性意见。

2. 按性质、内容来分，意见可分为指示性意见和计划性意见

指示性意见用于上级机关或有关主管部门阐述和说明开展某项工作的基本思想、原则、要求等，对工作进行原则性指导。

计划性意见用于上级机关或业务主管部门制定开展某项工作的要求、安排和具体措施等，带有工作计划的一些特点。

五、意见的格式与写法

（一）标题

意见的标题由发文机关、事由、文件三要素组成，如“××省关于加快国有旅行社企业体制改革的指导意见”。有时也可省略发文机关，如“关于加快打造名牌景点建设提高我省旅游效益的意见”。

（二）主送机关

经上级批转下发的意见，因主送机关已标注在批转通知中，故无须再标注主送机关。

直接下发的意见，需要标注主送机关。因下属的单位较多，主送机关也可能多个。

（三）正文

1. 前言

意见的正文一般先写前言，前言可有选择地写明以下内容：说明提出意见的目的；交代提出意见的依据；阐述布置工作的意义和重要性。

2. 主体

前言写完以后，接下来要写主体部分。如是指示性意见，主体部分要写出意见的具体内容，包括明确工作任务，阐明对此工作应有的基本认识，提出原则性的要求、政策性的措施、处理的办法等。为了使表达有条理性，一般采用分层、分段前加序号与小标题的写法。如是计划性意见，主体部分要写明目标、措施、步骤三项内容。

3. 结尾

局部性意见大多没有专设的结尾段落，最后一个条款写完就不再写下去，自然结束。内容多、篇幅长的意见也可有结尾段落，提出号召、希望和督查要求，也可以有一些必要的补充。

（四）发文机关印章与发文日期

直接下发的意见，一般都在文后盖上发文机关印章，写上发文日期。由上级机关用通知等公文批转（或印发）的意见，发文机关和成文日期均见于通知，意见本身不需要再在正文之后盖上发文机关印章、写上成文日期。

六、意见的写作要求

（1）撰写意见，要以有关政策为依据，因此在执笔成文之前，撰稿者要认真学习研究有关方针、政策、法令、法规，避免写出的意见与有关文件精神相违背。

（2）意见的内容，要针对实际工作中的问题与现实需要，具有可行性和预见性。

（3）意见的提出要实事求是、切实可行。提出的措施、办法要合理，符合下情；制订的计划指标要留有余地，要允许下级机关或有关部门结合本单位的实际，在不违背原则的前提下因地制宜地去灵活执行。

七、决定和意见的区别

（一）行文目的不同

决定一般侧重于宏观指挥；意见一般侧重于微观指导，即取代了过去指示的作用。

（二）内容特征不同

决定常用于对重要事项、重大行动的安排，带有较强的决策性和纲领性，提出的办法、措施比较有原则性；用于下发的意见大多是针对新情况、新问题提出见解和处理办法，或作原则性指导，或提出明确具体的要求，文中往往有较多的说理成分。

（三）执行程度不同

决定的指令最强，而意见作为下行文兼具指令性和指导性两种效用：若文中对贯彻执行有明确要求的，下级机关应遵照执行；无明确要求的，下级机关可参照执行。

意见的行文效力具有政策性。中央和国家机关下发或转发的意见带有政策性或法律性，下级机关都应当遵照或参照执行。

例文 3

关于表彰河南省第三届导游大赛获奖个人和单位的决定

各省辖市、直管县旅游局（委）、文明办、财贸轻纺烟草工会、出境游旅行社、导游服务公司：

为贯彻落实《旅游法》和《旅游服务质量提升纲要》精神，提高导游服务质量，展示我省导游形象风采，交流导游服务经验，省旅游局、省文明办、省财贸轻纺烟草工会于2014年9月18日至20日举办了全省第三届导游大赛决赛。

大赛以“比技能、赛服务、展风采、讲文明”为宗旨，各代表队参赛选手在比赛中发扬积极进取、顽强拼搏的精神，赛出了水平，赛出了风采，充分展示了我省导游员的良好风貌。

经过大赛评审委员会的严格考评，并经本次大赛组委会审定，决定对取得优异成绩的个人和优秀组织单位予以表彰（名单附后）。对获得中文导游员组、英语导游员组、中文讲解员组第一名的选手，按程序申报“河南省五一劳动奖章”。获得一、二、三等奖的所有选手授予“河南省旅游行业技术能手”“河南省文明导游”荣誉称号，其他参赛选手颁发“优秀奖”证书。

希望受到表彰的个人和单位再接再厉、再创佳绩，展现我省旅游行业新面貌。全省广大导游员应向获奖选手学习，学习他们爱岗敬业、钻研业务、勇于拼搏的精神，努力提高自身综合素质。各省辖市、直管县旅游局，各旅行社和导游服务公司要认真学习获奖单位的先进经验，进一步提高认识，加强导游队伍建设，努力培养一支具有良好文化修养、熟练掌握技能、爱岗敬业的旅游人才队伍，为河南旅游产业的发展贡献力量。

此决定。

附：《河南省第三届导游大赛获奖个人和单位名单》

2014年10月10日

例文 4

关于进一步加快我省旅游商品发展的意见

豫旅〔2013〕110号

旅游商品是旅游业的重要组成部分，承载着满足旅游者购物需求和传播旅游目的地形象的双重价值。一个地区的旅游商品发展水平，直接反映了该地区旅游业的产业化和现代化水平。为推动旅游商品发展，做强旅游购物产业，繁荣旅游经济，加快全省旅游产业转型升级步伐，现就进一步加快我省旅游商品发展提出如下意见。

一、正确把握加快旅游商品发展的总体要求

（一）指导思想。以邓小平理论和“三个代表”重要思想为指导，深入贯彻科学发展观，认真落实《国务院关于加快发展旅游业的意见》和《国务院关于支持河南建设中原经济区的指导意见》，进一步解放思想，创新思路，转变发展方式，提升发展质量，推动旅游商品规模化、市场化发展，积极培育我省旅游业新的经济增长点，促进全省旅游产业持续、快速、健康发展。

（二）基本原则。坚持政府引导，行业指导。强化政府部门在制定政策、营造环境、培养人才等方面的引导作用和行业部门在商品研发、行业监督、培训咨询等方面的指导作用；坚持市场运作，产业整合。将市场需求作为旅游商品开发的出发点和落脚点，以产业化的理念对旅游商品各要素进行整合；坚持因地制宜，突出特色。加快开发一批本土特色浓郁，制作工艺精湛，兼具美观度、实用性和时尚感的旅游商品；坚持创新发展，培育品牌。在旅游商品的设计研发、加工制作、包装策划、市场营销等领域大胆创新，培育若干能够代表我省特色的旅游商品品牌。

（三）发展目标。打造3至5个规模化旅游商品交易中心、旅游纪念品孵化基地和旅游纪念品创意园区；做精10大特色旅游商品系列；做强20家旅游商品生产企业；建设10个省级旅游休闲购物示范街区；创建200个旅游购物示范点；各省辖市均要建设至少1条特色旅游商品购物街区。到“十二五”末，全省旅游购物占旅游总收入的比重达到25%左右。

二、突出抓好加快旅游商品发展的重点工作

（一）加大旅游商品研发力度。支持河南旅游商品研究发展中心、河南省中原旅游文化产品研发中心等机构依托我省丰富的历史文化和传统工艺，开展旅游商品研发工作，提升品位，形成精品。积极与大专院校、科研机构等开展合作，借助工艺美术领域的力量为旅游商品研发提供智力支持。充分发挥企业的灵活性和创新性，重点扶持一批旅游商品研发类企业，面向市场，创新设计。面向全社会尤其是专业院校工艺美术设计专业的师生，定期举办高水平旅游商品创意设计大赛，助推一批创意设计作品转化为旅游商品。

（二）培育现代化的旅游商品生产企业。择优扶持一批省内旅游商品生产厂家，指导其转变经营方式，按照现代企业管理的理念不断做大、做强。积极引进知名旅游商品生产企业，采取市场化运作的方式，多渠道融资，多方位投入，引领我省旅游商品整体水平提升。到“十二五”末，力争在省内培育一批集旅游商品设计开发、生产加工、展览展示、集散交易等为一体的龙头企业。

（三）建立有效的旅游商品营销渠道。积极走出去参加国内外旅游商品展会，利用各类平台宣传推介我省旅游商品。策划举办全省旅游商品展销会，加强交流，引导消费，繁荣市场。完善特色商业休闲街区、专业超市、旅游景区购物场所、旅游商品加工销售园区、乡村购物点、酒店配套购物点、交通集散区购物场所等7类购物场所和网点布局。编制全省旅游商品指南和优秀旅游商品推荐名录，制作我省旅游商品宣传片，重点在各景区（点）、航班、车站、旅游咨询中心、星级宾馆等场所推荐。

（四）培育具有中原特色的旅游商品品牌。加快产品升级换代，促进品牌产业化发展。加大旅游商品生产企业技术改造工作力度，促进产业生产升级，建立多元化、复合型旅游商品发展体系，加快推进品牌产业化发展步伐；增强品牌意识，加大自主品牌建设，有计划地进行品牌体系认证，为企业自主品牌建设提供服务与支持；加强品牌宣传，增强知识产权保护力度，建立旅游商品知识产权服务体系，形成一批自主知识产权的专利和技术商品；树立品牌形象，提高产品社会知名度。

三、切实加强旅游商品发展的保障体系建设

（一）加强组织领导。省旅游局成立全省旅游商品发展领导小组，定期召开专题会议，研究解决重大问题。领导小组办公室设在省旅游局规划发展处，负责统一组织全省旅游商品的研发、生产与宣传。各级各部门要高度重视，成立专门机构，明确具体人员，制订工作方案，强力推进本地区旅游商品发展。

（二）加大资金投入。按照“奖励先进、扶持重点、打造龙头”的原则，从省旅游发展资金中列出专项，对各类旅游商品设计大赛的优秀作品予以奖励，对特色旅游商品研发予以扶持，重点支持龙头旅游商品企业发展壮大。各级各部门也要积极整合资金，不断加大投入力度，在资金安排方面对本地区的优势旅游商品项目予以重点倾斜。

（三）出台扶持政策。积极开展特色旅游商品重点生产基地、营销企业、购物中心、旅游休闲购物示范街区等创建与评定工作，在奖励资金、优惠政策、对外宣传等方面进行扶持。支持各地根据自身情况开展区域性的旅游商品大赛及展销活动，在全省范围内培育2～3个旅游商品展会品牌。

（四）建设人才队伍。开展旅游商品创意设计大师评选活动，建立河南省旅游商品专家库，统一指导我省旅游商品的设计、研发。依托各大专院校工艺美术设计专业，开展旅游商品研发方向的研究与实践。引进一批旅游商品研发、营销等方面的高层次人才，充实我省旅游商品人才队伍。对各地负责旅游商品工作的同志、旅游商品厂家及现有从业人员开展多渠道、全方位的培训工作，提升其专业素质。

（五）优化市场环境。坚决打击旅游购物店价格欺诈、假冒伪劣等现象，全面整治强迫购物、恶意推销等现象，健全旅游者购物维权体系，为广大游客营造公平、自愿、诚信、透明的旅游购物环境；会同知识产权部门制定专项政策，对自主研发的旅游商品专利权进行重点保护，鼓励企业及个人运用自身优势研发新产品。

2013年4月8日

应用能力训练

请根据下列材料，以××旅行社的名义写一则处罚决定。

2016年7月，北京某国内旅行社组织接待了从外地某市一行34人来北京旅游的团队。在参观游览过程中，作为地陪的高某为了节省时间并增加计划以外的游览项目，私自减少了两个计划景点，并一再对客人说，大家到北京来一次不容易，既然来了就应多看一些景点。在征得大多数客人同意并对每位客人加收了50元钱的基础上，增加了四个景点（包括高某私自从计划中减去的两个景点）。在团队活动期间，高某还向客人兜售纪念邮票册8套。由于夏天天气炎热，加上团队老人较多，故此，许多客人感到在计划景点的参观时间太少、太仓促，并对高某额外增加景点的行为表示不满。旅游结束后，该团客人集体签名向旅游行政管理部门投诉，并要求对导游高某进行处罚。旅游局根据游客投诉情况进行调查，证实无误后决定对导游高某的违规行为予以处罚。

第三节　公告、通告

一、公告的特点和种类

公告是一种适用于向国内外宣布重要事项或者法定事项的公文。

例文 1

全国旅游景区质量等级评定委员会公告

（2014 年第 3 号）

依照中华人民共和国国家标准《旅游景区质量等级的划分与评定》与《旅游景区质量等级管理办法》，经有关省、自治区旅游景区质量等级评定委员会推荐，全国旅游景区质量等级评定委员会组织评定，山西省晋中市乔家大院文化园区、江苏省镇江市句容茅山景区、安徽省黄山市古徽州文化旅游区、河南省南阳市西峡伏牛山老界岭·恐龙遗址园旅游区、湖北省武汉市黄陂木兰文化生态旅游区、广东省佛山市长鹿旅游休博园、广西壮族自治区南宁市青秀山旅游区、陕西省宝鸡市法门寺佛文化景区和新疆维吾尔自治区巴音郭楞蒙古自治州博斯腾湖景区达到国家 5A 级旅游景区标准的要求，批准为国家 5A 级旅游景区。

现予公告。

全国旅游景区质量等级评定委员会

2014 年 11 月 28 日

（一）公告的特点

公告属公开宣布的告晓性公文，主要用于公布一些国家重大事项等，通常在报纸、电视台、电台发布。此外，司法、税务、海关、新华社等机关也可用公告的形式宣布有关规定或决定的事项。基层单位对一些具体事项不宜使用公告来公布。

（二）公告的种类

公告按其性质、内容和发布机关的不同，一般可以分为国家事项公告和司法公告。

二、公告的格式与写法

（一）标题

公告的标题，一般采用“发文机关名称＋文种”的形式，如“国家旅游局公告”。少数也采用“发文机关名称＋事由＋文种”的形式，如“国家旅游局关于恢复两家旅行社的业务经营资格的公告”。

（二）正文

公告的正文，一般由“公告缘由”“公告事项”和“公告结语”三部分内容组成。

（1）公告缘由也叫公告依据，常常用一两句话交代即可，要写明根据什么会议或规定发布本公告。

（2）公告事项是公告的核心部分，要写明公告的具体内容，如果内容较多，可采用分条列项的形式，文字要求简明、具体、准确，一般不需要加分析与评论。

（3）公告结语可写可不写。如需要写结语，则用“特此公告”“现予公告”等规范性的语言。

（三）印章和发布日期

公告的印章和发布日期的格式与其他公文相同。发布日期也可以写在标题之下。

三、通告的特点和种类

（一）通告的特点

通告是一种适用于在一定范围内公布应当遵守或者周知的事项的公文。通告既具有告晓性，又具有法规性，在某种情况下具有法律效力与行政约束力。

例文 2

关于 2015 年中国郑开国际马拉松赛交通管制的通告

2015 年中国郑开国际马拉松赛将于 3 月 29 日（星期日）8 时 30 分举行，线路为郑开大道—大梁路—西门大街—宋都御街—午朝门广场。我市小马拉松 8 时 30 分开始，起点在小宋城门前，向西经过黄河风雕塑至郑开大桥东折返点返回，终点在小宋城门前。为确保郑开国际马拉松比赛的顺利进行，根据《中华人民共和国道路交通安全法》有关规定，郑开国际马拉松比赛期间，在部分道路实行交通管制。现将有关事项通告如下：

一、管制时间：2015 年 3 月 29 日 6 时至 14 时。

二、管制区域和措施：

1. 郑开大道、大梁路、西门大街、宋都御街、龙亭环湖东路、龙亭环湖西路全段，除持有 2015 年郑开国际马拉松赛车辆通行证的车辆外，禁止一切机动车通行。其中，郑开大道第一至第十二大街路口 9 时前允许车辆南北穿行，大梁路与夷山大街、黄河大街、西环路交叉口 9 时 30 分前允许车辆南北穿行，赛道其余路口在管制时间内禁止一切车辆南北穿行。

2. 龙亭北路、金耀路、东京大道（黄河大街至金明大道路段）以南，晋安西路、晋安路、向阳路、丁角街、省府西街、省府前街、鼓楼街、寺后街以北，解放路（龙亭北路至学院门）以西区域内，交通管制期间非本区域办公和生活车辆禁止驶入。

请广大群众详细了解道路交通管制情况，提前选择好绕行路线和出行安排。管制期间带来的交通出行不便，请给予理解和支持。

特此通告

开封市人民政府
2015 年 3 月 18 日

（二）通告的种类

1. 知照性通告

知照性通告即告知一些应当知道或需要遵守的简单事项的通告，如《关于治理、整顿旅游景点的通告》。

2. 办理性通告

办理性通告即办理一些例行事项的通告，其内容如注册、登记、年检等。

3. 行止性通告

行止性通告即公布一些令行禁止类事项的通告，其内容如查禁淫秽书画、收缴非法枪支、加强交通管理、查处违禁物品等。

四、通告的格式与写法

（一）标题

通告的标题，有三种组成方式：(1) “发文机关＋事由＋文种”，如“中华人民共和国公安部关于收缴非法持有的枪支弹药的通告”；(2) “发文机关＋文种”，如“××省旅游局通告”；(3)“事由+文种”，如某高校发出的“关于禁止学生校外租房的通告”。

（二）正文

通告的正文，一般包括通告缘由、通告事项或通告规定、通告结语三部分内容。

(1) 通告缘由。要写明发布本通告的原因、依据和目的，要求说理充分、文字简明，末句用“特通告如下”或“现将有关事项通告如下”等惯用语引起下文。

(2) 通告事项或通告规定。这部分是正文的核心，要具体写明本通告的有关事项和有关规定。如果事项或规定的内容较多，可用分条列项的方式写出，一条写一个内容，文字表达要准确、严密、通俗，语气要坚定、庄严。

(3) 通告结语。要简明扼要地提出执行日期、措施及希望、要求等，或采用“特此通告”之类的惯用语作为结尾。有些通告也可以没有结语。

（三）印章与发布日期

通告的印章与发布日期的格式，与其他公文相同。有的通告，发布日期也可以写在标题之下。

五、通告与公告的区别

通告与公告相比较，有共同点，即都属于告晓性公文，但两者也有区别：

(1) 宣布的事项不同。通告用于宣布一般性事项，宣告应当遵守或遵照办理的事项。公告则只用于宣布重大事件，是具有特定用途的公文。

(2) 公布的范围不同。通告在国内一定范围内公布，而公告则既向国内也向国外公布。

(3) 发文机关不同。通告可以由各级政府机关发布，而公告只能由中央最高权力机关和最高管理机关发布。

例文 3

关于防止非洲埃博拉出血热传入我国的公告

（2014 年第 75 号）

自 2014 年 3 月几内亚发生埃博拉出血热疫情以来，截至 2014 年 7 月 3 日，几内亚、利比里亚和塞拉利昂累计报告 779 例埃博拉出血热临床病例，其中 481 例死亡。为防止埃博拉出血热传入我国，保护我国前往上述国家及其周边国家和地区人员的健康安全，根据《中华人民共和国国境卫生检疫法》《中华人民共和国传染病防治法》等相关法律法规的规定，现公告如下：

一、来自上述地区的人员，如有发热、极度虚弱、头痛、肌痛、咽痛、结膜充血等症状，入境时应立即、主动向出入境检验检疫机构口头申报。口岸不能明确诊断的，应当移交指定医疗机构进一步诊治。入境后 3 周内出现上述症状者，应当立即到医院就诊，并向医生说明近期的旅行史，以便及时得到诊断和治疗。医疗机构发现疑似病例，应按要求及时报告。

二、来自上述地区的入境人员、交通工具负责人，应当配合检验检疫人员的体温监测、医学巡查、流行病学调查、医学排查等工作；检验检疫人员对发现有上述症状的人员，要做好防护，并按照规定程序采取医学措施；对感染者的体液、分泌物和排泄物以及感染者接触过的其他物品采取严格的消毒措施。

三、来自上述地区的交通工具、集装箱、货物、行李、邮包的承运人应当配合检验检疫机构的卫生检疫查验工作，对可能被埃博拉病毒污染的物品按规定采取卫生处理措施。

四、前往上述地区的人员，可以向出入境检验检疫机构及国际旅行卫生保健中心咨询或登录质检总局网站（http://www.aqsiq.gov.cn）卫生检疫与旅行健康专栏、中国疾病预防控制中心网站（http://www.chinacdc.cn），了解该地区的疫情和有关预防方法，增强防病意识。

五、前往上述地区的人员应当保持良好的个人卫生习惯，特别要避免接触灵长类及其他野生动物，避免与可疑病人接触，避免直接接触患者或感染动物的血液、体液和排泄物等，食用当地动物产品前应确认食物已被彻底煮熟。旅行中或旅行后发现有相关症状者，应当立即就医。在入境时要向检验检疫机构主动申报。

六、埃博拉出血热是一种急性出血性传染病，病死率高达50%至90%，可通过接触病人的血液或其他体液，经皮肤、呼吸道或结膜感染，潜伏期2至21天。临床症状为突然发病，表现有发热、极度虚弱、头痛、肌痛、咽痛、结膜充血等，数天后可出现呕吐、腹痛、腹泻、皮疹。严重病例可出现无黄疸型肝炎和胰腺炎，及轻重不一的出血倾向。目前对该病尚无有效治疗药物和预防疫苗，主要对症治疗。

本公告自发布之日起生效，有效期12个月。

质检总局　外交部　国家卫生计生委　国家旅游局

2014年7月9日

例文4

关于下发2012年全区AAA级以上景区、四星级以上旅游饭店服务质量专项整治工作情况的通告（节选）

伊犁哈萨克自治州旅游局，各地、州、市旅游局，各旅游企业：

为深入贯彻落实《自治区党委、自治区人民政府关于推进旅游业跨越式发展的意见》（新党发〔2011〕10号）精神，规范市场秩序、提升服务质量，自治区旅游局自今年下半年开始，组织15个检查组历时3个月，对全区85家AAA级以上景区、76家四星以上旅游饭店进行了检查，现将此次专项整治工作情况通告如下。

一、景区复核结果

共检查复核85家AAA级以上景区，其中AAAAA级景区5家，AAAA级景区44家，AAA级景区36家。按照《旅游景区质量等级评定与划分》（GB/T17775—2003）国家标准要求，经新疆旅游景区质量等级评定委员会审定，结果如下：

（一）AAAAA级景区基本达标共4家。综合评价排名次序为：天山天池景区、喀纳斯景区、可可托海景区、那拉提景区。

（二）AAAA级景区基本达标共16家。综合评价排名次序为：克拉玛依世界魔鬼城、博州赛里木湖景区、乌鲁木齐天山大峡谷景区、巴州博斯腾湖景区、喀什泽普县金湖杨国家森林公园、吐鲁番鄯善库木塔格沙漠公园、伊犁哈萨克自治州巩留县野核桃沟景区、哈密东天山景区、巴音布鲁克景区、喀什岳普湖县达瓦昆沙漠旅游风景区、伊犁察布查尔县锡伯民俗风情园、阿勒泰布尔津县五彩滩景区、吐鲁番市坎儿井民俗园、昌吉奇台江布拉克景区、哈密王府景区、克拉玛依河景区。

（三）AAA级景区基本达标共7家。综合评价排名次序为：伊宁市喀赞其民俗旅游区、裕民县塔斯特景区、沙湾县森林公园、温宿大峡谷景区、乌鲁木齐野生动物园、乌苏市佛山森林公园、焉耆县乡都酒堡景区。

（四）30家景区须限期整改。自本通告发布之日起，限期六个月内整改完毕。对未按期达标者，将按照有关规定予以降低或取消等级处理，并予以公告，一年内不得重新申报。

（五）对18家景区发出整改警告。自本通告发布之日起，限期一年内整改完毕。对未按期整改达标者，将按照有关规定予以降低或取消等级处理，并予以公告，一年内不得重新申报。

（六）取消10家AAA级景区资质。阿勒泰市金山葡萄风景区、阿勒泰市五指泉景区、博湖县莲花湖景区、博乐市博尔塔拉生态旅游区、察布查尔县吉块旅游度假村、察布查尔县清水湾生态园、昌吉市黑马庄园、达坂城白水涧古镇、和硕县芳香科技园、伊宁市城市海景，自本通告发布之日起，不得再以AAA级景区名义进行营销活动。一年内不得重新申请。

二、旅游星级饭店复核结果

共检查、复核四星级以上旅游饭店76家。其中，五星级旅游饭店15家，四星级旅游饭店61家。这次检查与2012年度星级饭店年度复核和评定性复核工作相结合。按照《旅游饭店星级的划分与评定》（GB/T14308—2010）国家标准和《星级饭店访查规范》要求，经新疆旅游星级饭店评定委员会审定，结果如下：

（一）五星级饭店基本达标共9家。综合评价排名次序为：乌鲁木齐银都酒店、乌鲁木齐鸿福大饭店、乌鲁木齐瑞豪国际大酒店、乌鲁木齐天缘酒店、克拉玛依玛依塔柯酒店、乌鲁木齐美丽华酒店、乌鲁木齐银星大酒店、乌鲁木齐新疆海德酒店、巴州康城建国国际酒店。

（二）四星级饭店基本达标共34家。综合评价排名前10名的为：乌鲁木齐明园新时代大酒店、昌吉园林宾馆、乌鲁木齐吐哈石油大厦、乌鲁木齐海大酒店、哈密宾馆、乌鲁木齐火炬大厦、巴州塔里木石油酒店、阿克苏地区宾馆、喀什天缘国际酒店、哈密吐哈石油大厦。

其余24家基本达标四星级饭店分别为：乌鲁木齐塞外江南大饭店、乌鲁木齐独山子大酒店、乌鲁木齐金海湾度假酒店、乌鲁木齐东方王朝酒店、伊犁奎屯市金泽宏富泉大酒店、伊犁哈萨克自治州伊犁大酒店、阿勒泰布尔津县神湖大酒店、阿勒泰布尔津县旅游宾馆、阿勒泰哈巴河县友谊峰大酒店、阿勒泰布尔津县苏通假日酒店、克拉玛依宝石花宾馆、克拉玛依宾馆、博州博尔塔拉酒店、昌吉呼图壁县五洋假日酒店、哈密巴里坤县蒲类海酒店、巴州楼兰宾馆、巴州佳鑫国华酒店、巴州巴音郭楞宾馆、巴州银星大酒店、巴州轮台县三宝大酒店、阿克苏鸿福金兰大饭店、阿克苏华龙酒店、阿克苏库车县丽都大酒店、喀什温州国际大酒店。

（三）限期整改星级饭店共5家。自本通告发布之日起，限期六个月内整改完毕。对未按期整改达标者，将按有关规定取消相应星级资质。

（四）责令整改星级饭店共22家。自本通告发布之日起，一年内整改完毕。对未按期整改达标者，将按有关规定取消相应星级资质。

（五）取消四星级饭店星级资质共6家。分别为：乌鲁木齐屯河华美达酒店、乌鲁木齐福莱德假日酒店、阿克苏国际大酒店、巴州轮台县中亚大酒店、伊犁奎屯市东方大酒店、克拉玛依正天华夏大酒店。自本通告发布之日起，取消星级资质饭店向旅游星级饭店评定授予机构交回旅游饭店星级证书和星级牌匾，不得再以四星级旅游饭店名义进行营销活动。

二〇一二年十月三十日

应用能力训练

请根据以下材料，以××市人民政府的名义拟一份通告。

经××省人民政府批准，定于××××年10月26日北京时间零时起，××市电话号码启用八位制，即由现在的7位数升为8位数。升位办法：××市固定电话原7位号码前冠“2”，其他短号码不变，取消××市长途区号××××，统一使用长途区号××××。

电话号码升位后，所有7位电话号码无效。

第四节　通知、通报

一、通知的特点和种类

通知是批转下级机关公文，转发上级机关和不相隶属机关的公文，传达要求下级机关办理和有关单位需要周知或执行的事项，以及任免人员时使用的公文。

例文1

国家旅游局关于执行《旅游法》有关规定的通知

旅发〔2013〕280号

各省、自治区、直辖市旅游局（委）：

为正确贯彻实施《旅游法》，现就《旅游法》有关规定的执行事宜通知如下。

一、关于旅游相关法规、规章有关规定的适用

《立法法》第七十九条规定，“法律的效力高于行政法规、地方性法规、规章。”因此，现行旅游法规、规章或者规范性文件等法律规范，与《旅游法》对同一事项规定不一致的，应当适用《旅游法》的规定，各级旅游主管部门应当在权限范围内或者建议有关部门按照《旅游法》的规定作相应调整；现行旅游法规、规章或者规范性文件等法律规范，与《旅游法》对旅游行政处罚的行为、种类和幅度规定不一致的，应当适用《旅游法》的规定。

2013年10月1日前签订的包价旅游合同，其全部或者部分在10月1日之后（含10

月1日）履行的，该履行行为应当符合《旅游法》的规定。

二、关于第二十八条旅行社的设立

1.“必要的经营管理人员”是指具有旅行社从业经历或者相关专业经历的经理人员和计调人员；“必要的导游”是指有不低于旅行社在职员工总数20%且不少于3名、与旅行社签订固定期限或者无固定期限劳动合同的持有导游证的导游。

2.2013年10月1日前已取得旅行社业务经营许可证的旅行社，在2014年10月1日前，应当具备《旅游法》规定的相应许可条件。

三、关于第三十一条旅游服务质量保证金的使用

使用旅游服务质量保证金对旅游者权益损害进行赔偿，按《旅行社条例》第十五条、第十六条的规定执行。旅游者人身安全遇有危险时，旅行社无力垫付紧急救助费用的，由旅行社提出申请，经对旅行社作出许可的旅游主管部门同意后，可使用旅游服务质量保证金垫付；旅行社拒不垫付的，由对旅行社作出许可的旅游主管部门决定。

四、关于第三十七条导游证的取得

1. 导游资格考试继续按现行相关法规、规章的规定执行。

2.“与旅行社订立劳动合同的人员”是指订立固定期限或者无固定期限劳动合同的人员。

3. 导游资格考试成绩合格、并未与旅行社订立劳动合同的人员申请导游证，应当依法在相关旅游行业组织注册。“相关旅游行业组织”是指设区的市级以上地方依法成立的导游协会、旅游协会成立的导游分会或者内设的相应工作部门。

五、关于第三十九条领队证的取得

1. 相应的学历，是指大专以上学历；相应的语言能力，是指与出境旅游目的地国家（地区）相对应的语言能力；相应的旅游从业经历，是指2年以上旅行社相关岗位从业经历。

2.2013年10月1日前已取得领队证的人员，在2016年10月1日前，应当具备《旅游法》规定的相应条件。

国家旅游局

2013年9月2日

（一）通知的特点

1. 应用广泛

在所有公文中，通知的使用是最广泛的。一方面，通知不受机关或组织性质、级别的限制；另一方面，通知不受内容轻重繁简的限制，比较灵活、实用。

2. 使用频率高

因为通知适用范围广泛、行文简便、写法多样，所以在现行公文中使用频率最高。

3. 内容单纯，行文简便

一则通知一般只布置或通报一项工作，对写作的格式无严格要求。与其他指令性公文相比较，通知显得灵活简便。

（二）通知的种类

1. 发布性通知

发布性通知是上级机关发布一般行政法规、条例、办法等公文时所用的通知。

2. 批示性通知

批示性通知包括“批转”“转发”两种形式的通知。

(1) 批转通知。上级机关单位认为某一下级机关单位上报的报告或其他文件具有普遍意义，于是对下级机关单位的文件加上批语，用通知的形式发给所属各下级机关单位，做工作借鉴、参考或执行之用，这类通知即批转通知。

(2) 转发通知。上级机关单位、同级机关单位或不相隶属机关单位发来的公文，对本机关所属下级机关单位具有指示、指导或参考作用，本机关加上按语，用通知形式转发给下级机关单位，这类通知就是转发通知。

3. 指示性通知

对下级机关工作有所指示和安排，但根据公文内容不适宜用“命令”和“指示”行文的，可用“通知”。

4. 一般事务告知性通知

一般事务告知性通知主要用于将最近决定的有关事项告知受文单位，如人事调整、机构的设立及撤销、机关单位隶属关系变更等。

5. 会议通知

召开比较重要的会议之前，把有关事项告知有关单位和人员时使用的通知。

6. 任免通知

上级机关在任免下级机关的领导人或上级机关的有关任免事项需要下级机关知晓时，要发任免通知，如《××旅游学院关于李××等三位同志担任处长职务的通知》。

二、通知的结构和写法

通知一般由标题、主送机关、正文、落款和成文日期四部分组成。

(一) 标题

通知的标题一般有两种写法：一是完全式标题，即由发文机关、事由和文种构成，如“国家旅游局关于成立中国旅游协会旅游景区分会及发展会员的通知”。二是由事由和文种构成，如“关于启动中国旅游强县创建试点工作的通知”。如果通知的内容紧急，可在标题中“通知”两字前加上“紧急”两字，如“海南省旅游局关于做好夏季旅游安全工作的紧急通知”。

发布性通知标题中的“事由”一项，由“关于颁布”“关于发布”“关于实施”“关于印发”等词与原文名称（不省略书名号）组成。

批示性通知的标题，一般也要写发文机关、事由和文种三个要素。若被批转或转发的公文文种也是通知，为简明起见，也可以省略文种一项。其中，事由一项又有两种写法：

(1) 由“批转”或“转发”二字与省略书名号的原文名称组成。

(2) 如果原文标题较长，可由“关于转发”或“关于批转”四字与原文编号加“文件”二字组成。

(二) 主送机关

通知通常有特定的受文者，要标明主送机关。有些在大众媒介上发布的告知性通知，因受文范围广，可不写主送单位名称。

(三) 正文

通知的正文一般包括通知缘由、通知事项、通知要求三部分。不同种类的通知，正文写法不完全相同。

发布性通知的正文都很简短，只需写明发布的意义和目的，提出执行的要求即可。

批示性通知的正文一般包括转发对象和批示意见两个部分。转发对象部分要写明被转发的公文的名称及原发单位名称。批示意见根据实际情况，可长可短。不仅要表明本机关的态度，还要结合本地区、本单位、本部门的实际情况做出具体的指示性意见。对下级机关的要求，有“参照执行”“遵照执行”“研究执行”“认真贯彻执行”等不同的提法，应根据所批转或转发文件的具体情况选用。

指示性通知的正文，其缘由部分可以写发出本通知的依据和目的，也可以写发出本通知的意义，文字应力求简短概括，然后用“特作如下通知”或“特通知如下”转入通知的内容。通知的事项大多分条列项地写，具体地提出要求和措施、办法。指示要明确，要切合实际。

一般事务告知性通知的正文，要交代需办什么事、什么时间完成和有什么要求等。

会议通知的正文，一般包括召开会议的机关、会议名称、会议起止时间、会议地点、会议内容和任务、参加会议人员的条件和人数、报到时间及地点、与会人员应携带的文件材料等内容。

任免通知的正文，要写清决定任免的时间、机关、会议或依据文件以及任免人员的具体职务。

（四）落款和成文日期

通知的落款，与其他公文落款的格式基本相同。如果发文机关的名称在标题中已经写明，正文之后也可以不写落款，但应加盖机关印章。成文日期可写在全文末尾的右下方，有的也可以提前，置于标题之下。

三、通知的写作要求

拟写通知，主题要集中，重点要突出，措施要具体，并且要讲求实效，以便提高效率，以免贻误时机。

四、通报的特点和种类

通报是表彰先进、批评错误、传达重要精神或情况时使用的公文。

例文 2

2013 年各地旅游局新闻信息报送工作情况通报

旅信发〔2014〕4 号

各省、自治区、直辖市旅游局（委），新疆生产建设兵团旅游局：

国家旅游局官方网站（www.cnta.gov.cn）是国家旅游局主办的宣传党关于旅游工作的方针、政策，反映有关旅游工作动态，交流各省（区、市）旅游局工作经验，发布游客关心的出行提示，介绍国际业界发展情况的网络窗口。“地方新闻”栏目主要公布当地旅游信息，内容源自各地方旅游局。部分优秀地方新闻稿件选发至“行业动态”栏目，对行业间的交流发挥了不可替代的作用。2013 年，“地方新闻”栏目得到了社会的认可和媒体的好评并获相关奖项。为了更好地开展 2014 年栏目的建设运营工作，现对 2013 年各地方旅游局报送的新闻信息进行汇总分析并通报如下。

一、信息发布情况

截至 2013 年 12 月 31 日，全国有 27 个省份参与国家旅游局官方网站（www.cnta.gov.cn）地方新闻信息上报工作，形成了国家局统一部署、各地联动的信息上报协动机制。全年共发布地方新闻稿件 8 976 篇，约 700 万字，引起了社会各方重视，取得了较好的宣传效果。

各省级旅游局通过网上工作群组交流地方新闻栏目日常技术问题或编辑经验。其中，北京、上海、重庆、海南、内蒙古等 5 省（区、市）2013 年启动了新闻上传工作，目前尚有贵州、广东、青海、西藏、新疆生产建设兵团等 5 省（区）旅游局未启动新闻上传工作，附表统计数据为内部系统生成。

各省级旅游局稿件发布排名接近的地区间数据差距较小，排名前 6 位的省份发稿普遍在 400 篇以上，排名 16 位以前的发稿均在 100 篇以上。

二、信息内容及特点

综合全年各地发布稿件内容情况，各地发布新闻稿件可归纳为以下四种类别：

1. 关键词为“景区”的新闻稿件 628 篇；
2. 关键词为“游客”的新闻稿件 507 篇；
3. 关键词为“发展”的新闻稿件 339 篇；
4. 关键词为“会议”“旅游法”“优惠”“节庆”“展览”“宣传促销”的新闻稿件分别是 209 篇、191 篇、119 篇、21 篇、14 篇、11 篇。

上述前三类基本是得到外界关注并引用较多的新闻，关键词是“景区”“游客”“发展”等与行业发展紧密结合的稿件。

按照中央八项规定、《党政机关厉行节约反对铺张浪费条例》等精神，各地机关明确职责定位，落实转职能、转方式、转作风以来，稿件内容随着工作的调整，针对性有所提高，关于会议、节庆、展览等内容减少，第四类中体现为游客提供公共服务的稿件明显增多。

三、来稿情况分析

1. 报送信息以工作简讯为主，深度报道稿件有待加强。从 2013 年全年情况看，各地报送信息以工作简讯为主，深度报道旅游发展工作、研究探讨解决实际工作中的热点难点问题的稿件需要大大增加。

2. 信息格式不够规范。福建、四川、安徽等 3 省稿件质量好、格式规范，山东、河南、浙江、天津、吉林、江西、北京、上海等 8 省（市）稿件格式比较规范，少数省份仍存在稿件格式混乱、不填写信息来源、不添加关键字、未经审核即上传或上报信息重复等现象，反映了当地主管人员不固定或对此项工作重视不足。

3. 图片投稿量仍不能满足发布需要。2013 年各地上报的图片信息有所增加，但整体数量和质量仍然不足，文稿内的图片标识过大，发布首页栏目后图片内容不突出，一般情况不发布的黑白照片也时有出现。2014 年，各地应积极配合加大图片投稿的力度，以充分发挥网络媒体的优势，国家旅游局官网后台系统也将就此提供更便利的技术支持。

2014 年，希望各地密切关注国家旅游局官网，更好地了解网站发布信息的宗旨，以提高稿件质量和上报信息使用率。如有问题，请联系运营处，电话：（010）65201350、

65201343、65201311。

附：2013 年各省级旅游局新闻信息报送情况统计表

国家旅游局信息中心

2014 年 3 月 17 日

（一）通报的特点

（1）反映问题的具体性。

（2）反映事物的典型性。

（二）通报的种类

1. 表扬性通报

表扬性通报主要用于表彰先进，即选择典型，在一定范围内加以表扬，号召大家学习。

2. 批评性通报

批评性通报主要用于批评错误、揭露问题、处理责任事故，达到惩戒、教育的目的。

3. 情况通报

情况通报主要用于传达上级指示或会议精神，通报工作与活动的进展情况及动向、问题。

五、通报的结构和写法

通报一般由标题、主送机关、正文组成。

（一）标题

通报一般为完全式标题，即由发文机关、事由和文种构成。有的标题可省略发文机关，由事由和文种构成，如“关于××情况的通报”。

（二）主送机关

通报一般需要写明主送机关，如果受文范围较广，可省略不写。其书写格式与其他公文相同。

（三）正文

通报的正文通常写以下几方面的内容。

1. 主要事实

这一部分主要写明典型事例发生的时间、地点、有关人物或单位、事情的主要经过和情节等。叙述事例时，文字应详略得当，表述要简洁平实。

2. 分析事例的教育意义

这一部分应着重指出通报事例的重要意义或造成的严重后果，揭示其中实质性的问题，从现象到理论加以认真分析，使人们对其有较为完整的认识。此部分内容分析要切合实际，议论要有分寸。批评性通报中对原因的分析是重要部分，要抓住问题的实质，指出其严重性和危害性，以引起普遍重视，提高有关人员的警惕性。

3. 提出要求

根据不同的实际情况，表明发文机关对事件或人物做出的处理、表彰决定，向下级机关提出要求及应采取的措施。

六、通报的写作要求

一要及时、快速；

二是材料必须新颖、典型、具有代表性；

三是通报中的材料必须经过调查、核实。

例文 3

国务院办公厅关于印发国民旅游休闲纲要（2013—2020 年）的通知

国办发〔2013〕10 号

各省、自治区、直辖市人民政府，国务院各部委、各直属机构：

《国民旅游休闲纲要（2013—2020 年）》已经国务院同意，现印发给你们，请认真贯彻执行。

国务院办公厅

2013 年 2 月 2 日

例文 4

关于印发《国家旅游局贯彻落实〈政府信息公开条例〉的实施办法》的通知

各司（室），旅游协会，各直属单位：

为进一步推行政务公开，促进依法行政，增强工作透明度，保障人民群众的知情权、参与权、表达权和监督权，依据《中华人民共和国政府信息公开条例》和《国务院办公厅关于做好政府信息依申请公开工作的意见》（国办发〔2010〕5 号）及相关规定，结合我局实际，特制定《国家旅游局贯彻落实〈政府信息公开条例〉的实施办法》。本办法经 2010 年第 5 次局长办公会议审议通过，现印发给你们，请结合实际认真贯彻执行。

附件：国家旅游局贯彻落实《政府信息公开条例》的实施办法

国家旅游局办公室

二〇一〇年七月一日

例文 5

关于做好 2014 年旅游行政处罚情况汇总和工作总结的通知

旅办发〔2015〕14 号

各省、自治区、直辖市旅游委（局），新疆生产建设兵团旅游局：

总结行政处罚工作情况是行政执法指导和监督的重要手段和组成部分，也是《旅游行政处罚办法》的要求。《旅游行政处罚办法》（国家旅游局令第 38 号）第七十七条规定："旅游行政处罚实行工作报告制度。县级以上地方旅游主管部门应当分别于当年 7 月和翌年 1 月，汇总本地区旅游行政处罚案件，并对旅游行政处罚工作的基本情况、存在的问题以及改进建议，提出工作报告，报上一级旅游主管部门。省、自治区、直辖市旅游主管部门应当在当年 8 月 31 日和翌年 2 月 28 日前，将工作总结和案件汇总情况报国家旅游局。"

请贵委（局）严格按照《旅游行政处罚办法》的规定和本《通知》的要求，认真对照填表说明，组织本辖区市、县旅游部门填报《旅游行政处罚汇总表》，并将汇总分析的本省区市旅游行政处罚工作的基本情况、存在的问题、改进建议及《旅游行政处罚汇总表》的书面材料和电子版，于2月28日前报国家旅游局政法司。本《通知》及《旅游行政处罚汇总表》的电子版请在国家旅游局网站“通知公告”栏下载。

国家旅游局办公室

2015年1月30日

例文6

关于印发河南省旅游局主要职责内设机构和人员编制规定的通知

各省辖市、省直管县（市）人民政府，省人民政府各部门：

《河南省旅游局主要职责内设机构和人员编制规定》已经省政府批准，现予印发。

河南省人民政府办公厅

2014年6月24日

例文7

中共××省旅游局党组关于×××等同志职务任免的通知

×旅党字〔2013〕22号

机关各处室、稽查队、后勤服务中心：

经局党组2013年8月20日会议研究，决定任命：

×××为省旅游局国内（港澳台）旅游事务处处长（试用期一年）；

×××为省旅游局监督管理处调研员。

免去：

×××的省旅游局国内（港澳台）旅游事务处处长职务；

×××的省旅游局国内（港澳台）旅游事务处调研员职务；

×××的省旅游局监督管理处副调研员职务。

特此通知。

中共××省旅游局党组

2013年5月30日

例文8

海峡两岸旅游交流协会通报

2013年1月21日，深圳市口岸中国旅行社有限公司所组赴台旅游团发生1名游客脱团滞留情况。依据有关规定，对该社通报批评。

我会重申，赴台旅游是一项意义和责任重大的旅游活动，各省（区、市）的旅游行政管理部门必须会同有关部门认真做好督促、检查、指导工作；各赴台旅游组团社必须严格执行赴台旅游的管理规定，切实采取措施加强对参团游客的审核和证件办理、团队运行管理等工作，保证赴台旅游的安全、质量、秩序和游客权益，维护赴台旅游的有序健康发展。

特此通报。

海峡两岸旅游交流协会

2013 年 2 月 22 日

例文 9

河南省人民政府关于表彰郑州市鹤壁市的通报

豫政〔2014〕86 号

各省辖市、省直管县（市）人民政府，省人民政府各部门：

近年来，郑州市和鹤壁市以科学发展观为指导，在创建国家森林城市活动中，坚持践行生态文明新理念，加强组织领导，科学规划布局，广泛宣传发动，城市生态面貌发生了显著变化，城市人居条件得到明显改善，城市生态文明建设水平得到有效提升，在全省乃至全国产生了积极示范带动作用，2014 年 9 月被全国绿化委员会、国家林业局授予“国家森林城市”称号。为此，省政府决定对郑州市和鹤壁市予以通报表彰。

希望郑州市和鹤壁市珍惜荣誉，再接再厉，在林业生态建设中再创佳绩。全省各地要认真学习借鉴郑州市和鹤壁市的经验，大力加强生态文明建设，为建设中原经济区、美丽河南做出新的更大贡献。

河南省人民政府

2014 年 11 月 17 日

应用能力训练

根据下面的材料写一份通报。

××省中国国际旅行社在经营中国公民赴韩国旅游业务中，所组团队连续发生旅游者滞留事件，扰乱了××省出国旅游市场秩序，造成了恶劣影响。××省旅游局根据相关规定，从××××年××月××日起暂停该旅行社经营中国公民赴韩国旅游业务资格六个月。

第五节　报告、请示

一、报告的特点和种类

报告是下级机关向上级机关汇报工作，反映情况，提出意见或建议，答复上级机关的询问时使用的公文。

例文 1

河南省旅游局关于 2012 年责任目标的报告

〔2012〕31 号

省政府办公厅：

现将我局 2012 年责任目标报告如下。

一、重点工作目标

（一）提升旅游产品，推动旅游业转型升级。

一是倾力打造旅游整体品牌。贯彻落实国务院《关于支持河南省加快建设中原经济区的指导意见》，突出世界知名、全国一流目标和“一区两带”发展重点，在国家旅游局的支持下，编制高水平的《中原历史文化旅游区总体规划》。加强与沿黄河8省的区域合作，做好我省沿黄河有关市县的资源整合，配合国家旅游局编制《大黄河区域旅游发展规划》，将河南黄河黄金旅游带打造成为荟萃华夏文明、凸显黄河文化的国际旅游精品带。

二是集中抓好旅游产业集聚区和重点园区。抓好焦作云台山、登封嵩山、洛阳龙门、信阳鸡公山等旅游产业集聚区和重点旅游园区建设。省旅游局将通过标准的制定和实施，建立动态和常态的管理机制。会同相关部门尽快出台全省旅游产业集聚区和重点旅游园区建设指导意见，为集聚区建设和旅游园区发展营造更为宽松的政策环境。

三是重点培育旅游强县。省旅游局制定出台旅游强县的创建标准、考核指标、动态管理办法和奖励激励机制，调动各地的积极性，以旅游强县的培育和评选为载体和抓手，推动全省旅游业快速发展。

四是联合提升城市旅游形象。落实好省旅游局与洛阳、焦作等6个省辖市战略合作的内容，与当地政府联合，推动旅游景区创A升级，提升城市旅游形象，重点支持合作城市打造旅游品牌，推动旅游城市向城市旅游跨越。

五是加快推进重大项目建设。突出抓好登封旅游小镇项目、嵖岈山温泉小镇项目等10大投资超亿元的项目。同时，抓好旅游招商引资，加快项目建设进度，确保全年签约旅游招商引资合同金额超过300亿元、实际到位金额超过200亿元、完成旅游投资超过200亿元。

（二）促进产业融合发展，推动旅游业外延拓展。

一是与农业融合，大力发展乡村旅游。编制完成全省乡村旅游与休闲农业专题规划。以“百村万户”旅游富民工程为抓手，落实好省旅游局与省委农办、省农业厅、金融办等部门签订的战略合作协议，共同选择30个特色旅游村重点打造。

二是与工业融合，重点发展旅游商品。制定出台《关于加快我省旅游商品发展的意见》，从优惠政策、扶持资金、宣传推广等方面进行科学引导。成立河南省旅游商品研发中心，打造河南旅游商品示范店，探索连锁经营的方式，把河南旅游商品整体推向市场。举办中部地区旅游商品博览会和全省旅游商品创意设计大赛。推动旅游商品企业创建知名商标，提高旅游商品发展的层次。

三是与文化融合，打造文化旅游共生体。按照十七届六中全会关于推动文化大繁荣大发展的要求，落实与省文化厅签订的战略合作协议，通过共同建设文化旅游园区、打造文化旅游村镇、推出文化旅游演艺等手段，形成文化与旅游互促互进、共生共长的良好局面。

四是与相关部门合作，积极培育新兴业态。推动与交通、民航、气象、国土、金融等部门的合作，提升旅游要素保障，不断丰富旅游产品。

（三）大力开拓高端市场，推动旅游客源结构优化调整。

一是明确市场定位。抓住六大客源市场：以日本、韩国、俄罗斯为主的东北亚市场；以新加坡、马来西亚、印度尼西亚为主的东南亚市场；以德国、奥地利、西班牙为主的欧洲市场；以加拿大、美国为主的北美市场；以澳大利亚、新西兰为主的澳洲市场；以我国港澳台、长三角、珠三角、环渤海为主的境外和境内高端市场。

二是抓好重大活动。集中精力办好第三届世界旅游城市市长论坛，抓好世界旅游城市博览会、三门峡国际黄河旅游节等配套活动，继续为国际旅游业界和各国旅游城市搭建高端交流合作平台。启动“港澳市场倍增计划”，举办“穿越台湾走进校园”活动。组织中原经济区城市旅游联盟的年度活动，与山东联合推出“鲁豫有约——50万游客互动”活动。配合国家旅游局推出欢乐健康游主题年，启动“欢乐游河南、体验大中原”活动，推动中原人游中原。

三是构建营销网络。与世界旅游组织合作，建立河南国际旅游目的地营销网络。与境外大型旅行商合作，采取宣传补助或奖励的方式，使之成为河南旅游的境外代理销售伙伴。积极与省民航办、航空公司和郑州机场沟通协调，争取利用其优惠政策和资金共同开发航线所涉及的重点客源市场。

二、日常工作目标

（一）提升旅游服务质量，优化产业发展环境。

一是完善设施，努力实现旅游集散网络化。加快省旅游服务中心建设进度，确保今年9月其主体功能落地运营。推进许昌、商丘、三门峡、洛阳旅游服务中心建设，推进全省旅游集散地建设，加快形成省城＋门户城市＋重要节点＋目的地的游客集散联动服务网络。

二是创新手段，努力实现旅游发展信息化。切实做好“河南目的地数字旅游服务系统平台”建设，并加快河南省旅游服务中心云计算平台落地运营，保证9月投入使用，以实现基于云计算的863项目在云计算平台上部署、应用，构建覆盖全省旅游信息的高速公路。

三是健全标准，努力实现旅游服务持续化。在5家全国旅游标准化试点单位评估验收的基础上，推动旅游标准的应用和普及。进一步完善“百村万户”旅游富民工程标准体系。着手制定温泉、冰雪旅游产品的建设标准。

四是加强监管，努力实现市场秩序规范化。继续开展零负团费、挂靠承包、强迫或变相强迫消费专项治理行动，有效解决长期困扰旅游服务质量的难症和顽症。充分发挥人大代表、政协委员旅游质量监督员和社会监督员的作用，强化对旅游市场的监控。按照质量标准，加强动态管理，建立完善旅游企业退出机制和以游客满意度为主的旅游目的地评价机制。

（二）推动体制机制创新，增强旅游业发展活力。

一是理顺管理体制。按照“统一管理、行业指导、企业运作”的原则，继续探索符合政策法规、适应市场要求的管理体制，重点抓好小浪底管理体制试点工作。指导各重点景区、旅行社等的体制改革和机制创新。

二是搞活企业经营机制。与省政府金融办等有关部门积极协调，继续推进上市企业培育工作，力争今年有1～2家旅游企业上市工作取得新的突破。大力培育本省饭店管理品牌。继续抓好少林寺武术馆开发经营机制创新的试点。

三是完善激励扶持机制。继续推动落实国务院41号文件，特别是对旅游企业的优惠政策，做好协调与督导，会同有关部门进一步研究扶持旅游企业健康发展的措施。

（三）加强人才队伍建设，为旅游业发展提供智力支撑。

一是抓好人才引进。力争引进更多的策划创意人才、规划设计人才、项目运作人才、科技信息人才、国际营销人才、高端管理人才等专家型、高层次人才。充分发挥河南旅游专家库的作用，聘请国内外知名旅游专家担任旅游发展顾问，为我省旅游业发展出谋划策。

二是抓好人才开发。抓好现有从业人员的培训，争取培养开发出更多的高层次人才和实用型人才。进一步加强中部地区旅游人才培训基地建设。落实全省旅游培训计划，继续开展旅游行政人员、企业中高级管理人员和导游人员的分级分类培训，全年培训人数超过3万人，不断提高旅游从业人员的服务水平。

三是抓好人才交流。进一步加强河南旅游人才网建设，打造河南乃至中部地区旅游人才交流平台。与省教育厅联合举办全省旅游人才交流大会，实现旅游院校与旅游企业的有效对接，进一步提高院校培养的针对性和旅游专业学生的就业率。

三、旅游发展目标

（一）经济目标。力争全省全年接待海内外游客3.48亿人次，同比增长13%，其中：入境游客195万人次，同比增长16%。实现旅游总收入3 222亿元，同比增长15%，其中旅游创汇6.31亿美元，同比增长15%。

（二）安全目标。力争全年无重大旅游安全责任事故。

（三）行风建设目标。旅游投诉率控制在0.5‰以内。

四、共性目标

切实加强廉政建设，完善监督检查机制，全年无重大违法违纪案件发生。

特此报告。

二〇一二年二月十四日

（一）报告的特点

报告的主要特点有两个，即汇报性与陈述性。

（二）报告的种类

1. 工作报告

工作报告是工作进行到一定阶段，以书面形式向上级机关写的汇报材料。

2. 情况报告

情况报告是就某一问题或某一偶发事件，向上级写的情况汇报。

3. 呈转报告

呈转报告是下级机关向上级机关提出自己的工作安排、设想和建议，期望得到上级的认可和采纳，转有关单位执行的报告。其结束语是“以上报告如无不妥，请批转有关单位执行”。

4. 答复报告

答复报告是下级机关答复上级机关询问时使用的报告。

5. 报送报告

报送报告是下级机关向上级机关报送文件、物件时，随文随物写的报告。

二、报告的基本格式和写法

报告一般由标题、主送机关、正文组成。

（一）标题

报告的标题，通常有两种组成方式：一是完全式标题，即由发文机关、事由和文种构成，如“国家旅游局关于2013年‘十一’黄金周情况的报告”；二是由事由和文种构成，省略发文机关，如“关于2014年度旅行社安全检查情况的报告”。有的报告内容紧急，则在标题中“报告”两字前加上“紧急”字样。

（二）主送机关

写明主送的领导机关名称。在标题下正文前顶格书写。

（三）正文

报告的正文一般由以下几部分组成。

1. 报告的缘由

以简要概括的语言，写明报告的原因、依据和目的，要开门见山、直陈其事，而后用“现将有关情况报告如下”之类承启语转入报告主体。

2. 报告的事实和问题

本部分为报告的核心、主体，要重点写明工作进展情况，采取的措施及取得的成效，存在的问题、不足，对今后工作的意见；或写明事件的基本情况，对事件做出准确分析、评价，说明处理结果或提出处理意见等。

3. 结束语

报告的结束语常见的有两种：一种是根据报告的事实或问题提出几点建议或意见，供领导参考；另一种是用“特此报告”或“请指正”“请审查”等做结束语。呈转报告常用“以上报告如无不妥，请予批转执行”等结束语。

4. 落款和日期

写在正文之后，写法与一般公文相同。

撰写报告，必须掌握实际材料，用事实说话；还要及时报告，不失时机。另外，在报告中不能夹带请示事项。

三、请示的特点和种类

请示是下级机关向上级机关请求指示、批准时使用的公文。

例文2

关于申请解决办公场所的请示

市政府：

市旅游发展有限公司目前与市旅游局合署办公，其主要人员由旅游局班子兼任，无独立办公场所。随着旅游产业快速发展和公司资产不断扩张，拟实施政企分离，招聘专职企业人才和员工，实行企业独立管理和经营。现已经通过市人才服务中心选送了若干候选人才，将进入招聘程序。与此同时需要落实公司办公场所。

另外，2012年成立的市旅游集散服务中心，在编人员4人，借用公司聘用人员2人，目前临时借用市客运中心（世博游客中心）办公。该中心同时需要设立一个市一级的面向市民和游客的咨询服务窗口（各县市都已设立）。待世博会在今年10月底运营结束后需另行安排办公场所和设置服务窗口。

这两个方面的办公问题以及旅游局下属的其他方面用房问题，市领导明确指示将通过现在的市规划展示馆调整后解决。目前需要做过渡性安排。恳请市政府调剂8～10间办公用房，作为市旅游发展公司和市旅游集散服务中心的过渡办公场所。

特此请示。

市旅游局

2012 年 9 月 7 日

（一）请示的特点

请示的主要特点有期复性、单一性及请示内容的限定性。

（二）请示的种类

常见的请示种类有请求指示的请示、请求批准的请示、请求批转的请示、请求帮助的请示。

四、请示的基本格式和写法

请示一般由标题、主送机关、正文、落款和日期组成。

（一）标题

请示的标题，通常有两种写法：一是完全式标题，即由发文机关、事由和文种构成，如“国家旅游局关于成立中国旅游饭店协会的请示”。二是由事由和文种组成，省略发文机关，如“关于参加华东五省旅游宣传促销活动的请示”。

在请示的标题中使用动词时，不能与文种词语重复，即一个标题中不能出现两个“请示”。在表述主要内容时，一般只宜使用一个动词，如“关于请求批准购买×××的请示”这个标题，其中的“请求批准”应删去。

（二）主送机关

请示的主送机关只能写一个（即主管上级机关的名称），如需同时送达其他上级机关，可用“抄报”的形式在文后注明。

（三）正文

请示的正文一般由以下几部分组成。

1. 请示缘由

这一部分是请示全文的导语，应开门见山，直接写明提出请示的原因。文字要简洁，一般用叙议结合的表达方式，要求理由充分、言简意赅、清楚明白。行文不可摆出论辩架势或使用教训口气。

2. 请示的具体事项和意见

这一部分是全文重点，在向上级说明缘由之后，要提出请示的具体事项，即要求上级给予指示、批准的具体内容。请示事项要求真实、具体、准确，不能含糊笼统。有时还可以提出自己的意见和建议，供上级选择。但是行文者必须表明自己希望上级批准哪种意见，并说明理由。

请示是请求上级办事，因而行文语气要委婉，要体现出对上级的尊重，尽量用商量的口吻提出看法和要求。

3. 请示结束语

可用“特此请示”“以上请示当否请批复”等做结语。一般应另起一行书写。

（四）落款和日期

如果标题中已有发文机关名称，落款可省略，只要在正文之后标明成文日期即可。如果标题中没有发文机关名称，则在文后先落款，再写上成文日期。

五、请示的写作要求

（1）贯彻“一文一事”的原则，如请求解决的问题多，可分几次写。

（2）明确呈报的主送机关，不要搞多头请示。

（3）一般不得越级请示。

（4）请示应主动提出解决问题的意见、建议方案、办法，供上级研究时参考。

（5）请示的篇幅一般不宜过长，如果需要反映某些详情和数据，可列入附件。

六、请示与报告的区别

请示与报告都是上行文，都要反映情况、陈述意见，使用时要明确两者的区别。

（一）行文目的不同

请示的主要目的是向上级机关请求指示和批准，它需要上级机关对所请示的事项给予答复、审批或解决；报告的主要目的是供上级了解情况，以便上级加强领导，一般不需要回复。

（二）行文时限不同

请示必须事前行文，请求批复，按照组织原则和职权范围，不能先斩后奏；报告则事前、事中、事后都可以行文。

（三）内容结构不同

请示一般要求一文一事，内容具体单一，行文结构较为稳定；报告内容广泛，可一文一事，也可反映多方面的情况，结构不拘一格。

例文 3

关于呈报河南省省属高校基础设施改造 2014 年度计划的请示

河南省教育厅：

根据《河南省教育厅办公室关于报送省属高校基础设施改造项目 2013 年度项目实施情况和申报 2014 年度项目计划的通知》（教财办〔2014〕221 号）精神，为增强我院整体办学实力，全面提升社会服务能力和人才培养质量，保障我院可持续发展，特申请河南省省属高校基础设施改造专项资金支持。在明确目标、科学规划、突出重点、分步实施、整合资源、注重绩效的思想指导下，结合学院实际，遴选出“学生公寓楼维修改造”和“五环体育场维修改造”2 个项目作为 2014 年度省属高校基础设施改造专项资金支持建设项目。

妥否，请批示。

××学院

2014 年 6 月 12 日

应用能力训练

阅读以下材料，根据请示的写作要求找出文中错误并改正。

××师院关于解决 2012 年教职工假期休养观光的请示报告

××院长：

根据×院教工〔2010〕4 号《关于组织我院在职教职工假期休养观光的请示》的

批复精神，今年继续组织开展全校教职工休养观光活动，并由各分工会负责牵头。今年教职工休养观光活动经费补贴标准为：教师、中级职称以上教辅人员及副科以上干部每人 1 000 元；其他干部、教辅人员每人 800 元；工人每人 600 元。休养观光活动费用超过补贴标准的，不足部分由个人负责，实际费用低于补贴标准的，按实际费用补助。

经统计，今年参加休养观光活动的教职工 307 人，共需经费 410 600 元（其中学校补贴 291 600 元，各单位管理费补贴 119 000 元）。建议学校补贴部分从学校福利经费中列支，各单位管理费补贴部分从各单位的管理费中列支。

另拟明年继续组织全校教职工休养观光活动。

以上请示如无不当，请批转执行。

××院教育工会

2012 年 6 月 27 日

第六节　批复、函

一、批复的特点和种类

批复是上级机关答复下级机关请示事项时使用的公文。

例文 1

关于同意成立洛阳申祥旅行社有限公司的批复

豫旅〔2015〕51 号

洛阳市旅游发展委员会：

你局《关于成立洛阳申祥旅行社有限公司的请示》（洛旅〔2015〕5 号）文件收悉。根据《旅游法》《旅行社条例》《旅行社条例实施细则》申请设立旅行社应当具备条件的有关规定，特许可洛阳申祥旅行社有限公司经营国内旅游业务和入境旅游业务。

请通知该旅行社在此批复发出之日起 30 日内到指定银行增存旅行社质量保证金，超过 30 日未办妥质量保证金手续，须依法再行申请许可。

此批复。

河南省旅游局办公室

2015 年 1 月 29 日

（一）批复的特点

批复的主要特点为针对性、权威性、被动性。

（二）批复的种类

批复的种类有同意性批复、否定性批复、指示性批复、解答性批复。

二、批复的格式和写法

（一）标题

批复的标题，要写明批复机关名称、内容与文种。

批复的标题在形式上有以下两类：

(1) 单介词结构，与一般公文标题的主要内容表述形式基本相同，如“国家旅游局关于开展中蒙边境一日游活动的批复”。

(2) 双介词结构，它的表述形式为：(上级发文机关) 介词 (答复事项) (介词) (下级受文机关)。如“国务院关于同意在沈阳市进行经济体制综合改革试点给辽宁省人民政府的批复”。

(二) 主送机关

一般为“请示”的来文单位。

(三) 正文

批复的正文由以下几部分组成。

1. 批复依据

批复的开头通常要引述请示的来文，以作为批复的依据。如“××××年××月××日来文收悉”，或“××××年××月××日《关于××××××的请示》收悉”等。

2. 批复内容

针对请示的事项，做出明确具体的答复。答复事项针对性要强，表达要准确。如果同意，必要时还可给予一定的指示；如果不同意，一定要阐明不同意的理由并且做出如何处理的指示，使下级机关有所遵循。

3. 结束语

一般用“特此批复”“此复”作为结束语。

(四) 制发机关印章与成文日期

写法与其他公文相同。

(五) 撰写要求

撰写批复，用语应简要准确，语气要肯定，不能用模棱两可、含糊不清的词语。

三、函的特点和种类

函是平行机关或不相隶属机关之间相互商洽工作、询问和答复问题、请求批准和答复审批事项时使用的公文。

例文 2

关于对《张家界市旅游行业管理暂行办法》征求意见的函

为进一步加强我市旅游行业管理，提高旅游行业管理水平，使旅游行业管理进一步规范化、法制化、标准化，按照《张家界市开展“平安满意在张家界”活动方案》的要求，市旅游局经过广泛调研、认真研究，拟定了《张家界市旅游行业管理暂行办法》(征求意见稿)。根据市领导的批示，现将《张家界市旅游行业管理暂行办法》(征求意见稿) 全文发布，再次向社会各界征求意见，请社会各界人士认真研究，积极提出修改意见。

为便于进一步修改完善，敬请将修改意见于 12 月 10 日反馈市旅游局办公室。

张家界市旅游局

二〇一三年十一月二十三日

（一）函的特点

函的特点包括：功能的多用性；写作的灵活性；行文方向多向性。

（二）函的种类

按其内容、性质和用途划分，函可以分为商洽函、询问函、答复函、请示函。

按函的行文方向划分，函可以分为发函和复函两大类。无论是商洽工作、询问事情还是请求批准事项，主动发函一方撰写的函称为发函，受函机关和单位针对来函所做的答复称为复函。

四、函的基本格式和写法

（一）标题

函的标题一般为完全式标题，要写明是“函”还是“复函”。如“关于同意海南省三亚市开展对越南旅游业务的函”“国家旅游局关于内蒙古自治区与蒙古、俄罗斯开展团体旅游活动的复函”。

（二）主送机关

写明受函单位名称。

（三）正文

函的正文一般由以下几部分组成。

1. 开头

开头要开门见山、直截了当。如果是发函，开头应说明发函的目的、根据或理由。如果是复函，开头则先引述来文，然后用“经研究，现将有关问题函复如下”等过渡到下文。

2. 主体

主体写明所商洽、询问、请示或答复的具体内容，要求明确、具体、条理清晰。

3. 结尾

函一般使用得体的收束语做结尾。给下级发函常用“以函复为要”“以函复为盼”等；给平级发函常用“以函复为荷”“盼复”等；给上级发函常用“恳请函复”等；给上级复函常用“特此回复”“专此回复”等。

（四）落款和日期

正文结束以后，写上发函机关名称和发函日期。

（五）撰写要求

拟写函应简短明快，不用套话。平行函应注意措辞，语气要委婉、恳切，讲究礼貌，不可强人所难，忌用指令性的语言。

例文 3

××市旅游集团公司关于委托
××旅游学院举办管理人员培训班的函

××旅游学院：

为了培养旅游管理高级人才，我集团公司拟委托你院举办一期管理人员培训班，时间一年，人数 30 人，采取脱产学习的形式。学费按你院有关规定支付。能否接受，请予研究函复。

××市旅游集团公司（盖章）
二〇一六年二月十二日

例文 4

××旅游学院关于为××市旅游集团公司举办管理人员培训班的复函

××市旅游集团公司：

你集团公司〔2016〕21 号来函收悉。

关于为你集团公司举办管理人员培训班的问题，经研究答复如下：

一、同意为你集团公司举办管理人员培训班，人数 30 人，时间一年，脱产学习，开学时间：2016 年 3 月 15 日。

二、有关学籍管理及实习、收费标准等问题，请参照《××旅游学院关于举办管理人员脱产培训班的规定》中有关条款另议。

特此函复

附：《××旅游学院关于举办管理人员脱产培训班的规定》

××旅游学院（盖章）
二〇一六年二月十八日

例文 5

国务院关于同意将山西省太原市列为国家历史文化名城的批复

山西省人民政府：

你省《关于申报太原为国家历史文化名城的请示》（晋政〔2009〕25 号）收悉。现批复如下：

一、同意将山西省太原市列为国家历史文化名城。太原市历史悠久，文化底蕴丰厚，历史遗存丰富，城市建设特色突出。

二、你省及太原市人民政府要根据本批复精神，按照《历史文化名城名镇名村保护条例》的要求，正确处理城市建设与历史文化遗产保护的关系，保护好太原市的传统格局、历史风貌和历史建筑。要编制好历史文化名城保护规划并纳入城市总体规划，明确保护的原则和重点，划定历史文化街区、文物保护单位、历史建筑的保护范围及建设控制地带，制定严格的保护措施。要在历史文化名城保护规划的指导下，编制好重要保护地段的详细规划。在规划和建设中，要注重体现传统文化特色和地方传统风貌，不得进行任何与历史文化名城环境和风貌不相协调的建设活动。

三、你省和住房城乡建设部、国家文物局要加强对太原市国家历史文化名城规划、保护工作的指导、监督和检查。

国务院
二〇一一年三月十四日

例文 6

关于新华旅游与地方旅游局建立旅游外宣信息共享机制的函

新华网是党中央国务院直接部署，国家通讯社新华社主办的中央重点新闻网站，是党和国家重要的网上舆论阵地。新华网与新华社各采编部门和国内外分社深度结合，组成了覆盖全国各地和世界各主要城市的新闻信息采集网络。

为了更好地服务地方旅游发展，展示地方政治、文化、旅游建设成果，新华网旅游频道（简称“新华旅游”）特别邀请各地方旅游局、地方政府旅游网站与新华旅游建立长期的旅游外宣信息共享联络机制，内容如下。

一、与地方旅游局建立旅游外宣信息共享机制，并协助地方旅游信息发布

“新华旅游”（网址：http://www.news.cn/travel/）依托新华网平台，以“城市旅游”为核心，传递城市文化旅游重要信息，搭建旅游部门之间的交流桥梁，增加网民与各地旅游权威接触面。新华旅游紧抓地方旅游时事热点，积极拓展以城市文化、城市旅游为主体的网络信息服务功能，是展示城市形象、旅游形象的终端权威平台。

“新华旅游”建立旅游外宣信息共享机制，是为了更好地服务地方旅游部门，增加地方旅游新闻信息的发布平台，运用权威的官方平台对地方旅游新闻信息实现第一时间传播。

二、建立“信息采集专员”沟通机制

为了进一步加强地方旅游部门信息的采集发布渠道，大力支持地方旅游新闻宣传报道及重要信息发布，新华旅游期望与地方旅游部门建立日常信息沟通机制，期望地方旅游部门指派“信息采集专员”对与新华网建立的旅游外宣信息机制大力支持，实现地方旅游信息日常化发布与重点化发布。

新华旅游秉承与地方旅游部门建立“长期、友好、信任、坦诚”合作机制的原则，成立专项小组与地方旅游部门进行紧密的常态化沟通与应急沟通，在提供及时、准确、真实的旅游新闻信息的同时，积极协助地方旅游部门进行原创性采访报道，努力配合地方政府、旅游部门开展重大事件重点宣传报道、日常新闻常态化报道，并对有损地方旅游形象、政府形象的失实舆论及时纠正。

新华旅游期望与各地方旅游部门建立旅游外宣信息共享发布机制，依此加强中央重点新闻媒体与地方政府的有效沟通和协作，携手共创和谐、美好、文明的网络舆论环境，促进中国旅游事业大发展。

注：

1. 本机制不会产生任何费用，如有假借新华旅游名义做任何有偿新闻信息发布的均非本网。

2. 新闻信息提供标准（略）。

新华网旅游频道
2013 年 1 月 25 日

应用能力训练

根据下面的材料，拟写一份函。

××水利学院是全国首批示范性职业技术学院，在全国职业教育领域和水利行业办学成绩突出，特色鲜明。该院同时又是全国文明单位、全国就业工作先进单位。××职业学院准备组织本院20余名中层干部到该水利学院参观学习，希望该水利学院能够予以接洽，并提供力所能及的帮助。××职业学院准备发一份函，将预计考察时间、人数、内容，以及需要对方协助的事项进行说明。请为××职业学院起草一份函。

第七节　会议纪要

一、会议纪要的概念

会议纪要是记载、传达会议情况和议定事项时使用的公文。

例文

海南省旅行社协会筹备领导小组会议纪要

时间：2013年12月19日下午3:00—5:00

会议地点：省旅游委一楼会议室

筹备领导小组成员出席名单：（略）

秘书组成员：葛明明、蒲晓兰

主持人：房新海

记录人：葛明明

2013年12月19日下午，海南省旅行社协会筹备领导小组在省旅游委一楼会议室召开了第二次工作会议，筹备小组组长房新海主持会议。会议纪要如下：

一、海南省旅行社协会筹备领导小组组长房新海向各位成员汇报了省旅行社协会的筹备进展情况。在筹备过程中，省旅游委对该项工作高度重视，王昱正副主任就协会的工作与旅行社协会的筹备进行了三次专门调研，陈耀巡视员十分重视协会的转型升级，陆志远省长助理高度重视协会的建设工作，多次专门听取了相关汇报，并提出该项工作要争取突破，真正做到为行业服务，做好政府和企业间的桥梁。目前，省旅行社协会的筹备工作正在按省旅游委的统一部署，由省旅游协会具体执行。

二、就全省旅行社业目前存在的问题、困难、出路，各位老总发表看法。大致归纳如下：

（一）就《旅游法》出台后旅行社存在的操作层面上的若干问题进行讨论交流，包括旅游用车、合同标准、行业自律、电子行程等在实际操作过程中存在的许多困难。

（二）就旅行社协会筹备情况进行交流。广大旅行社企业期待协会做好行业服务，在当前旅行社业发展的十字路口帮助企业处理好发展和规范的矛盾，促进海南旅行社业的健康发展。

（三）呼吁行业协会多向政府提交企业意见，为行业发声。

三、就如何做好下一阶段工作，房新海对各领导成员单位旅行社提出四点希望：

（一）面对新的挑战和变革顺势而为，做改革创新和转型升级的推动者。

（二）做遵守《旅游法》、履行社会责任的企业好员工。

（三）积极做好旅行社品牌建设，加大旅游产品研发和推广力度，加快内部流程管理、标准化和质量控制体系建设。在全省旅行社业范围内，逐步形成全体旅行社各有所为、大旅行社有大为、小旅行社有小为，大做批发规模、小做特色代理，全省一盘棋、依法治理、有序竞争的良好局面。

（四）打好2014年春节黄金周这一仗。各家旅行社看好自己的门、管好自己的人、做好自己的事，平安吉祥过春节！

此纪要

二〇一三年十二月二十三日

二、会议纪要的特点

（1）提要性；

（2）指导性；

（3）法定性和权威性。

三、会议纪要的种类

（1）指示性会议纪要；

（2）研讨性会议纪要；

（3）凭据性会议纪要。

四、会议纪要的基本格式

会议纪要一般由标题、正文两部分组成。

（一）标题

会议纪要的标题一般有两种形式：一种是单一式的，如“全国旅游市场研究会议纪要”；另一种是复合式的，即正、副标题式，正标题概括会议主要精神，副标题一般由会议名称和文种组成。

（二）正文

会议纪要的正文一般由以下几部分组成。

1. 会议概况

在会议纪要开头部分，以简要的文字写出会议的时间、会期、会址、主持人、参加人员、主要议程和议题等。

2. 会议精神和决定事项

根据会议的原始材料，经分析、概括、加工、整理，把会议的主要精神和成果反映出来，具体地写出会议研究的问题、讨论的意见、做出的决定等。这一部分为会议纪要的主体，常见的写法有：

（1）综合记述式。即开门见山地把会议概况、议题、主要讨论意见、决议事项简明扼要地叙述出来。

（2）归纳分类式。即把诸多问题分类整理，按其内容联系和逻辑关系等归纳成几个方面，突出会议的中心和目的。

（3）发言摘要式。即按与会人员发言的内容依次摘要整理，如实地反映出会议讨论情况、不同的观点和发言人的主要意见。

3. 会议的希望

会议纪要的结尾，一般要提出希望、号召，要求执行会议精神。有些则是正文写完就是全文的结束。

应用能力训练

班委会召集班委成员开会讨论组织班级同学参加导游资格证考试的相关事宜，请就会议相关内容拟写会议纪要。

第五章
旅游礼仪类文体写作

第一节　祝词

例文 1

国家主席习近平发表的二〇一五年新年贺词

时间过得真快，2014 年就要过去了，2015 年正在向我们走来。在这辞旧迎新的时刻，我向全国各族人民，向香港特别行政区同胞和澳门特别行政区同胞，向台湾同胞和海外侨胞，向世界各国和各地区的朋友们，致以新年的祝福！

2014 年是令人难忘的。这一年，我们锐意推进改革，啃下了不少硬骨头，出台了一系列重大改革举措，许多改革举措同老百姓的利益密切相关。我们适应经济发展新常态，积极推动经济社会发展，人民生活有了新的改善。12 月 12 日，南水北调中线一期工程正式通水，沿线 40 多万人移民搬迁，为这个工程作出了无私奉献，我们要向他们表示敬意，希望他们在新的家园生活幸福。这一年，我们着力正风肃纪，重点反对形式主义、官僚主义、享乐主义和奢靡之风，情况有了很大改观。我们加大反腐败斗争力度，以零容忍的态度严惩腐败分子，显示了反腐惩恶的坚定决心。这一年，我们加强同世界各国的合作交往，主办了北京亚太经合组织领导人非正式会议，我国领导人多次出访，外国领导人也大量来访，这些活动让世界更好认识了中国。

为了做好这些工作，我们的各级干部也是蛮拼的。当然，没有人民支持，这些工作是难以做好的，我要为我们伟大的人民点赞。

这一年，我们通过立法确定了中国人民抗日战争胜利纪念日、烈士纪念日、南京大屠杀死难者国家公祭日，举行了隆重活动。对一切为国家、为民族、为和平付出宝贵生命的人们，不管时代怎样变化，我们都要永远铭记他们的牺牲和奉献。

这一年，我们也经历了一些令人悲伤的时刻。马航 MH370 航班失踪，150 多名同胞下落不明，我们没有忘记他们，我们一定要持续努力、想方设法找到他们。这一年，我国发生了一些重大自然灾害和安全事故，不少同胞不幸离开了我们，云南鲁甸地震就造成了 600 多人遇难，我们怀念他们，祝愿他们的亲人们都安好。

新年的钟声即将敲响。我们要继续努力，把人民的期待变成我们的行动，把人民的希望变成生活的现实。我们要继续全面深化改革，开弓没有回头箭，改革关头勇者胜。我们要全面推进依法治国，用法治保障人民权益、维护社会公平正义、促进国家发展。我们要让全面深化改革、全面推进依法治国如鸟之两翼、车之双轮，推动全面建成小康社会的目标如期实现。

我国人民生活总体越来越好，但我们时刻都要想着那些生活中还有难处的群众。我们要满腔热情做好民生工作，特别是要做好扶贫开发和基本生活保障工作，让农村贫困人口、城市困难群众等所有需要帮助的人们都能生活得到保障、心灵充满温暖。

我们要继续全面推进从严治党，毫不动摇转变作风，高举反腐的利剑，扎牢制度的笼子，在中国共产党领导的社会主义国家里，腐败分子发现一个就要查处一个，有腐必惩，有贪必肃。

我们正在从事的事业是伟大的，坚忍不拔才能胜利，半途而废必将一事无成。我们的蓝图是宏伟的，我们的奋斗必将是艰巨的。全党全国各族人民要团结一心，集思广益用好机遇，众志成城应对挑战，立行立改破解难题，奋发有为进行创新，让国家发展和人民生活一年比一年好。

中国人民关注自己国家的前途，也关注世界的前途。非洲发生了埃博拉疫情，我们给予帮助；马尔代夫首都遭遇断水，我们给予支援，许许多多这样的行动展示了中国人民同世界人民同呼吸、共命运的情怀。当前世界仍很不安宁。我们呼唤和平，我真诚希望，世界各国人民共同努力，让所有的人民免于饥寒的煎熬，让所有的家庭免于战火的威胁，让所有的孩子都能在和平的阳光下茁壮成长。

谢谢大家。

中华人民共和国国家主席习近平

二〇一四年十二月三十一日

一、祝词的特点和种类

（一）祝词的特点

祝词也称作祝辞，泛指在各种喜庆场合或重要节日中对事情或对人物表示祝贺的言辞或文章。如《旧唐书·音乐志三》："祝词以信，明德惟聪。"清朝纪昀《阅微草堂笔记·如是我闻二》："白岩祭以酒脯，并陈祝词于几。"祝词是一种公关礼仪性应用文体，适用的范围十分广泛，国际交往及国内各种场合的集会、宴会、喜庆活动等，都经常用祝词来表达各自的衷心祝愿之情。祝词起着联络感情、增进友谊、促进交流和加强合作的作用。

祝词的特点主要有以下三点。

1. 语言简短有力

祝词往往是一方当着另一方的面讲的，其最大的特点是感情真挚、语言流畅，因此力求言简意明、篇幅短小。

2. 措辞喜庆热烈

祝词是在喜庆的场合对祝贺对象的一种真诚祝福和美好心愿的表达，因此在措辞上要体现出喜悦、热烈。

3. 体裁的多样性

祝词由于用意突出，主要是向对方表达祝福之情，因此不必拘泥于某种文体，可以根据祝贺对象的具体情况采用诗、词、对联等各种体裁。

（二）祝词的种类

（1）寿诞祝词，祝贺的对象主要是老年人。这类祝词的内容主要有两方面：一是祝愿其健康、长寿；二是赞颂其品性、功德。

（2）祝酒词，这是在酒席宴会之始，主人向客人表示热烈的欢迎、亲切的问候、诚挚的感谢，客人进行答谢并表示衷心祝愿的应酬之辞。

（3）事业祝词，多用于工程竣工、剪彩以及某社团、机构、报刊创办等。

（4）会议祝词，常用于重要会议开幕时。

（5）节日祝词，这是重大节日前由重要人物所做的祝词，如新年贺词。

二、祝词的结构和写法

祝词一般由标题、称呼、正文、落款四部分组成。

（一）标题

标题有两种写法：

（1）单独由文种命名，通常写法是在第一行正中写“祝词”二字。

（2）由内容和文种构成，如“在 2016 年国际旅游交易会开幕式上的致辞”。

（二）称呼

在第二行顶格写被祝贺对象的名称，一般要在姓名后面加上职务、头衔，以示尊重。如“尊敬的××董事长”。如果是对集体的祝贺，称呼应包括所有被祝贺者，称呼后要用冒号。

（三）正文

正文由开头、主体、结尾三部分构成。

（1）开头。致辞方要说明自己代表何人或何种组织向受辞方及其何项事业祝福贺喜。

（2）主体。主体多由以下几个层次组成：一是概括评价受辞方已取得的成就；二是向受辞方表明学习、关心等态度；三是展望未来美好的前景，再次向受辞方表示衷心的祝贺。

（3）结尾。

（四）落款

应当署上致辞单位名称或致辞人姓名，并写上成文日期。如在报刊上发表，可将它们写在标题下面。

三、祝词的写作要求

总的来说，祝词应该做到主旨鲜明、集中，语言平实、得体，感情真挚、热烈，富于感染性、启发性和鼓动性。

例文 2

在济源王屋山旅游品牌专列启动仪式上的致辞

各位领导、各位来宾、朋友们：

大家好！

在我国传统新春佳节即将到来之际，今天我们相聚在北京国宾酒店，隆重举行济源王屋山旅游品牌专列启动仪式暨旅游推介会，这是济源旅游业的一件喜事，也是我们为济源人民和广大游客送上的一份新年贺礼；这是一个标志，标志着 2011 年济源旅游将迈开大步跨越前进，也标志着北京和济源旅游区域战略合作正式拉开了帷幕。在此，我谨代表济源市委、市政府，向各位领导和嘉宾表示最真挚的问候！对华铁传媒表示最衷心的感谢！

济源市位于河南省西北部，因济水发源地而得名，是传说中愚公的故乡。济源市北依太行，西踞王屋，南临黄河，东接华北平原，全市人口 68 万，是河南省 18 个省辖市之一，曾先后荣获“中国优秀旅游城市”“国家卫生城市”“国家园林城市”“全国篮球城市”

等荣誉称号。

济源交通便利。二广、长济、济运等高速公路在此交汇，焦枝铁路穿境而过。济源自然风光旖旎，历史文化厚重。乾隆帝称誉济源“名山胜迹”，白居易盛赞“济源山水好”。

济源旅游资源丰富。世界地质公园、道教十大洞天之首王屋山，山势巍峨，雄、奇、险、秀、幽一体兼备。愚公移山、黄帝祭天等传说均发祥于此。李白在此留下唯一传世真迹《上阳台帖》，唐玄宗胞妹玉真公主在此悟道修真。举世瞩目的小浪底水利枢纽工程，将古老的黄河文化与现代文明相结合，构成了高峡平湖、碧波荡漾、港湾交错、山水相融的大黄河风景。五龙口素有“十里画廊”之称，还有观赏价值极高的太行猕猴和内陆水温最高的医用地热矿泉。北方岛国黄河三峡、茶道之源九里沟、女娲之乡小沟背、祭水圣地济渎庙等景区各有特色，共同构成了北部山龙、南部水龙、中部城市明珠这样一个二龙戏珠式的旅游发展格局。

济源市是中原经济区充满活力的新兴中心城市，我们将依托以王屋山为龙头的山岳生态文化旅游带和小浪底为龙头的黄河观光休闲娱乐旅游带，把济源市整个市域作为一个景区来打造，走“全景市域”的新型旅游发展之路，大力发展思根寻道、文化体验、亲水游乐、峡谷观光、温泉养生等旅游产业，把济源打造成为有国际知名度和国内影响力的重要旅游目的地。

华铁传媒作为全国铁路媒体的旗舰运营商，为我们提供了优质的媒体资源。K269/270 次北京西—洛阳列车贯穿济源重要客源地，沿线城市在济源旅游市场开发中具有举足轻重的作用。此次合作，不仅能更好地把济源的美丽风光展示给广大旅客，而且为夯实济源旅游客源市场，进行深度开发，促进济源旅游大发展打下坚实的基础。同时，也会树立济源良好的对外形象，拉动济源经济的快速发展。

最后，衷心希望北京和济源的旅游企业能够加强沟通，合作共赢。我代表济源人民热情地欢迎各位带着亲朋好友到济源观光旅游！预祝此次合作取得圆满成功！

谢谢大家！

×××

××××年××月××日

应用能力训练

1. 经过多年的前期规划、建设，中原明珠文化旅游产业园预计 20××年 10 月正式开业。请你为其拟写园区开业祝词。

2. 请为××旅行社的开业起草一份祝词。

第二节　主持词

例文 1

元旦晚会主持词

合：亲爱的老师们、同学们，大家新年好

女：新的一年
男：新的祝福
女：新的期待
男：2016 年在成功和收获的喜悦中渐渐远去了
女：2017 年的钟声即将敲响
男：回首往事，我们满怀豪情
女：展望未来，我们重任在肩
男：送你一千个祝福，祝福里有我的万语千言
女：送你一万个祈祷，祈祷里有我虔诚的目光
男：让欢笑伴着你，欢笑的名字叫灿烂
女：让温馨伴着你，温馨的名字叫永远
男：我的祝福飘在长风里，如歌如梦
女：我的祈祷飘在雪花中，如诗如画
男：在这笑声与歌声汇成的海洋
女：在这激情与青春筑就的舞台
合：我们欢聚一堂，迎接元旦的曙光
男：这一刻是美好的
女：这一刻是温馨的
合：这一刻是充满激情的
男：让我们手牵手
女：让我们肩并肩
男：让我们跳起来
女：让我们唱起来
合：歌唱春天，歌唱未来
(结尾词)
合：所有的日子都来吧，让我编织你们
女：让我编织你们，用青春的金线
男：让我编织你们，用燃烧的信念
女：编成绚丽的岁月
男：编成遐思的年华
合：让过去的日子如水流，让将来的日子如拂晓
女：愿雨里有你的收获
男：愿风中传你的捷报
女：阳光中我为你祝福
男：月光下我为你祈祷
合：岁岁年年，年年岁岁，亲爱的老师们、同学们，再见

主持是一门综合艺术，要把口语表达的各项基本功紧密联系起来成为一体，使其具有一定的艺术性。一名优秀的主持人，不仅需要具备良好的口才、风度和气质，还需要在主持前准备好高质量、高水平的主持词。写好主持词是主持人成功的基础。

一、主持词的特点和种类

（一）主持词的特点

（1）具有综合性。

（2）具有一定的艺术性。

（二）主持词的种类

1. 社会活动主持词

社会活动包括比赛、演讲、辩论、会议、典礼等。写作这类主持词要了解活动的宗旨，熟悉活动进程，语言要简洁明快、干净利落。

2. 文艺活动主持词

文艺活动包括文艺性演出、舞会、晚会、联欢会等。这种活动比较轻松活泼，主持词的撰写比较灵活，应幽默风趣，以创设一种轻松欢快的和谐气氛。

3. 广播电视主持词

撰写此类主持词，事先要尽可能多地了解一些专业知识，抓住重点，反映热点、焦点问题，要把握时机引导人们思考或参与，吸引听众或观众的注意力。

4. 婚礼主持词

婚庆典礼活动是以家庭为组织形式的活动，规模大小、风格不尽相同。婚礼主持人叫司仪，负责婚礼的主持、程序的安排、现场的组织协调等。一个好的婚礼司仪，对整个婚礼的现场效果能起到画龙点睛、锦上添花的作用。婚礼主持词的写作比较灵活，一般来讲，要热情洋溢、活泼生动、幽默诙谐，要烘托出浓浓的喜庆气氛。

二、主持词的结构和写法

主持词一般由标题、称呼、正文组成。

（一）标题

在第一行正中写“主持词”。

（二）称呼

在第二行顶格写。根据具体对象写称呼，如“亲爱的朋友们”“各位来宾”等。

（三）正文

首先，介绍出席人员情况。在一般情况下，介绍的顺序是先上级后下级；先介绍来宾，后介绍参加活动的主办方主要领导人。在一些特殊情况下，参加活动的人员虽然职务不太高，但他（她）是事件的主要参与者，也应予以介绍。

其次，主持者以东道主的身份对上级机关的关怀、对来宾的支持表示感谢。

最后，全面介绍整个活动的主要程序。

三、主持词的写作要求

（一）认真准备，周密策划

如何说开场白、如何前后串联、如何形成高潮、如何结束，都是主持词的重要内容，要潜心研究、精心创作。撰写主持词，必须提前准备，尽早介入，要了解活动的整体情况，掌握全部内容。

（二）勇于创新，不拘一格

主持词的写作没有固定格式，它的最大特点就是富有个性。不同内容的活动，不同内容的节目，所采用的主持词形式和风格也不相同。庄重、严肃的活动，如会议、新闻发布会等，要选择庄重的主持词；庆典活动、文艺活动要选择欢快、亲切、生动、活泼的主持词；大型联欢活动要选择亲切感人、富有鼓动性的主持词。除会议的主持词需要遵照一定的程式外，其他活动和节目的主持词应力求形式新颖、语言鲜活，反映新的生活内容，表现新的时代主题。

四、主持词的写作技巧

（一）开场精彩，制造场景效应

例如：

女：尊敬的电视机前的朋友们：

合：晚上好！

女：当腊梅的芬芳静静地在空气中浮动。

男：当大红的灯笼越来越多地闪耀在城市的夜色中。

合：我们知道，春天已如期而至！

女：让我们用红红火火的歌。

男：唱出我们的幸福欢乐。

合：迎新春歌舞晚会现在开始！

这是迎新春歌舞晚会的节目主持词。这几句开场主持词写得红红火火，充满了节日的喜庆气氛。良好的开场白对于确定主题基调、表明宗旨、营造气氛、沟通情感是十分重要的。

开场白的写作方法很多，常见的有如下几种。

1. 开门见山，直接入题

什么是男子汉？不同的人有不同的理解。男子汉不见得风流倜傥、气宇轩昂，也不见得有伟岸的身躯和强壮的体魄，但他必须有为国、为民、为家勇于负责的精神和关键时刻挺身而出的高尚人格。下面请欣赏小品《我们家的男子汉》。

这个开场白开门见山，直接入题，清楚地告诉观众下面节目的主要内容。

2. 情景交融，以情入题

女：仿佛是在梦中，仿佛是在昨天。当年没说再见，我们匆匆走散。二十年，二十年的别离，我们相聚在今天。

男：看一看陌生而又成熟的脸，这是岁月年轮的点染。曾经单纯而幼稚的面庞，变得成熟而又干练。

女：二十年同学相见，心里是不是有些慌乱？过去的岁月，留下多少遗憾？终于握住的手，再不愿松开。

男：同学们，这里的酒已斟满，杯中洒满幸福的欢颜。让我们举起酒杯相互祝愿，祝愿同学们幸福平安！

女：同学们，昨天已经过去，把握住今天，我们的明天会更加灿烂。愿我们的友谊天长地久！

这是同学毕业二十年聚会时主持人的开场白，主持词以情入境，产生了强烈的共鸣效应，再加上如诗一样的语言，将同学久别重逢的激动心情恰到好处地表达了出来。

3. 委婉曲折，含蓄入题

我国古代禅师青原惟信说人生旅途有三个拐弯：首先是见山是山，见水是水；之后是见山不是山，见水不是水；最后是见山依旧是山，见水依旧是水。下面有请徐贞教授为我们作报告，报告的题目是“写作的真谛”。

在一次演讲比赛中，主持人说：“传说佛祖临终之际，留给弟子的遗言是：‘自以为灯，自以为靠。’如果你内心正经历着浓重的黑暗，那么就点亮自己的心灯，用自己的信念和智慧之光，驱散眼前的黑暗，照亮自己脚下的路。请听演讲《完成一次独立的行走》。”

第一个例子中，主持人先引用禅师富有哲理的关于人生的阐述，再引出报告的题目。第二个例子中，主持人先由佛祖对弟子的临终遗言讲起，指出要点亮自己内心的心灯，然后引出关于青年人要不等不靠、自强自立的话题。这种主持词先不点明主旨，采用委婉的方式，逐渐引起人们的注意，最后一语道破。

4. 幽默风趣，以笑入题

幽默被喻为“语言中的盐”。幽默的语言表现出智慧和高雅，它使人发笑，引人深思，令人回味，给人以智慧的启迪。幽默风趣的话语常常能够创设一种轻松、活泼的氛围。例如：2015 年，湖南卫视《我是歌手》第三季首播时，身兼主持人和歌手身份的古巨基一上台就主动表明身份：“观众朋友们好，我是来主持的。”当孙楠演唱完之后，古巨基调侃道：“我还是回去拍戏好了！”

（二）灵活推进，前后衔接，融为一体

在 2015 年央视的羊年春节晚会上，主持人的推进个个都很精彩、很自然，用简简单单的话语就由上一个精彩的节目引入下一个期待的节目。

在刘德华唱完《回家的路》之后，主持人朱军这样说：

这首歌唱出了我们所有人的心声，因为咱们中华民族自古以来就重视家庭，重视亲情，注重家教，注重家风。除夕之夜，万家团聚，但此时也一定有不少儿女，正匆匆奔往回家的路上，相信这首歌一定会深深地打动他们。您别说，此时此刻，在 2 号厅就有两位盼着和子女团圆的父母，我们一起过去看看，看看他们在回家的路上又发生了怎样的奇遇。接下来就是小品《车站奇遇》。

主持活动一般都需要在中间“搭桥接榫”，主持词既要关照先前、画龙点睛，又要引导其后、渲染蓄势。恰当的主持词能达到承上启下、过渡照应、层层推进、把整个活动连接成一个有机整体的目的。

（三）巧妙结尾，留下余韵

在一次庆功表彰会上，主持人是这样结尾的：

庆功结束时我想到了一件事：有人问球王贝利哪个球踢得最好。回答是：下一个！有人问著名导演谢晋哪部影片导得最好。回答是：下一部！有人问一位著名演员哪个角色演得最好。回答是：下一个。看来我们在庆功表彰中也应当牢记：下一个，下一部！散会。

这位主持人以球王贝利、著名导演谢晋和著名演员的回答巧妙作结，这种表达有深刻的寓意，富有鼓动性，意思是希望继续努力、再创佳绩。活动或节目进入尾声时，主持词切忌粗疏草率。俗话说：“编筐编篓，最难收口。”主持词的结尾要调用各种技巧和手段，或掀起高潮，给人以鼓舞和欢笑；或波澜不惊，给人留下回味和思考。

（四）灵活机智，巧于应变

例如：一位婚礼主持人主持一场婚礼，刚过半，礼堂突然断了电，话筒不响了。这时，主持人灵机一动，大声说："请大家休息一下，广告之后马上回来。"台下响起了一阵笑声，气氛缓和了，两位新人的脸上也多云转晴了。一会儿，电闸修好了。可没一会儿又停电了。看着来宾有些厌烦的表情，主持人机智地说："今天真的是个好日子，连电闸也高兴地跳个不停。"一句话，全场都笑了，有的人还鼓起掌来。主持人处乱不惊，冷静化解尴尬，巧妙、机智地变通主持词，这笑声和掌声表达了来宾对主持人的赞赏和谢意，同时也为婚礼增添了喜庆气氛。

例文 2

2014 年中国新媒体旅游营销青岛峰会暨中国旅游城市新媒体营销联盟成立大会主持词

（2014 年 5 月 29 日）

尊敬的国家旅游局杜江副局长，
尊敬的山东省旅游局于冲局长，
尊敬的各位来宾，朋友们：

为进一步创新城市旅游营销方式，探索构建以城市为主题的旅游新媒体营销机制，加快推进旅游业与信息产业的融合发展，形成新媒体旅游营销合力，发挥新媒体对旅游营销的促进作用，今天，由国家旅游局指导，山东省旅游局、青岛市人民政府共同主办的 2014 中国新媒体旅游营销青岛峰会暨中国旅游城市新媒体营销联盟成立大会在这里隆重举行。

出席今天会议的领导有：国家旅游局副局长杜江，山东省旅游局局长于冲，青岛市人民政府副市长刘明君。

参加会议的嘉宾有来自全国 70 个城市旅游管理部门的领导，10 余个城市宣传部门的代表，人民网、新华网和凤凰网等 40 余家媒体的记者和 10 名旅游达人代表。

下面，会议进行第一项，请青岛市旅游局局长崔德志介绍新媒体营销工作。

…………

会议进行第二项，请青岛市人民政府刘明君副市长致辞。

…………

会议进行第三项，请山东省旅游局于冲局长致辞。

…………

会议进行第四项，让我们用热烈的掌声，欢迎国家旅游局杜江副局长致辞。

…………

会议进行第五项，举行中国旅游城市新媒体营销联盟成立仪式，请各城市代表上台启动。

…………

会议进行第六项，请中国旅游城市新媒体营销联盟会员城市代表重庆市旅游局副局长秦定波宣读《中国旅游城市新媒体营销联盟青岛共识》。

…………

会议进行第七项，请杜江副局长、于冲局长、刘明君副市长上台，开通旅游城市新媒体联合营销平台。

…………

同志们，刚才，中国旅游城市新媒体营销联盟正式成立，这是新媒体时代对旅游营销的积极探索和有益尝试。相信在国家旅游局的指导下，中国旅游城市新媒体营销联盟将围绕“合作创新、智慧营销”的核心理念，立足实际、开拓创新，谱写新媒体时代旅游营销工作新篇章！

联盟成立仪式结束，下面休息10分钟，10分钟后各位代表继续开会，转入主题演讲阶段。

例文3

××旅游公司招聘说明会主持人台词

尊敬的各位老师、同学：

大家上午好！欢迎各位光临××旅游公司招聘说明会现场，我代表××旅游公司的全体员工感谢大家对我公司的支持，也相信你们今天会有很大的收获，甚至将有部分同学的事业从这里开始。下面，请允许我向大家介绍我们此次招聘组的三名成员。首先向大家介绍的是××旅游公司人力资源部部长陈××女士，第二位是我们的招聘专员贺××，另外一个当然就是我了，我也是我们的招聘专员，我叫曹小红，我代表我们招聘组的全体成员再次问候大家。(鞠躬致礼)

我们刚刚进入贵校的时候，受到了校方的热情接待，相关领导向我们详细介绍了本校的历史、办学特色，以及我们在座的同学们所独具的竞争优势。因此，我们对本次说明会期待已久，希望能从各位中发掘出××旅游公司未来的中流砥柱。同时，我们欢迎大家选择××旅游，加盟××旅游，与××旅游共同成长。但相信大家不会轻易做出决定。为什么呢？因为直到现在，同学们对我们××旅游公司还不太了解。为了让大家更详细、更真实地了解××旅游，下面就有请我们的招聘专员贺××，为大家带来××旅游公司简介。

…………

好，感谢贺老师给大家带来的精彩的讲解说明。大家听完了，是不是还是觉得看不见、摸不着？那么，下面请同学们观看一下我们××旅游十分钟左右的宣传片。

…………

现在大家听了，也看了，那么下面我们现场采访一下我们学校的老师，听听老师对此次招聘说明会的印象以及对同学们有什么样的嘱咐和建议。大家掌声有请我们就业指导中心的刘主任。

…………

感谢刘老师语重心长的嘱咐和建议。

我想，现在大家对我们××旅游应该有了一个详细的了解，我们欢迎各位选择××旅游公司，成为我们未来的工作伙伴。接下来，请有意加盟的同学在咨询台索取应聘登记表进行填写，请大家注意，一定要写明你的联系方式。同学们如果在填表的过程中或对以上的讲解有什么不明白的，或者对我们公司有什么疑问的话，可以在咨询台进行咨询，我们会给大家一一作答。填完表请大家及时交回，我们将有一份小的纪念品送给大家。

再次感谢各位同学的光临和支持。我想，无论你今天是否选择××旅游，我们都预祝各位能够找到一份能成就自己终生事业的工作。谢谢大家！

应用能力训练

1. 某高职院校准备举办“青春诗会”，请你代为拟写主持词中的开场白和结束语。
2. 请为学校组织的“挑战职场——模拟求职应聘活动”写一篇主持词。

第三节　请柬、邀请函

例文 1

请柬

××电视台：

兹定于五月四日晚八时整，在××大学礼堂举行“五四”青年诗歌朗诵会，届时恭请贵台派记者光临。

××大学团委会

2016 年 5 月 2 日

一、请柬的特点和种类

（一）请柬的特点

请柬是为邀请客人参加某项活动而发出的礼节性书面信函，适用于庆典、招待会、宴会、展览等活动，属于公关交际文书。其特点如下。

1. 形式庄重

请柬比一般的信函更为庄重，为了表达邀请者的热情、诚挚，其制作和设计较为考究，通常用较厚的红纸或硬纸卡片，文字为美术字体，还要进行烫金、饰以花边等艺术加工。

2. 内容简明

请柬一般只简单说明活动事项、安排、时间、地点及注意问题等。

（二）请柬的种类

根据活动内容的不同，旅游业请柬一般分为两种。

1. 会议请柬

此类请柬主要邀请有关人士出席如学术会议、研讨会等某项专题活动，涉及会议的议题、地点、时间、具体要求等。

2. 宴会请柬

此类请柬有正式场合和非正式场合之分，前者比较重要，因此请柬要制作精美；后者多见于家庭宴请等，请柬制作可随意些。

二、请柬的结构和写法

请柬的写作有纵式和横式两种，一般包含以下几项内容。

（一）标题

标题的写法通常是居中写“请柬”二字，字要比正文大一些，也可改变字体或用花边装饰以示喜庆。

（二）称呼

在标题下第二行顶格写上被邀请者的姓名和称谓，或单位名称。如不方便直接指明具体的被邀请人，称呼可用单位全称。

（三）正文

这部分内容主要写邀请的内容，包括活动的名称、时间、地点，时间必须明确到几时、几分。一些特殊的会议还要说明会议的宗旨、议题等。如有必要，有时还要提醒应邀者应做哪些准备。

（四）结束语

结尾常用邀请语，如“敬请光临”“恭候光临”等。

（五）署名和署时间

写上邀请者的名称或盖章，以及发柬时间。如果请柬是横式书写，在请柬的右下角落款；竖式书写的请柬，则在左下角落款。

三、请柬的写作要求

请柬的语言要求简洁、明确，措辞得体，书写要工整。

例文 2

请柬

尊敬的×××老师：

我院将于二〇一四年十二月十四日晚上七点三十分在学院 403 教室举行首届“匹克杯辩论赛”总决赛，诚挚邀请您担任本次大赛的评委。

敬请光临

院团委、学生会

2014 年 12 月 12 日

四、邀请函的概念

邀请函是邀请亲朋好友或知名人士、专家等参加某项活动时所发的邀请性书信，它是现实生活中常用的一种应用写作文种。在应用写作中，邀请函是非常重要的，但要注意内容简洁、明了，不要有太多文字。

商务礼仪活动邀请函是商务礼仪活动主办方为了郑重邀请其合作伙伴（投资人、材料供应方、营销渠道商、运输服务合作者、政府部门负责人、新闻媒体等）参加其举行的礼仪活动而制发的书面函件，它体现了活动主办方的礼仪愿望，反映了商务活动中的社交关系。企业可根据商务礼仪活动的目的，自行撰写具有企业文化特色的邀请函。

例文 3

关于参加“第二届中国（青岛）国际邮轮峰会暨青岛邮轮旅游招商推介会”的邀请函

各相关旅行社：

由中国港口协会主办，青岛市北区人民政府、青岛港（集团）有限公司、青岛市旅游协会承办，青岛市旅游局等单位支持的“第二届中国（青岛）国际邮轮峰会暨青岛邮轮旅游招商推介会”将于2014年11月11日—12日在青岛汇泉王朝大饭店举行。

本届峰会以“建设国际邮轮母港 大力发展邮轮旅游”为主题，旨在搭建邮轮产业交流互动平台。会议期间将举行主题演讲及行业峰会、青岛邮轮旅游招商推介会、国际邮轮公司与山东省旅行社合作签约仪式、旅行社邮轮销售业务培训、青岛邮轮旅游线路踩线游览等系列活动。

为加强省内旅游企业与国际邮轮公司的交流合作，加快开展邮轮旅游业务，共同推动山东省邮轮旅游市场的发展，诚邀省内相关旅行社积极参会。

附件：1. 省内旅行社代表参会相关具体事宜（略）
2. 第二届中国（青岛）国际邮轮峰会议程（略）
3. 旅行社邮轮销售业务培训方案（略）
4. 山东省内旅行社代表参会及签约意向报名表（略）

青岛市旅游协会
2014年11月3日

五、邀请函的结构和写法

一般来说，邀请函的文本内容包括主体内容和回执。主体内容由标题、称谓、正文、落款组成。

（一）标题

标题由活动名称和文种名组成，还可包括个性化的活动主题标语。如阿里巴巴年终客户答谢会，其邀请函上的活动主题标语——“网聚财富主角”，独具创意，非常巧妙地将“网”——阿里巴巴网络技术有限公司与网商——“财富主角”用一个充满动感的动词“聚”字紧密地联结起来，既传达了阿里巴巴与客户之间密切的合作关系，也传达了“阿里人”对客户的敬意。若将“聚”和“财”连读，“聚财”通俗、直白地表达了合作双方的共同愿望，可谓“以言表意”“以言传情”，也恰到好处地暗合了双方通过网络平台实现利益共赢的心理。

（二）称谓

邀请函的称谓使用“统称”，并在统称前加敬语，如“尊敬的×××先生/女士”或“尊敬的×××总经理（局长）”。

（三）正文

邀请函的正文写明主办方举办活动的缘由、目的、事项及要求、日程安排、时间、地点，并对被邀请方发出得体、诚挚的邀请。

（四）落款

落款要写明活动主办方的全称和成文日期。

例文4

2014中华老字号博览会暨旅游嘉年华邀请函

尊敬的女士/先生：

2014中华老字号博览会暨旅游嘉年华将邀请全国中华老字号、各省市的老字号、非物质文化遗产企业、知名品牌企业及其产品前来参展。同时还将举办“老字号产品热卖会”、专业买家对接会、“百年老店”发展论坛等活动，目的是传承文化传统、发展老字号品牌、繁荣经济建设。与此同时，还邀请各大旅行社、景区景点、酒店、航空公司、邮轮等核心旅游企业全面参展，利用“端午节”及“儿童节”的黄金周期，共同打造一届声势浩大、丰富多彩的暑期旅游热卖会，向广大市民销售价格实惠、服务优质的旅游产品。

诚挚邀请贵单位参加2014中华老字号博览会暨旅游嘉年华，共促合作发展。

一、展会时间：2014年5月30日至6月30日

二、举办场馆：广州保利世贸博览馆

三、支持单位：广东省旅游局、广州市经济贸易委员会

四、主办单位：中国商业联合会中华老字号工作委员会、广州岭南国际企业集团有限公司

五、承办单位：广东省老字号协会、广州岭南国际会展有限公司、广州广之旅国际会展服务有限公司

六、协办单位：各省、市地区老字号协会

七、宣传媒体：广东电视台、广州电视台、南方传媒集团、广州日报、羊城晚报、文汇报广州办事 处、新浪网、腾讯网

八、展会概况：

本届博览会展览面积11 000平方米，设标准展位500个，设置四大特色展区，预计参展及观众人数达20万人。

九、展览范围：

1. 获商务部认定的中华老字号企业产品
2. 各省（市）认定的地方老字号企业产品
3. 非物资文化遗产项目及传统工艺品
4. 旅游局、旅行社、景区景点、酒店度假村、航空公司及邮轮
5. 名优食品、手信等

十、联系方式（略）

例文5

2013年魅力河南金秋旅游景区精品展邀请函

河南位居中原腹地，是华夏5 000年文明的发祥地，自古以来有“得中原者得天下”之说。河南不仅是人口大省，也是全国最大的自驾游大省。为备战中秋节和国庆节，由河南省旅游局指导，河南日报报业集团、河南省旅游协会主办2013年魅力河南金秋旅游景区精品推介会。

一、主办信息

主办：河南日报报业集团、河南省旅游协会

时间：9月14日

地点：郑州市紫荆山广场

承办：河南旅游网（http://www.uhenan.com/）；《今日加油》周报社；河南电视台《民生旅游》栏目

支持单位：河南省旅游局

二、本次盛会亮点

1. 场地位置得天独厚

紫荆山广场在河南省会郑州行政区核心地带，位于金水路与花园路交叉口，是郑州市人流最集中区域，不仅知名度高，而且有举办大型展示会和博览会的传统，人气极旺。

2. 目标客户数字庞大

截至2012年年底，郑州市辖6区5市1县，常住总人口910万人，流动人口近1 500万人，目标客户群数字庞大，都是各大景区潜在的目标客户。

3. 黄金时间承上启下

本次展会时间定在中秋节、国庆节双节前夕，上承暑期旅游高峰期，下启国庆节旅游黄金周，对各大景区来说是个极好的宣传时机。本次金秋旅游景区精品展与以往旅游推介会不同，其利用紫荆山广场的独特优势，大型电子屏提前1周不间断地宣传本次活动的主题，线下将所有参展景区的风光图片制作成视频，在会展当天不间断地滚动播出，河南省旅游网全程直播。

《今日加油》周报对本次活动进行高密度宣传，分别于8月29日、9月5日、9月12日进行整版宣传。活动期间在会场免费发放《今日加油》周报。

4. 微信互动摇一摇

主持人现场与观众进行互动，共同举起手机摇一摇，获取景区门票。

5. 抢答互动赢取礼品

活动现场，主持人提问，凡在最短时间答对的市民，可获赠小礼品。

6. 景区形象动感展现

各景区均可上台展示，内容可以是介绍景点情况，也可以展现景区人文、历史特色等。

7. 摄影比赛

市民可以将自己拍摄的美景照片参展，由摄影家协会专家评选出优秀作品。

8. 景区形象大使秀

景区可派出自己的形象大使，现场演绎精彩节目，与市民拍照留念。

9. 新浪微博大屏秀

现场观众凡是所发微博中包含“@金秋旅游展”的，均可参与抽奖活动，获取指定景区门票一张。

10. 百家景区一万张门票送给您

活动现场将组织百家景区参与万张门票送给您活动，现场观众均有机会参与，获取景区门票。

三、参会单位和嘉宾

1. 参与嘉宾（略）

2. 参与对象（略）

3. 新闻媒体支持单位（略）

河南日报报业集团
河南省旅游协会
二〇一三年八月

应用能力训练

1. 利用 PowerPoint 制作一份电子请柬，具体内容自定。
2. 请为本校的元旦晚会制作一份针对院系领导和老师的邀请函。

第四节　欢迎词、欢送词

例文 1

欢迎词

各位来宾，大家早上好！首先，我代表××旅行社欢迎大家来到美丽的海滨城市——大连。我是××旅行社的导游员，我叫王乾，乾是乾隆的乾，不是金钱的钱，为了方便记忆，大家可以叫我小王。前方的是司机×师傅，×师傅有多年的驾驶经验，驾驶技术高超，所以大家可以完全放心。开车的朋友可能听过这样一句话：到了吉林是吉（急）开，到了内蒙古是蒙（猛）开，到了上海是沪（胡）开，那到了大连就是黑白两道都能开。这是因为大连是个“春有百花秋有月，夏有凉风冬有雪”、四季分明的城市。在夏天我们的马路是黑色的，到了冬天我们的马路是白色的，所以我们的师傅是黑白两道“混得都熟”的，大家尽可以放心。接下来这几天就由我和×师傅为大家服务。

中国有句俗话说得好：百年修得同船渡。今天我们就是：百年修得同车行。我们由不同的地方走到同一个目的地，乘坐在同一辆车里，大家由不相识到相见、相知，这真是一种奇妙而又美好的缘分，希望我们将这美好的缘分进行到底。小王在这里预祝大家大连之行愉快，希望我们大连的好山、好水、好导游、好司机给大家带来好心情，使大家带着对大连的期待和憧憬而来、带着对大连的满意和留恋而归。最后祝大家在大连吃得舒心，玩得开心，住得爽心。

一、欢迎词、欢送词的概念和特点

欢迎词是为迎接宾客而在集会、宴会等各种重要场合，由主人出面对客人光临表示热烈欢迎时使用的一种礼仪性文书。

欢送词是客人即将告别，由主人出面对客人即将离去表示欢送时使用的一种礼仪性文书。

欢迎词、欢送词的主要特点是愉悦感强、口语化强。

二、欢迎词、欢送词的结构和写法

（一）标题

标题主要有以下两种写法：

（1）单独由文种命名，如一般在第一行正中写“欢迎词”或“欢送词”。

（2）由内容和文种构成，如“在第六届中国海南岛欢乐节上的欢迎词”。如果在报刊等媒体上发表，还要标明致词人的姓名、职务、活动名称等。

（二）称呼

在标题下第二行顶格写上对客人的称呼，不能用简称、省称，宜用尊称，如“尊敬的领导”等。称呼后要用冒号。

（三）正文

（1）开头。用一句话表示欢迎或欢送的意思，通常要说明此时在举行何种欢迎仪式或欢送仪式，发言人是以什么身份、代表哪些人或组织向宾客表示欢迎或欢送的。

（2）主体。说明欢迎或欢送的情由，这部分内容可叙述主宾双方的交往情况或合作情况，说明交往的意义或取得的成就。

（3）结尾。再一次表示欢迎或欢送，用敬语表示祝愿。

（四）落款

分两行写在正文的右下角，在落款处要署上致辞的单位名称或个人姓名，并署上成文日期。如需刊载，则应在欢迎词或欢送词的标题下面署名和成文日期。

三、欢迎词、欢送词的写作要求

（一）根据对象和场合说话

欢迎词、欢送词一般用于对外交往，应根据不同的对象和场合选择恰当的欢迎词、欢送词。

（二）称呼要适当，表示尊重

由于是用于对外交往，欢迎词或欢送词中使用的称呼比开幕词、闭幕词更具有感情色彩，更需热情、有礼。可在称呼前加上“亲爱的”“尊敬的”“敬爱的”等修饰语及在称呼后面加上职衔或“先生”“女士”以表示尊敬。

（三）言辞热情，不失分寸

欢迎或欢送应真心真意，热情、谦逊、有礼，语言要亲切、饱含真情。同时，还要考虑对方的习惯，不谈可能会引起对方不快的敏感性问题，要注意分寸。

（四）篇幅短小精练

欢迎词或欢送词是一种礼节性的社交公关辞令，要短小精悍，这样更宜于表达对宾客的尊重和礼貌。

四、旅游欢迎词、欢送词的写作要求

（一）旅游欢迎词的写作要求

游客都讲究“第一印象”，而致欢迎词是给游客留下“第一印象”的极佳机会。规范化的“欢迎词”应包括五大要素：

一是表示欢迎，即代表接待社、组团社向游客表达欢迎之意。

二是表明态度，即愿意为大家热情服务，确保大家满意。

三是预告行程，即介绍一下城市的概况和在当地将游览的项目。

四是介绍人员，即介绍自己，介绍参加接待的领导、司机和其他人员。

五是预祝成功，即希望得到游客的支持与配合，努力使游览获得成功。

欢迎词切忌沉闷、死板，应自然、风趣，这样能缩短与游客的距离。

（二）旅游欢送词的写作要求

送别是旅游接待工作的尾声，好的欢送词能给游客留下深刻的、持久的、终生难忘的印象。规范化的欢送词包含五大要素：

一是表示惜别，给游客留下“人走茶更热”之感。

二是游览小结，与游客一起回忆一下这段时间所游览的项目，将许多感官的认识上升到理性的认识，强化游客对本次旅游的印象。

三是感谢合作，感谢在旅途中游客给予的支持、合作、帮助、谅解。

四是征求意见，告诉游客我们还有不足，征求游客的意见。

五是期盼重归，表达对游客的情谊，希望游客成为回头客。

例文 2

欢送词

各位朋友，5 天的行程马上就要结束了，要和大家说再见，我真的舍不得。这次旅程的成功离不开大家对我工作的支持与配合，几天里我们从相识到相知，最后成为朋友。我知道我有的地方还做得不够好，希望大家在最后的几分钟里给我提出宝贵的意见和建议，以使我在以后的工作中做得更好。

最后，祝愿大家走的时候将我们乐山大佛的佛气和峨眉山的灵气带回家中，保佑你的家人事事顺利、万事如意。中国有句古话：“两山不能相遇，两人总能相逢。”我期盼着在不久的将来，在四川或者是你们那里能和大家相会。再见，各位！

应用能力训练

1. 本次接待的组团客为台湾游客，请你拟写一份欢迎词。
2. 请为商务游客拟写一份欢送词。

第五节 感谢信、致歉信

例文 1

感谢信

尊敬的李局长：

您好！

我们是南京的一批游客，写信给您是表扬我们泰国之行的导游领队李滨同志，也感谢您担任国家旅游局局长以来依法整治旅游市场，在导游领队和旅游从业人员中积极开展社会主义核心价值观和文明旅游教育，培养出李滨同志这样优秀的导游和领队，让我们的泰国跨年之行真正成了开心之旅、快乐之旅、幸福之旅、文明之旅。

2014 年 12 月 26 日，我们一行 25 人参加了中国国旅（江苏）国际旅行社组织的泰国旅游团。团友中 70 岁以上的老人占了三分之二，其中 80 岁以上的 16 人，年龄最大的 86 岁。李滨一路上像对待自己父母一样，耐心细心地照顾每一位团友，每到一处都搀扶我们上车下车、上楼下楼。我们粗略算了一下，6 天下来他搀扶我们达 3 000 多次，提醒我们注意安全 5 000 多遍。一两次的提醒和搀扶，也许是在作秀，但是像李滨这样用心照顾客人，着实让人感动。

由于乘坐的是夜晚航班，到达泰国酒店时已经是凌晨3点了。李滨迅速安排好房间，并提醒我们早点休息，进出房间也是轻手轻脚、轻声细语。因为我们年龄都很大，李滨针对大家的身体状况，仔细研究、调整行程，确保我们玩得舒适，几乎一夜未合眼。

77岁的团友彭延生，由于水土不服闹肚子，李滨立即安排他回酒店休息，行程结束后多次到房间探视，嘘寒问暖，并根据他的身体状况，自己出钱让酒店做了碗热腾腾的面条送到房间；有个团友扭伤腿，李滨又根据医生嘱咐，主动联系酒店餐厅，自己出钱买来冰块，给他做了冰袋冷敷；团友黄杰的腿痛病犯了，行走比较困难，李滨主动运用自己掌握的中医按摩知识，每天为他按摩减轻疼痛，使他顺利完成行程。

31号行程结束，我们乘坐晚班航班回南京。飞机降落时，2015年新年的钟声都已经敲过。正值半夜，在机场打车十分困难，李滨让我们在避风处等候，自己却站在凛冽的寒风中，帮我们一辆一辆地拦车，并扶我们上车。团中有几个外地游客需要在南京入住酒店，李滨又一一将他们送到酒店安排住宿。

泰国行程结束后，我们为了表示感谢，一致决定给李滨小费，被他婉言谢绝了。李滨就是我们心目中的最美导游！

到家后，我们才从旅行社了解到，李滨同志是全国模范导游员，有不少感人事迹，能跟随这样的领队出行倍感开心和荣幸。希望国家旅游局能宣传、表扬李滨同志。

此致

敬礼

参加国旅江苏2014年12月6日泰国跨年之行的
苏娟、李文琪、金樽逾、黄杰等全体25位游客
2015年元月

一、感谢信的概念和种类

感谢信是得到某人或某单位的帮助、支持或关心后答谢对方的书信。感谢信对于弘扬正气、树立良好的社会风尚、促进社会主义精神文明建设有着重要意义。

根据寄送对象的不同，感谢信可以分为三种：第一种是直接寄送给感谢对象的感谢信；第二种是寄送对方所在单位有关部门或在其单位公开张贴的感谢信；第三种是寄送给广播电台、电视台、报社、杂志社等媒体公开播发的感谢信。

二、感谢信的结构和内容

感谢信一般由标题、称谓、正文、结语、署名与日期五部分构成。

（一）标题

标题可只写“感谢信”三字；也可加上感谢对象，如“致张子鸣同学的感谢信”“致平安物业公司的感谢信”；还可再加上感谢者，如“赵明康全家致××社区居委会的感谢信”。

（二）称谓

称谓写感谢对象的单位名称或个人姓名。如“××交警大队”“刘自立同志”。

（三）正文

正文主要写两层意思：一是写感谢对方的理由，即“为什么感谢”；二是直接表达感

谢之意。

1. 感谢的理由

首先准确、具体、生动地叙述对方的帮助，交代清楚人物、时间、地点、事迹、过程、结果等基本情况，然后在叙事基础上对对方的帮助做恰当、诚恳的评价，以揭示其精神实质、肯定对方的行为。在叙述和评价的字里行间要自然渗透感激之情。

2. 表达谢意

在叙述和评价的基础上直接对对方表达感谢之意，也可在表达谢意之后表示以实际行动向对方学习的态度。

（四）结语

结语一般用“此致敬礼”或“再次表示诚挚的感谢”之类的话，也可自然结束正文，不写结语。

（五）署名与日期

署名与日期写感谢者的单位名称或个人姓名及写感谢信的时间。

三、感谢信的写作要求

（1）内容要真实，评誉要恰当。感谢信的内容必须真实，应确有其事，不可夸大。感谢信以感谢为主，兼有表扬，所以表达谢意时要真诚；评誉对方时要恰当，不能过于拔高，以免给人一种失真的印象。

（2）用语要适度，叙事要精练。感谢信的内容以主要事迹为主，详略得当，篇幅不能太长，所谓“话不在多，点到为止”。感谢信的用语要求精炼、简洁，遣词造句要把握好一个度，不可过分雕饰，否则会给人一种不真实、虚伪的感觉。

四、致歉信的概念

致歉信是用于因自己失误或拒绝引起对方不快，以表示赔礼道歉，消除误解，增进友谊和信赖的信函。致歉信要向对方陈述自己不当的行为给对方造成不利影响的歉意，或者无法答应对方不违常理的所托的原因。对不愿为的事，可声明自己的一贯主张；对不能为的请托，更应陈述理由，说明自己为什么不能为。

五、致歉信的结构

（1）称谓。

（2）正文。诚恳说明造成对方不快的原因；表示歉意，请恳请予以谅解。

（3）署名、日期。

例文 2

感谢信

尊敬的市民朋友们：

在举世瞩目的APEC会议取得圆满成功之际，中共北京市委、北京市人民政府向市民朋友们表示衷心的感谢和崇高的敬意！

APEC会议是继2008年奥运会后在国内主办的规模最大、级别最高的重大国际多边活动。完成好会议的服务保障工作，是全体市民共同承担的又一项重大政治任务。在党中央、国务院坚强领导下，在中央有关部门、兄弟省区市的大力支持下，市民朋友们为

APEC会议的成功举办做出了积极贡献，赢得了各方面的广泛赞誉。会议期间，全体市民顾全大局、无私奉献，以热情好客、开放大气的精神风貌和良好素质，全力保证了服务保障优质高效、城市交通安全顺畅、市容环境整洁美观、社会氛围喜庆祥和，充分展示了新时期首都市民的良好风尚。市民朋友们的积极参与和无私奉献为国家、民族和首都赢得了荣誉，值得全市人民骄傲和自豪！

市委市政府不会忘记全体市民对我们工作的全力支持和帮助，我们将在今后的工作中加倍努力，全心全意地为市民朋友们服好务，为把北京建设成为国际一流的和谐宜居之都，为市民朋友们的幸福安康而不懈奋斗！

再一次真诚感谢全体市民的参与和奉献！祝愿首都北京明天更加美好！祝愿伟大祖国繁荣昌盛！

中共北京市委　北京市人民政府

2014年11月12日

例文3

云南机场集团有限责任公司公开致歉信

尊敬的各位旅客朋友们：

2013年1月3日，受冷空气影响，昆明长水国际机场出现长时间大雾天气，造成航班大面积延误，当天计划起降的716个航班中，有440架次航班被迫取消，使近2万名旅客正常出行受到影响。由于长水机场转场运营时间不长，我们处置航班大面积延误预案不完善，超负荷状态下应急保障经验不足，机场集团对各航空公司和众多地面服务保障单位协调组织不到位，航班调整信息发布不及时，餐饮、供暖、医疗保健、酒店、交通等工作跟不上，致使在1月4日的航班补班过程中现场秩序混乱、服务不到位，给广大旅客的出行带来极大不便。为此，我们深感愧疚和不安，并诚挚地向广大旅客表示深深的歉意！

我们真诚地接受社会各界的意见和批评。我们将认真总结教训，全面查找问题，认真抓好整改。我们将尽快健全切实可行的突发事件应急处置预案，建立管用有效的协同工作体制机制，完善机场软硬配套服务设施建设，加强队伍建设，提高员工业务技能和服务能力，迅速全面提升应急事件处置能力和服务保障水平，努力为广大旅客提供安全通畅、便捷高效、和谐舒适的优质服务。

我们再次对本次航班延误给广大旅客带来的不便表示深深歉意！诚挚地希望大家对我们的整改工作提出宝贵意见，希望大家再到“七彩云南”旅游观光、指导工作。最后，衷心祝愿大家身体健康、阖家幸福！

云南机场集团有限责任公司

2013年1月7日

应用能力训练

1. 你在实习酒店上班时捡到一部手机并及时归还失主，请代失主拟写一封感谢信发至你所在学院（系部）。

2. 你和一位朋友约好去旅游，但你突然有事无法按照计划一起旅游，请给你的朋友写一封致歉信。

第六节　演讲稿

美国哈佛大学有这样一种理念：思考能力是你的第三只眼，创造能力是你的第二本能，表达能力是你的第一亮点。拿破仑说："机会总是青睐有亮点的人。"想得好，还要做得好；做得好，更要说得好。当人们为那些出口成章、语惊四座的精彩演讲而赞叹不已时，你是否也想成为一个口若悬河、能言善辩的人呢？

中央电视台《对话》节目"全球大调查问卷"中有这样一个问题："您认为在未来十年中最有竞争力，最有希望成功的人应具备哪些素质？"令人惊奇的是，有 26 位商界巨子选择了交际能力、交流能力、公关能力等与口才密切相关的词汇。有人把当今社会称为"全面公共关系时代"，西方人则将"口才、金钱及电脑"称为国际竞争的"三大战略武器"。

演讲是为达到某种目的而集中、系统的语言表达，是展现一个人口才的最好形式，具有强大的鼓动性，是一个人思想水平和各种才华技艺的集中展现。

演讲稿是演讲者在演讲时所依据的文稿。通常情况下，演讲者的演讲都是有准备的，有文稿可以遵循参照。中外许多成功的演讲者都十分重视演讲稿的写作。写好演讲稿是演讲成功的关键，也是一个成功的演讲者所应具备的基本功。

一、演讲稿的特点与种类

演讲稿和讲话稿略有不同：一是内容不同，讲话稿偏重于传递信息，演讲稿偏重于传播观点。二是发言场合、听众对象各不相同。三是讲话稿重在"讲"，对态势语言要求不高，也不追求艺术效应；演讲稿还得"演"，在讲的同时往往要配合动作、表情，以加强其感染、鼓动作用，追求某种艺术效果。

（一）演讲稿的特点

1. 针对性

射箭要对着靶子，弹琴要看对象，演讲要针对听众。

2. 鼓动性

演讲稿的思想内容要丰富、深刻，见解要精辟、独到，这样才能有鼓动性。

3. 可讲性

演讲稿中应多用通俗易懂的口语、短句，少用修饰语过多的长句、书面语；多用整齐的句子，如排比句、对偶句，少用长短悬殊的句子。演讲稿写成之后，还要通过试讲或诵读加以检查，凡是读起来不顺口、听起来不悦耳的地方，均要修改与调整，使其充分达到上口、入耳的基本要求。

（二）演讲稿的种类

按性质分，有宣传性演讲稿、工作性演讲稿、辩论性演讲稿和吊唁性演讲稿等。

按内容分，有政治性演讲稿、经济性演讲稿、军事性演讲稿、外交性演讲稿、学术性演讲稿和社会礼仪性演讲稿等。

按演讲的要求分，有即席演讲稿、专题演讲稿和报告演讲稿。即席演讲稿是在某些会议、集会或某些活动场所发表演说时所用的文稿。专题演讲稿是在专门召开的“专题演讲会”或“演讲比赛”上发表演讲时所用的文稿。报告演讲稿是在专门召开的“事迹报告会”或“学术报告会”上发表演讲时所用的文稿。

二、演讲稿的结构和写法

演讲稿一般由标题、称谓、正文三部分组成。

（一）标题

演讲稿的标题一般有两种写法：

（1）主旨式（文章式）。如“当前反腐倡廉的几个问题”“用全国职教会议的精神创建一流的高职院校”。这类标题用高度概括的语言点明演讲的内容或揭示演讲的中心，常用于专题演讲与报告演讲。

（2）公文式。如“孙中山在东京中国留学生欢迎大会上的演讲”。这类标题往往是他人后加的，演讲时没有标题。公文式标题常用于即席演讲。

（二）称谓

在正式发表演讲内容之前，需要称呼现场听众，以示礼貌和引起注意。如果是代表会议，一般称呼“各位代表”；如果是工作会议，可称“各位领导、各位同志”；如果是群众性集会，应称“朋友们、女士们、先生们”；如果有重要来宾，还应加上专指性称呼，以示礼貌、尊重。

称呼还可在文中多次出现，其作用有二：一是引起听众注意；二是在演讲内容转入新的层次时起提示作用。

（三）正文

1. 开头

开场白是演讲者与听众之间沟通的第一座桥梁，是演讲者给听众留下的第一印象，应该像爆竹骤响，一下子把听众的注意力吸引过来，扣人心弦，而不能讲些套话、废话、客气话，诸如“形势大好”“在各级领导的关怀下”“水平有限，欢迎批评指正”等。常见的开头方法有以下几种：

（1）开门见山，点明主题。

一出场就揭示演讲的主题、中心或重点。这种方法重点突出，使听众易于把握演讲的要领。开头切忌冗长烦琐，听了半天也不涉及主题，给听众一种如坠云海的感觉。

（2）设问祈使，制造悬念。

演讲家司马相如在一次演讲中，一开头就是：“请看今日之中国，是谁家的天下？”这一设问催人深思、发人深省。这种开头可以把听众的注意力吸引过来，跟随演讲者的思路，由被动地听转为主动地思索，从而很好地掌握演讲的内容。

（3）巧用典故，借题发挥。

例如，有一篇演讲稿借用“滥竽充数”的故事引入正题，论述自己的观点。这种开头富有哲理性，能为下面的论证做好铺垫，也容易引起听众的兴趣。

（4）幽默风趣，笑中开场。

幽默的开场，不仅能较好地表现演讲者的智慧和才华，而且能使听众在轻松愉悦的气氛中不知不觉接受演讲的内容，从而拉近演讲者与听众的距离。如美国黑人演讲家约翰·罗克在《要求解放黑人奴隶》的演讲中，他对白人听众的开场白是这样的：

“女士们，先生们，我来到这里，与其说是发表讲话，还不如说是给这一场合增添了一点颜色。”（听众大笑）

（5）介绍情况，说明缘由。

这种开头方法一般是先交代演讲的背景，使听众很快了解演讲的目的，从而排除疑虑，安心地听讲。如一位老教师的演讲开场白：

“我这么老了，还来给你们演讲，不是为了多拿几个钱，也不是为了体现我个人的社会价值，而是我有你们年轻人那样一颗火热跳动的心，有与你们年轻人一样爱说爱动爱唱的性格。与其说我是来演讲，还不如说我是来与你们交朋友，结成忘年之交更为恰当。”

2. 主体

主体部分主要是叙事、说理、抒情，总的要求是寄情于理、寓理于事、叙议结合。要注意以下几点：

（1）要有鲜明的主题。主题鲜明、集中是引起强烈反响的主要条件。

（2）要选择典型材料。所选材料要能说明主题，征服听众。

（3）结构要清楚、完整。演讲不是靠声音的大小、音调的高低来博得听众的喝彩与掌声，而是靠有起有伏、有张有弛的内容。要有强调、有反复，有比较、有照应，有发展、有变化，同时又层次清楚、结构严谨。

（4）节奏适当，注重衔接。演讲稿要注意节奏变化，常用的办法是在演讲中适当插入幽默、轶事、诗文等内容，使听众的注意力既保持高度集中又不因高度集中而产生兴奋性抑制。同时，要注重衔接过渡。由于演讲稿的节奏变换、内容穿插较多，容易使演讲稿的结构显得零散，这就需要用过渡段或过渡句来衔接，从而使内容的变换更加巧妙、自然。

3. 结尾

古人说：“结句当如撞钟，消音有余。”演讲稿的结尾，必须有力有味、妙趣横生、鼓舞人心、催人奋进。结尾常用以下几种方法：

（1）收拢全篇，深化主题。

用极其精练的语言收拢演讲内容，深化主题思想，使演讲的要点印在听众的脑中。如《理想，无数闪光点凝聚的结晶》的结尾：

“理想不是五彩的梦幻，也不是缥缈的太空，愿大家都从自己身边的每一件平凡小事、从自己的本职工作做起。理想永远是人生无数个闪光点凝聚的结晶！”

（2）抒情议论，催人奋进。

结尾时用感情浓烈，富有鼓动性、号召性的抒情或议论，激发听众的情绪，促使其行动。如郭沫若在一次科学工作者代表大会上的演讲结尾：

“‘日出江花红胜火，春来江水绿如蓝。’这是革命的春天，这是人民的春天，这是科学的春天！让我们张开双臂，热烈地拥抱这个春天吧！”

（3）引用警句，深刻启迪。

引用权威人士的名言、警句来结尾，使演讲强烈撞击听众的心灵，留下深刻的启迪和印象。

（4）重申要点，强化记忆。

如日本松下电器公司创始人松下幸之助在一次公司演讲结束时说：

“以上我讲的六条不都一样重要，其中第一、二条才是公司生存发展中最致命的，那就是松下永远以质量战胜一切竞争者，松下的凝聚力高于一切。”

三、演讲稿的写作技巧

写作演讲稿，既要遵循写作的一般规律，又有自身的写作特点和技巧。

（一）心中装着听众，倾注真情实感

演讲是给听众听的，写作演讲稿首先要了解讲话的对象，对听众的心态、精神面貌及人员构成等诸多因素要有深刻的研究和了解。演讲者与听众是朋友，要尊重、信任他们。写作演讲稿，最忌讳居高临下、目中无人，以教训人的口吻来指手画脚。

写作演讲稿时要多做换位思考。假设自己是听众，自己最想听的是什么，最不想听的是什么。只有站在听众的角度，了解听众的心理，才有可能写出好的演讲稿。对演讲者来说，听众是上帝，听众的反应是演讲成功与否的试金石。不要写假话、空话、套话、大话，谁弄虚作假，听众就不买他的账，演讲也就成了空对空。

（二）精心安排结构，开头精巧，结尾有力

元代乔孟符说：“作乐府亦有法，曰凤头猪肚豹尾六字是也。”演讲稿的写作也是如此。“凤头”比喻开头新颖精巧，出语不凡，引出正题。“猪肚”比喻正文内容充实，材料丰富，血肉丰满。“豹尾”比喻结尾简短有力，深化主题，引人深思。

1. 开头精彩，抓住听众

“报告！老师，我迟到了。”“还不快进来听课，放学后交份检查给我。”这是儿时贪睡的结果，受到的惩罚是老师的白眼，同学的不齿。从那以后，我再没迟到过，但却由此注意到了更多的迟到：高考迟到，被挡在梦想门外；爱情迟到，错过了一生的真爱；救护车迟到，延误了鲜活的生命；正义迟到，让良知接受拷问！假如今天迟到的不是我，不是考生、不是爱情、不是救护车，而是我们的政府，那会是怎样的情形？

我认为，建设公共政府，应该坚决地对“迟到”说不！

这篇《对“迟到”说不》的开头由一次上学迟到谈起，用“迟到”这人人皆知的现象来说理，语言具体形象，有说服力。先后列举了高考、爱情、救护车、正义迟到会产生的后果，然后通过设问引出中心论点，十分精彩巧妙。

万事开头难，演讲时最重要的就是一开始就有抓住听众兴趣的力量。这段开场白一下子吸引了听众的注意力。演讲词的开场形式和内容要力求新颖、别致、有趣味性，使人耳目一新，要发人深省。

2. 结尾精彩，留有余香

美国著名的口才训练大师卡耐基曾写道：“最后的也是最重要的，缄口之前挂在嘴边的词，可能使人记得最久。”整个演讲犹如画龙，而演讲的结尾则犹如点睛。好的结尾能给人留下深刻印象。美国独立战争前夕，斐特瑞克·亨利在弗吉尼亚议会上发表演说，最后他激动地说：“在这场斗争中，我不知道别人会如何行事，至于我，不自由，毋宁死!”听了他的演讲，议员们群情激愤，立刻站起来高喊“拿起武器!”。之后，这充满激情的富有鼓动性的话，竟成为一句激励人们斗志的战斗口号。

很荣幸，我是今天最后一个讲话的人，我想我们大家可以轻松一下了。……我很奇怪，为什么每次演讲完毕，都听到两段式掌声。后来我明白了，原来专心听讲的人的掌声吵醒了打瞌睡的人，我们现在就用掌声来告诉那些打瞌睡的伙计们，演讲结束了。

这段结尾具有幽默性。

（三）短小精悍，妙语如珠

写作演讲稿，既要求主题集中、思想凝练，又要求构思用语奇妙，言简意赅。演讲稿最忌讳穿靴戴帽、庞杂冗长，陈腐之言无异于自欺欺人，绝对不受欢迎。

据说，美国著名作家马克·吐温有一次听一个牧师说教。初听时，他打算捐出带来的所有的钱。过了十分钟，牧师还在没完没了地讲，于是，马克·吐温准备只捐出很少的零钱。又过了十分钟，牧师还在啰嗦，马克·吐温决定一个钱也不给了。等到牧师终于讲完，收款的盘子递到马克·吐温面前时，他气得不但没有捐款，反而从盘子里拿走了两块钱。

短小精悍、内容新颖的演讲总是使人印象深刻。林语堂曾幽默地说过这样的话：演讲稿如同美女的裙子，越短越好。短而精，是才情的标尺，成功的要素。

（四）语言幽默，风趣智慧

一位演讲家到某剧院演讲，当发现现场上座率只有四成左右时，他没有为窘境所困，而是积极化解尴尬："看来，各位所在的这个城市一定很有钱，因为你们每个人都买了两三张票，占了两三个座位。"在他讲到中途时，有几位女士开始在台下随意地说话。演讲家暂停演讲说："各位听众，其实我最喜欢对女士演讲，因为男士们听我演讲，都是一只耳朵听，另一只耳朵出，简直没有效果。可是女士就不同了。她们听我演讲，往往是两只耳朵听，一个嘴巴出，所以效果很好！"在一阵喝彩声和掌声过后，几个在台下说话的女性听众地停止了说话。

幽默是演讲者常用的一种艺术手法。幽默在演讲中有相当重要的作用，它所产生的谐趣对听众具有巨大的吸引力和感染力。

演讲中运用幽默法应注意的事项有：

（1）幽默的运用必须服从于演讲的主题，突出演讲的中心。否则，就是为幽默而幽默，成了喧宾夺主的单纯笑料。

（2）演讲者如果没有丰富的生活体验和广博的知识，硬要运用幽默法演讲，其幽默就可能沦为低级趣味的滑稽。

（3）幽默法的运用，还须看场合，并由演讲的具体情境而定。在庄重悲哀的场合不宜多用幽默的语言，而在喜庆的宴会上发表演讲，则可诙谐幽默。

例文

马云与青年有约——从梦想到成功创业

我当了四年师范生，教了六年书之后去创业，我觉得有点对不起我的母校，要回去教书，但现在公司做到了这个规模以后，很难回到学校教书。

至于我的观点的对和错，大家自己判断，我是不怕批评的人，一路被批评过来，如果没有骂声，我会特别紧张。

对阿里巴巴来讲，我们是一家很幸运的公司，但是我们所付出的代价、努力、挫折、犯的错误，肯定超过大家的想象。所有成功的企业，背后都是一大堆眼泪、委屈和挫折。

没做企业之前，18个同事在家里创业的时候，我们总是在想等企业做大了，就没有那么多痛苦，没有那么多麻烦，可以到沙滩上享受人生、抽雪茄了。现在发现企业做大，反而更加痛苦、更加累、更加艰难。每天犯的错误尽管不多，但每个错误都足够让你的公司明天就关门。

我想跟年轻人分享一下，我为什么能够走到今天。

观点1：学英文开阔视野

第一，我觉得我的英文对我有很大的帮助，我家没有人懂英文，11～12岁时我突然对英文感兴趣，每天骑自行车找老外练英文，我当免费导游。我坚持了9年，对我的帮助很大，我的英文不是正规教育出来的。我故意在饭店门口念英文，词的发音很怪，老外就会主动跑过来跟你聊天。

我受益最大的不是英文，而是了解西方的思考方式。大家说马云你的思考方式很西方，但我从来没有在西方读过一天书。我在想到底哪个是对的。从那以后，我就训练成别人说东的时候，我就会停下来想一想万一是西怎么办；大家说西的时候，我会想万一是东怎么办。

学英文的过程中，学的不是语言，而是学文化，了解另外一个国家和地区。直到今天，我懂英文，所以也明白对方背后的出发点。

观点2：希望别人比自己好

第二是我当了老师，我考了三年才考进师范学院。我第一天考进去没想过要当老师，觉得当老师是最丢脸的事情，特讨厌当老师，我天天想毕业后一定要去干一个不是老师的工作。我学的是外语，我的英文口语表达能力比老师要好，我是杭州师范学院的学生会主席，每天跟学生开会，学习组织能力，帮助特别大。

大学毕业这一天，大学校长跟我说你分配到杭州电子工业大学去教书，你要在那里待五年才能出来。我答应他五年内不出来，但进去后就后悔了，每个月工资只有90元。那时候没有老师看得起我，别人有年终奖金，只有我没有，非常艰辛。

过了两年后，深圳开始改革开放，有人给我120元工资，我没去，海南开发给我3 600元工资，我还是因为承诺而不去。一熬就熬了6年，踏踏实实当老师帮助了我。

所有的老师有个共识，就是希望学生超越你，没有一个老师希望学生破产、进监狱、讨饭。当大学老师的习惯，绝不是为了自己跳出来，看到不对的事就是想说一说人家。直到我创业的过程，我还像是老师，我希望我的员工超越我，希望我的员工个个做得比我好。

观点3：人生最大的财富是失败

第三个经历，你人生最大的财富就是所有失败的经历。我倒霉的事挺多的，我被十几个工作拒绝，所有的错误挫折，看起来没有人觉得我会成功，我爸妈也不觉得我会成功。我问我老婆说，你希望我成为首富还是受人尊重的企业家，她说你不可能成为首富。

因为我习惯失败，觉得失败很正常，很多次失败才能带来一次成功。失败，使我的人生受益匪浅。

观点4：创业者要有乐观主义精神

我有幸跟世界上的创业者认识、交流，但我发现所有的创业者都有一个很重要的特质，就是乐观的态度。

1999年想给中国企业做电子商务几乎是不可能的，我们跑了10个客户，10个客户都会拒绝，很正常。有一个客户接受，我们就很高兴了。创业者的乐观是要学会左手温暖右手。

我想说的是，每一辈有每一辈的职责，每一代有每一代的痛苦。你信不信10年以后，有钱的人一定比今天多？很可能今天坐在你旁边的人10年以后成功了，而你还在抱怨。乐观主义的精神，是创业者一定要有的。

年轻人抱怨没人理你，到我们今天这个规模，找你麻烦的都是理你的人。所以不同阶段有不同的痛苦。没人愿意跟你做生意很痛苦，谁都想跟你做生意，你也很痛苦。

观点5：检查自己的问题

我发现所有失败的人，大都觉得是别人的错。想创业的人有一点很重要，多学习别人失败的经验，少学别人成功的经验，成功是很难模仿、很难复制的，但是失败都是差不多的。做企业有点像上战场，活着回来就是成功。

创业者一定要知道，哪些死门不能去做。成功的因素千千万万，但失败的因素都差不多。希望大家多花点时间看为何失败。

观点6：超越一般人的坚持能力

有人问："马云你想过要放弃吗？"这个问题基本上是我这十多年来晚上经常想的："不想干了，真没意思。"但早上起来还在做。

到今天为止，我不能退下来，当年是一股激情，一股冲动。跟你的人越来越多，互相勉励，已开始左手温暖右手。我认为梦想和理想的差异是，理想是有一帮人共同理解支持，把理想变现实，一步步往前进。

如果你要创业，你要问的问题是，有谁跟你有一样的想法。阿里巴巴这几年创业，我1995年做中国黄页，回到家中我请了23个朋友在家里开了两个小时的会，最后22个人反对，只有1个人支持。其实有时候大家都反对的事情，做对了就有机会。基本上，我们做一个决定，绝大多数人同意的时候，要特别小心。因为对手想的也是一样，那是大家认为很容易的事，大家也不会努力。

我们永远要从不同的角度去看这些问题，这些是我认为在创业过程中很重要的基本要素，多花点时间学习别人失败的经验，多坚持一刻，再坚持一会儿。如果你怕竞争，就别做企业；如果你怕被人骂，就别去创业。

观点7：现在是绝佳的创业机会

这世界现在是最佳的创业机会，为什么现在是最佳的创业机会？现在是世界变化最快的时候，人类社会从来没有碰上这么一次机会。第一次工业革命英国用蒸汽机释放了人的体能，无数工业就起来了。第二次工业革命是美国的电力。

第一次技术革命是以互联网为基础的工业革命，未来30年，大数据、云端运算的变革，远远超过大家的想象。未来30年是DT时代（数据科技），IT（信息科技）是以我为中心，DT是以别人为中心。现在的社会是越开放越好，不是技术的变革，而是思想观念的变革。

很多人在抱怨今天没有机会。不对，今天的机会很多。有人说超市不好卖都是因为淘宝，我告诉你，没有淘宝，你也不好卖，跟淘宝没关系，社会的变化就是这样。在IT时代，一切讲究标准化、流水化，现在整个社会走向个性化，整个变革是年轻人的机会。我们对手机、大数据、互联网的理解一定超过我们的父辈。

进入DT时代，人们已经从简单制造，走向真正的创造、创意和创新。我15年前被大学生卖的东西给弄傻了，在网络上卖夏天蚊子的标本，而且卖得很好，给女生做成耳环，在网上预售了几百份，还说天下找不到一模一样的蚊子。这个创意、想法很有意思。

每一代人有每一代的职责和机遇，很多年轻人不愿意接受第一代的模式，但是我告诉你：创业的过程依旧艰难，不要以为你在创业的过程中会比郭台铭董事长轻松，要创业就很累，但是在累的过程中要找到你自己的兴趣。

应用能力训练

1. 请以“关于手机的思考”为主题，写一篇演讲词，题目自拟。方式：每个小组在互练互改的基础上，推选一名代表在课堂上展示。点评：首先介绍小组对这位同学的点评；课堂展示后，师生再次点评。考核：师生共同给出等级，作为平时成绩之一。总结：概括优缺点，评出最佳。

2. 学校让你作为新生代表在开学典礼上致辞，请你拟写一份演讲稿。

第七节　对联、碑文

一、对联的特点及对联和碑文的种类

对联和碑文这两种民族艺术形式应用范围十分广泛，既有实用价值、教育价值，又有欣赏价值、史料价值和民俗价值。

（一）对联的特点

对联是由内容相关、结构相同、词性一致、平仄协调的对偶句组成的一种文体。对联的最大特点就是对仗，对仗是对联的形式和灵魂。其具体特点如下。

1. 两句一联

例如：

四面湖山归眼底，万家忧乐到心头。

2. 讲究对仗

例如：

清风有意难留我，明月无心自照人。

3. 平仄相对

例如：

水能性淡为吾友，竹解心虚即我师。

4. 语意相关

例如：

天上月圆，人间月半，月月月圆逢月半；今夜年尾，明朝年头，年年年尾接年头。

（二）对联的种类

1. 春联

春联是春节时张贴的对联，往往用于展望未来、表达美好祝愿等。例如：

春回大地千峰秀，日暖神州万木荣。

天泰地泰三阳泰，家和人和万事和。

九州安泰光日月，四海康宁唱升平。

普天同庆，喜看神州巨变；万众一心，共建华夏文明。

2. 楹联

为了表达某种愿望或满足装饰需要，人们将在宫廷、庙宇、府宅、园林的楹柱上，或用木板刻制，或在壁石上雕刻的联语，统称为楹联。这些楹联有的是描绘自然风光，有的是展现人文景观，有的是抒发感慨，有的是借景言志，有的是评述历史，有的是阐述哲理，有的是宣扬佛、道、儒的思想，有的是反映人与自然、人与历史的关系。例如：

月映竹成千个字，霜高梅孕一身花。——袁枚：扬州个园联

依然极浦遥山，想见阁中帝子；安得长风巨浪，送来江上才人。——宋荦：南昌滕王阁联

一门父子三词客，千古文章四大家。——张鹏翮：眉山三苏祠联

日月两轮天地眼，诗书万卷圣贤心。——朱熹：庐山白鹿洞书院联

仰之弥高，钻之弥坚，可以语上也；

出乎其类，拔乎其萃，宜若登天然。——泰山孔庙联

深心托豪素，怀抱观古今。——爱新觉罗·弘历：北京故宫三希堂联

川岩独钟秀，天地不言工。——北京颐和园宝云阁联

愿天下有情人都成了眷属；

是前生注定事莫错过姻缘。——西湖白云庵月老祠联

如砥湖平，湖镜映天湖有月；

似棉柳软，柳荫垂地柳藏莺。——西湖柳浪闻莺联

3. 贺联

贺联是生日、立功、结婚、生子、乔迁、开业庆典等时使用的对联。写这类对联，要求感情真挚。例如：

人同世纪寿；心与天地齐。——为冰心老人祝寿联

4. 挽联

挽联是对逝去的人表达哀悼之意而写的对联。例如：

灰撒江河，看不尽波涛，涓滴都是人民泪；

志华日月，信无际光焰，浩气长贯神州天。——人民挽周恩来总理联

5. 言志联

言志联是用来表达志向、理想和愿望的对联。例如：

人生得一知己足矣，斯世当以同怀视之。——鲁迅赠瞿秋白联

海纳百川，有容乃大；壁立千仞，无欲则刚。——林则徐自勉联

6. 谐趣联

谐趣联在内容、结构、读音、文辞、气势或意境方面比较奇特，风趣幽默，发人深思。例如：

大肚能容，容天下难容之事；

开口便笑，笑世上可笑之人。——北京潭柘寺联

佛脚清泉，飘飘飘飘，飘下两条玉带；

源头活水，冒冒冒冒，冒出一串珍珠。——济南趵突泉联

（三）碑文的种类

1. 功德碑

功德碑是记述功德的碑文。现存最早的刻石碑文是秦代李斯所写的秦始皇功业的碑文。

2. 庙碑

庙碑的种类很多，立于寺的叫寺碑，立于庵的叫庵碑，立于宗庙的叫宗庙碑，立于家庙的叫家庙碑。著名的有唐代王勃写的《净惠寺碑》、杨炎写的《大唐燕支山神宁济公祠堂碑》、韩愈写的《柳州罗池庙碑》。

3. 墓碑

在古代的碑文中，墓碑的数量很多，埋于地下的叫墓志铭，立于地上的叫墓表文。墓志铭前有一篇记述死者生平的传记，后有一篇颂赞体的铭文。志用散体，铭用韵语。后世逐渐以志文为主，形成了以志为中心的前序、后铭的体例。今统称为碑文。

墓志铭一般都是死者家属请能文之士代笔。一些著名诗人、作家所写的墓志铭常常匠心独运、构思精巧、富于文采。著名的有南北朝时期庾信写的《周大将军怀德公吴明彻墓志铭》，唐代韩愈的《试大理评事王君墓志铭》《柳子厚墓志铭》，宋代欧阳修的《泷冈阡表》，明代张溥的《五人墓碑记》等。

4. 纪念碑

例如：

三年以来，在人民解放战争和人民革命中牺牲的人民英雄们永垂不朽！

三十年以来，在人民解放战争和人民革命中牺牲的人民英雄们永垂不朽！

由此上溯到一千八百四十年，从那时起，为了反对内外敌人，争取民族独立和人民自由幸福，在历次斗争中牺牲的人民英雄们永垂不朽！

这是由毛泽东起草、周恩来书写的镌刻在天安门广场的人民英雄纪念碑北面的碑文，语言高度精练，概括性极强。

二、对联和碑文的结构、写法

对联一般由三部分组成：第一部分是上联，也叫出句；第二部分是下联，也称对句；第三部分是横额，也叫横批或横披。横额也是对对联表现形式的基本要求之一。按照传统习惯，它由四字式常用语或成语组成。

碑文的基本格式包括标题、前言、正文、结尾、落款五部分。还有一些不按常规写的碑文也很有特色。一般说来，碑文没有固定的格式，特别是名人、诗人作碑文，更是自由潇洒。例如：

一个士兵要不战死沙场，便是回到故乡。——画家黄永玉为他的表叔沈从文题写的碑文

黄永玉题写的碑文，用极精练的语言概述了我国著名文学家沈从文一生的两次重要经历。沈从文十几岁当兵，从湘西的大山里走向了世界，他死了，终于回到了故乡。他的一生经历了中国的战乱和革命，他以一支笔，记录了心灵的历程，也记录了中国的历史。

三、对联的写作要求和技巧

在对联的创作中，要重点把握好“对”“工”两字。

（一）重在一个“对”字

“对”是指上、下联整体或相对应的部分应该满足以下六个方面的要求：第一，字数相等；第二，词性相通，即除形容词和动词可以灵活通融相对外，其他词类必须是同类词相对；第三，语法结构相同；第四，平仄相反；第五，内容相关（含相反）；第六，气势相当，即下联的气势要比得上或称压得住、敌得过上联，并最好能比上联气势更大一些。讲求气势是对联的独到之处，也是对联比律诗的对仗要求更严格的地方。

对联不“对”，则虽意义深远而难称佳对。“对”的最敏感处在于对词性的把握和运用。

（二）精在一个“工”字

对联原则上应为工对（巧联、趣联除外），即对仗通常力求工整，不仅要求动词、形容词、数词、颜色词、方位词、虚词等能自身相对，而且名词也须分得更细，进一步分为许多门类，如天文、地理、时令、服饰、形体、人伦、植物、动物、宫室等。总之，分得越细，对得越工整。例如：

悲欢聚散一杯酒，（上句“悲欢”与“聚散”自对）

南北东西万里程。（下句“南北”与“东西”自对）

（三）对联的修辞手法

1. 比喻

以此喻彼，生动形象。例如：

删繁就简三秋树，领异标新二月花。

2. 排比

几个相同的句式连续运用，充分铺陈，营造气氛，达到一气呵成的效果。例如：

沧海日，赤城霞，峨眉雪，巫峡云，洞庭月，彭蠡烟，潇湘雨，武夷峰，庐山瀑布，合宇宙奇观，绘吾斋壁；

少陵诗，摩诘画，左传文，司马史，薛涛笺，右军帖，南华经，相如赋，屈子离骚，收古今绝艺，置我山窗。

3. 比拟

或以物拟人，或以人拟物。例如：

春风放胆来梳柳，夜雨瞒人去润花。

4. 双关

利用汉字的同音异义特点，似说甲，实指乙，一语双关，含而不露。例如：

两舟并行，橹速不如帆快；八音齐奏，笛清难比萧和。

5. 用典

借用典故，针对现实，引发联想，寓难尽之意于言外。例如：

秀雅文体，清亮之音；兰慧之质，柳絮其才。

6. 夸张

把事物故意夸大或缩小，极力渲染。例如：

西岭烟霞生袖底，东湖云海落樽前。

7. 复词

表达忌讳重复，但有时有意使用反复手法，却常使意境出新。如借助谐音，利用汉语一词多义、一字多音的特点，出奇制胜。例如：

海水朝朝朝朝朝朝朝落，浮云长长长长长长长消。

8. 顶真

后面词语的首字承接前边词语的尾字。例如：

一丝风，风吹皱满江春水；三尺浪，浪淘尽千古英雄。

9. 设问

上联（或下联）提出问题，下联（或上联）作答。例如：

万卷诗书，谁能览尽？千秋功罪，我可说清。

10. 镶嵌

例如：

虞兮奈何？自古红颜多薄命；姬耶安在？独留青冢向黄昏。

此联将项羽的宠姬“虞姬”的名字分别镶嵌在上、下联的第一字，叫鹤顶格。

又如：

其地之凤毛麟角，其人如仙露名珠。

此联在中间第四个字分别镶嵌着“凤”和“仙”字，是小凤仙的“凤仙”二字，叫蜂腰格。

又如：

月照纱窗，个个孔明诸葛亮；风送幽香，郁郁畹华梅兰芳。

这副对联在上、下联中分别镶嵌着“诸葛亮”和“梅兰芳”的名字，并且“孔明”和“畹华”又恰好是他们的字，对仗十分工整而又巧妙，为凤尾格。

又如：

史鉴流芳真可法，洪恩未报反成仇。

此联将“史可法”和“洪成仇”的名字拆开，分别镶嵌在上、下联的开头和结尾处，构成了一副对联，叫拆嵌格。

11. 回文

就是顺读、倒读皆成诗句，而内容不变的修辞法。例如：

雾锁山头山锁雾，天连水尾水连天。

客上天然居，居然天上客。

应用能力训练

收集一些名胜古迹的对联，并尝试为一处名胜古迹或旅游景点、旅游场所撰写对联。

第六章
旅游事务类文体写作

第一节　海报

一、海报的概念、特点和分类

海报是主办单位在一定范围内向公众报道或介绍举行文化、娱乐、体育、展销等活动的一种招贴式事务文书。

“海报”的名称最早出现于上海。那时，人们习惯把职业性的戏剧表演界叫做“海”，而把那些从事职业戏剧表演的人称为“下海”，那些作为演出剧目信息的招贴就被叫做“海报”。如今，海报已经成为一种经过精心设计的、张贴在引人注目的公开场所中的最常见的实用文体。

海报具有张贴性、宣传性和灵活性的特点。

根据内容的不同，海报大致可以分为文艺类海报、体育类海报、报告类海报和展销类海报。随着科学技术的发展，很多现代化的手段被应用到海报创作中来。越来越多的海报制作突出了美术创意，形式也由过去单一的文字招贴走向艺术招贴，但文字内容仍然是海报的灵魂。

二、海报的写作

海报的张贴性和宣传性特点，以及海报文体的特殊形式，决定了海报的整体创意必须在一瞬间给人们留下深刻的印象，让人们对海报的内容一目了然，这就要求海报应既重宣传又重美感。

海报的结构包括标题、正文、结尾三部分，注重整体创意和美术设计。海报的美术设计，讲究新颖独特，形式灵活多样。

（一）标题

海报的标题相当关键，是海报的主题和内容的焦点。有两种形式：

（1）直接采用“海报”二字做标题。

（2）根据活动内容确定标题，适当采用修辞手法可以突出海报的效果，比如“××艺术展”“微笑服务——上帝与你握手”。

（二）正文

正文部分因海报的种类不同而不同，包括两项内容。

1. 必备内容

（1）明确活动名称、种类（电影、报告、比赛等）。

（2）简要交代活动具体情况。比如，比赛的球队，演出的剧种，报告会的内容和报告人，展览的主题和内容等。

2. 辅助内容

交代举行活动的时间、地点及票价等。时间、地点要写得明白具体、准确清楚，切忌只写出大概范围。

（三）结尾

海报可以有结语，在正文之后另起一行书写“欢迎参加”“机不可失”等，也可不写结语。结语之后另起一行靠右下角写举办单位名称及海报的张贴日期。

三、海报的整体创意与美术设计

整体创意与美术设计在海报中越来越受到重视。美国著名海报设计家所倡导的海报制作六大原则如下：

其一，单纯。形象和色彩必须简单明了（也就是简洁性）。

其二，统一。海报的造型与色彩必须和谐，要具有统一的协调效果。

其三，均衡。整个画面要具有均衡效果。

其四，重点。海报的构成要素必须化繁为简，尽量挑选重点来表现。

其五，创新。海报无论在形式上还是内容上都要有创新。

其六，技能。海报设计需要有高水准的表现技巧，无论绘制或印刷都不可忽视技能性的表现。

例文

旅游行业借势营销海报创意大盘点

淘宝旅行更名“去啊”并发布海报：

“去哪里不重要，重要的是……去啊。”

“去啊”和“去哪儿”，无论在字还是音上，都很相近。所以，

去哪儿：

人生的行动不只是鲁莽地“去啊”，沉着冷静地选择“去哪儿”，才是一种成熟态度！

携程网：

旅行的意义不在于“去哪儿”
也不应该只是一句敷衍的“去啊”
旅行就是要与对的人
携手同行，共享一段精彩旅程

京东网：

他们说“去啊”，就去吧
他们说“去哪儿”，就去哪吧
他们要“携”家带口慢慢启“程”，那就这样吧
听从大家的安排
看着重复的风景

一辈子就这样活着，别上京东旅行

途家：

人生旅途，“去啊”和“去哪儿”都不重要

重要的是想走就走的态度

以及

“不一样的住宿体验”——途家

爱旅行：

旅行不只是鲁莽地“去啊”

也不是沉默地选择“去哪儿”

“爱旅行”

才是一种生活态度！

春秋旅游：

旅行

其实是心灵的修行

在乎的不是“去哪儿”

也不是一时“去啊”的冲动

而是行程中你是否有收获

品质游找春秋

应用能力训练

1. 请为某旅行社设计一张海报。
2. 请为某知名酒店设计一张海报。

第二节　启事

例文 1

中国旅游报社招聘启事

中国旅游报社是唯一的全国旅游行业平面媒体，是指导旅游管理、经营和消费的权威信息平台。因工作需要，本社公开招聘以下工作人员。

一、编辑、记者（2～3 人）

1. 有较强的文字功底和写作能力，熟悉新闻稿件采写工作。
2. 热爱新闻工作，能出差。
3. 年龄 35 周岁以下，学科背景不限。
4. 发表过相关作品或有新闻从业经历者优先。

二、项目（策划）经理（1～2 人）

1. 有较强的市场分析和策划能力，能独立完成策划方案制作。
2. 有较强的市场开拓能力，有 3～5 年广告市场、营销策划从业经验。
3. 有较强的大型论坛、会议等的策划组织能力。

4. 有较强的团队管理能力。
5. 年龄35周岁以下。
6. 有财经类学科背景者优先。

三、客户经理（2～3人）

1. 有较强的市场开发能力，善于开拓市场和维护客户。
2. 有3～5年广告市场从业经历。
3. 年龄35周岁以下。
4. 有大型项目运营经验者优先。

四、美编（1人）

1. 熟练使用Photoshop、Illustrator等软件。
2. 有较强的创意能力、活跃的设计思维和良好的审美视觉，能够独立完成设计工作。
3. 有丰富的广告宣传品制作经验，能短时间内运用各种方法做出效果图。
4. 设计类、广告类相关专业，2年以上工作经验。
5. 性格开朗，善于沟通，责任心强，有良好的团队合作意识。
6. 年龄35周岁以下。

五、报名及聘用办法

1. 凡参加应聘者均以电子邮件形式报名，注明应聘岗位，简历务必以附件形式发送，电子邮箱地址：zp@ctnews.cn。报名者应对所提供信息材料的真实性负责，对弄虚作假或隐瞒真实情况等应聘者，取消其聘用资格，造成后果的由应聘者自己承担。
2. 按每个招聘岗位1∶3的比例进行面试、笔试，确定拟聘用人员后进行公示。
3. 公示期满无异议后，被录用人员进入试用期，试用期不超过3个月。试用期满，报社与录用人员签订聘用协议或劳动合同，办理有关聘用手续。

六、待遇

被聘用的人员，按国家和报社有关制度确定薪酬和福利待遇。

七、其他

上述拟招聘人员均要求身体健康，无违法、违纪不良记录，大专（含）以上学历，有相关从业经验者优先。

本启事解释权归中国旅游报社人力资源部。

单位地址：北京市建国门内大街甲九号　邮编：100740

联系人：陈×

中国旅游报社
2015年2月6日

资料来源：中国旅游报社招聘启事．中国旅游报，2015-02-20.

一、启事概述

启事是机关、企事业单位、团体或个人，因事需要向公众说明或提请公众注意，希望公众协助办理时使用的一种事务文书。启事是一种常用的周知性文体。“启”含有“陈述”

的意思，“事”即“事项”。启事多刊登在报纸杂志上，有的张贴在街头、路边等公共场所，有的在电视台、广播电台播出。

启事在日常生活、工作及经济交往、旅游活动中运用广泛，可以及时传播信息，是一种简便易行的交际工具。它具有周知性，但无强制性、约束性。

二、启事的分类

（一）周知类启事

周知类启事是指将有关事项公之于众，以期世人知晓的启事。比如开业、停业、成立、迁址、更正、鸣谢等启事。

（二）声明类启事

声明类启事即声明某些事项的真相，以免引起事端的启事。比如遗失、更名、更期、辨伪、作废等启事。

（三）征招类启事

征招类启事即寻求公众响应或协助、参与某一事项的启事。比如招生、招工、招聘等启事；征稿、征婚、征订、征物等启事；换房、调换工作、换物等启事。

（四）寻找类启事

寻找类启事即说明有关情况，请求公众协助的启事。比如寻人、寻物、招领等启事。

三、启事的内容和写作要求

（一）内容

1. 标题

标题一般有四种写法：以文种为标题，如“启事”；以事由为标题，如“寻人”“招领”“遗失”“招工”等；以事由＋文种为标题，如“招聘启事”“换房启事”“征文启事”等；以单位＋事由＋文种为标题，如“南方律师事务所招聘律师启事”。有些报刊以广告形式刊登的启事往往省略标题，有的则使用具有诱惑性的广告标题，比如某公司招聘启事的标题为“选择职业生涯，实现自我理想”。

2. 正文

正文主要写明启事内容，把有关的事项交代清楚，包括启事的目的、要求、原因、内容、形式、条件等。正文是启事的主要部分，应根据不同的内容灵活变通，突出重点。

3. 结尾

结尾可写“此启”“特此启事”，也可以不写，但要写明启事者和启事时间、地址、电话、邮编等。标题若包括启事时间，结尾可省略时间。如果在标题中或正文中已经写明了启事的单位或个人的姓名，结尾处也可省略启事者。如果以机关团体的名义张贴启事，则应加盖公章。

（二）写作要求

（1）标题要简短、醒目。

（2）内容单一，一般是一事一启，事项应分条列述，表述应简明、清楚、完整。

（3）语言要真挚、中肯、简明扼要。

（4）启事涉及的事项一定要准确、完整、具体。

四、旅游部门常用的启事

（一）周知类启事

1. 开业启事

新建或开张的企业，为了使社会各界及时了解开业信息并造成一定声势，以利于业务的开展，在经营之前可发布开业启事。这类启事带有广告性质，写明企业的性质、宗旨、经营范围、服务特点，常以“竭诚欢迎惠顾”等作为结语。为方便联系，常在落款部分写明企业负责人、地址、电话、电报、传真、邮政编码。

2. 迁址启事

企业或单位迁移到新的地址营业或办公，一般要写“迁址启事”，以方便顾客光顾和有关部门联系工作。迁址启事要写明迁址的时间，新址的地点、电话、电报、电传、邮政编码，以及其他有关事项。

3. 鸣谢启事

单位或个人因受到有关方面的关心、支持和帮助，为了表示感谢，可写“鸣谢启事”。鸣谢启事要写明鸣谢的原因，结尾应写上敬谢之语，如“谨致谢意”“特此致谢”“衷心感谢”等。

4. 人事聘任启事

此类启事常写明所聘人员的单位、姓名及权限等。

（二）声明类启事

1. 遗失启事

遗失了重要的票据、证件，为了防止被拾得者用此行骗，给遗失者造成经济损失或不良影响，可以发布“遗失启事”。其作用有两方面：一是完成法律程序，声明作废，不再承担责任；二是让公众知道，提高警惕，避免上当受骗。遗失启事要写明遗失物的名称、数量、号码等，最后要明确写上“声明作废”。

2. 更名启事

企事业单位或者个人，更改名称后可发布“更名启事”。更名启事应写明原名称和更改后的新名称，并说明与更名有关的事项，诸如公章、合同、账号、业务等，以便能够顺利开展工作。

3. 更期启事

一些事项的安排、计划如果发生变更，可发布“更期启事”，说明原来的安排、变更的原因、变更后的安排等。

4. 其他声明启事

企事业单位或个人，如有需要向社会公开声明的事项，可发布声明启事，以便公众知晓，避免法律责任。这类启事应把有关事项交代清楚，结尾常用“特此声明”“郑重声明”等词语。

（三）征招类启事

1. 招聘启事

招聘启事应写明五个要点：招聘情况，包括招聘的因由、依据及招聘者的业务性质、工作范围、地理位置；招聘对象，业务类型、工种、岗位；应聘条件，包括性别、年龄、外貌、学历、专长、户口；聘用待遇，包括工资、福利、住房等问题；应聘办法，包括提供证件、照片，面试，联系方式、时间、地点、联系人等。

2. 征文启事

征文启事应写明征文目的、宗旨、内容、文体、字数、注意事项、截止日期、投寄地址、邮政编码、收稿人等，以及采用之后的奖励办法。

3. 征集启事

征集启事必须说明征集目的、宗旨、有关背景、设计要求、奖励办法，以及投递地址、收件人、邮政编码、截止日期等。其中，设计要求一项要具体、明确。

（四）寻找类启事

1. 寻人启事

寻人启事应写明被寻找人的姓名、性别、年龄、身高、外貌、衣着、口音、文化等。可附上相片，并写明地址、电话等联系方式。结尾一般写上“重谢”“重酬”等词语。

2. 寻物启事

寻物启事应写明丢失物品的名称、数量、特征，丢失的时间、地点，还应写明联系方法。结尾一般为表示感谢的语句。

3. 招领启事

招领启事一般只写捡拾到钱、物一事，至于钱款数目、物品特征及数量等具体细节则不宜写明，以防冒领、错领。

例文 2

启事

为了维护本旅行社和旅游者的合法权益，特聘请××律师事务所×××为我社常年律师，全权代理一切有关法律事宜。

×××旅行社

××××年××月××日

例文 3

休刊启事

根据国家有关 2015 年部分节假日安排的通知和沪深交易所春节休市安排，本报从 2015 年 2 月 18 日起休刊，25 日恢复正常出报。

×××证券报社

2015 年 2 月 15 日

例文 4

迁址启事

经向中国银行业监督管理委员会云南监管局和中国人民银行昆明中心支行备案，根据中国农业银行云南省分行的批复，中国农业银行云南省分行营业部于 2014 年 4 月 18 日起从昆明市青年路 383 号华一广场搬迁至新址办公。

新迁地址：昆明市人民中路 1 号

邮政编码：650051

联系电话：6315××××

中国农业银行云南省分行营业部

2014 年 4 月 16 日

应用能力训练

1. 请为一家五星级酒店起草一份招聘启事。
2. 请为××高校成立“旅游协会”社团起草一份启事。

第三节　计划

例文 1

2015 年全省旅游工作计划

2015 年全省旅游工作的指导思想是：以党的十八大、十八届四中全会和省委十届十次全委会、全省经济工作会议精神为指导，以落实省政府〔2014〕21 号文件精神为主要抓手，突出“改革关键年”，大力推进制度创新、机制创新、工作方式创新，激发旅游活力，保持旅游业持续健康快速发展。工作目标是：接待国内游客 6.4 亿人次，增长 8%；接待入境游客 460 万人次，增长 4%，其中过夜游客 320 万人次；实现旅游消费总额 6 850 亿元，增长 12%。

一、推进旅游改革创新

1. 科学规划旅游改革任务。编制《全省旅游业发展“十三五”规划纲要》，谋划未来五年全省旅游改革发展目标。出台《山东省旅游综合改革方案》，明确旅游改革路径，确定改革目标、工作重点和质量、时限等方面的要求。

2. 创新旅游管理体制。争取省政府建立旅游工作联席会议制度，召开成员会议分解落实旅游改革发展的相关责任，将旅游消费总额、增幅以及入境旅游增幅纳入省委、省政府对各市的科学发展综合考核指标。强化旅游部门综合协调职能，支持重点旅游城市和县（市、区）成立旅游委员会。按照国家旅游局新的统计口径，改革旅游统计办法，加强人员、经费保障。一季度出台《山东省旅游产品创新奖奖励办法》，吸引社会智力开展经典文化旅游项目创新。

3. 推进资源整合。推广青岛市依托青岛城投集团整合国有旅游资源，做强旅游企业集团的做法，支持各市依托政府的融资平台，整合景区、饭店或交通运输企业，组建旅游企业集团。抓住互联网金融快速发展的机遇，鼓励旅游企业利用便捷的消费信贷引导旅游消费。探索投资与消费相结合的众筹酒店、众筹旅游小镇模式。

4. 改革运作模式。深化旅游融资改革，加快运作山东省滨海旅游基金，上半年组建旅游投资基金和乡村旅游基金。支持各地采取门票质押、整合并购上市、组建旅游基金、旅游担保公司、旅游资本管理公司等方式融资。深化旅游企业改革，依据省政府关于今明两年基本完成经营类事业单位改革的意见，支持各地按照事企分开、企业化运营模式加快国有旅游景区改革，年内基本完成改制任务。争取各市政府支持，全面落实鲁政发〔2014〕21号文件中关于景区价格政策。鼓励支持旅行社突出特色，融入大旅游集团，支持旅行社之间联合整合，做大做强。重点培育一批经营修学旅行、健康养生、垂钓休闲等特色旅游产品的专业旅行社。引导支持旅游饭店、旅游度假区整合周边要素，按照旅游目的地模式开发经营产品，成为自驾车、自助游的主要载体。

5. 创新产业管理和服务。完善旅游产业运行监测管理服务系统，利用大数据平台建立旅游景区、旅游饭店、旅行社等行业发展景气指数体系，实现对产业发展的科学指导和宏观调控。开展旅游服务质量舆情监测和评价分析，结合游客满意度调查，每季度发布旅游服务评价指数。依托互联网，建立覆盖省、市、县（市、区）旅游管理部门、旅游企业的纵向互动和省、市、县（市、区）旅游行业内部微信群的横向互通，畅通信息渠道，确保基层意见建议、重要旅游政务信息上通下达，畅通无阻。

6. 创新协会工作，深化导游改革。结合深化旅游改革，支持旅游行业协会在加强行业自律、创新行业管理、开展经营模式创新等方面发挥更大作用。创新导游资格考试与培训模式，研究出台星级评定管理办法，搭建导游供需与监管服务平台，理顺导游管理服务体系。

二、打造十大文化旅游目的地品牌

7. 持续打造好客山东文化旅游品牌体系。（略）

8. 编制十大文化旅游目的地品牌建设规划。（略）

9. 加快重大文化旅游项目建设。（略）

10. 加大营销力度。（略）

三、促进乡村旅游提质增效

11. 紧紧依托信息化、城镇化和农业现代化，整合三农资源，发展现代乡村旅游，为实现“人的新农村”提供产业支撑和发展平台。（略）

12. 打造环城市乡村旅游休憩带。（略）

13. 培育乡村旅游示范单位。（略）

14. 打造乡村旅游品牌集群。（略）

四、完善旅游公共服务设施

15. 展开新一轮城市旅游目的地规划编制工作。（略）

16. 完善旅游集散、咨询服务体系。（略）

17. 提升旅游交通体系。（略）

18. 加快休闲度假设施建设。（略）

19. 提升旅游公共服务信息化水平。（略）

五、深化依法治旅

20. 完善旅游法规和行业标准。（略）

21. 强化旅游市场监管。（略）

22. 做好旅游安全保障工作。（略）

六、加强干部和人才队伍建设

23. 加强学习型行业建设。（略）

24. 大力转变工作作风。（略）

25. 深入推进党风廉政建设和反腐败工作。（略）

26. 打造人才聚集高地。（略）

山东省旅游局

二〇一四年十二月三十日

资料来源：山东旅游政务网，2015-01-08.

一、计划的概念、特点和分类

俗话说："人无远虑，必有近忧。"诸葛亮深谋远虑，所以才能运筹帷幄之中，决胜于千里之外。计划是行动的先导，我们做任何事情都要有目的、有准备，计划科学，成功的可能性就大。

（一）计划的概念

计划是国家机关、企事业单位、社会团体及个人对今后一段时间的工作、生产与学习提出预想的目标，并制定出实现这个目标的具体步骤、方法和措施所使用的应用文。

（二）计划的特点

（1）预见性。

（2）可行性。

（3）明确性。

（三）计划的分类

（1）按照内容分，有工作计划、生产计划、购销计划、教学计划、科研计划、学习计划等。

（2）按照时间分，有长期计划、中期计划、短期计划等。

（3）按照范围分，有国家计划、部门计划、单位计划、个人计划等。

二、计划的基本格式和写法

（一）标题

标题的写法有以下四类：

（1）由单位名称、适用时间、计划内容和文种组成，如"××市旅游局2015年工作计划"。

（2）由计划内容加文种组成，如"关于提高接待质量的计划"。

（3）由单位名称、计划内容加文种组成。

（4）由计划时间、计划内容加文种组成。

（二）正文

1. 开头

开头是计划的前言部分，主要阐明制订计划的背景、依据、目的、意义、指导思想等。

2. 主体

计划的主体一般由目标、措施、步骤三部分构成，分别回答"做什么""怎么做""什么时间做完"的问题。

（1）目标是计划工作、活动要达到的标准和要求，通常被称作"目标任务"。

（2）措施是完成任务的具体方法。如采取哪些手段，需创造什么条件，运用哪些方法，具体做哪些分工等。

(3) 步骤主要指时间分配，以及人力、物力、财力的调度安排。

3. 结尾

结尾即计划的结语，一般包括补充性说明，为完成目标任务而提出的希望、号召与建议，或执行计划应注意的事项等。有的计划也可无结语。

(三) 落款

在正文的右下方写上制订计划者的名称或名字，并署上日期。如作为文件下发，还要加盖公章。

三、计划的写作要求

(1) 要符合党和国家的方针政策。

(2) 要从实际出发，量力而行。

(3) 要力求具体、明确。

例文 2

国家旅游局海外市场联合广告工作计划

我局和各驻外办事处每年牵头组织参加境外旅游展览和联合宣传推广是我局在境外市场开展旅游宣传的重要工作，对于宣传中国旅游形象、推动市场销售以及促进入境旅游持续增长，发挥着重要和积极的作用。

为此，我局深入分析当前境内外旅游市场形势，在充分征求各驻外旅游办事处及业界意见基础上，制定《2013 年境外旅游展览和旅游宣传推广工作计划》，请各省区市旅游局(委) 积极发挥政府主导职责，着眼实效，大胆创新，抓紧实施。

一、加拿大 (中国驻多伦多旅游办事处)

1. 中国旅游主题年整体形象的广告宣传

根据中国旅游主题年及熊猫赴加热点，全方位展示欢快、积极的中国旅游整体形象，具体计划如下：

利用重大节庆活动集中宣传。结合加拿大民众最喜爱的节日庆典，如“多伦多国际电影节”(9 月)、“卡尔加里牛仔节” (7 月) 等，开展大型广告宣传活动，通过户外广告、剧场影院等媒介传播形象和信息。

充分发挥网络新媒体宣传优势。积极联合 TripAdvisor、Travelzoo、Expedia 等影响大、受众广的旅游网络媒体，开展为期半年以上的广告宣传及有奖竞猜等活动。

加强“一程多站”式联合推广模式。继续与亚洲部分旅游办事处合作，开展“Asia Now”大型广告宣传活动，利用多种媒体组合，持续开展以“中国”为核心的亚洲整体旅游市场营销活动。

联合单位：主题年重点省份、熊猫故乡四川。

费用预算：100 万加币。

2. “长江精品旅游线路”区域品牌的形象广告宣传

根据市场实际，以“三峡”为核心，将长江旅游精品线路作为广告投放重点。

工作计划：3—5 月，结合北美“长江精品旅游线”推广活动，开展先期广告宣传，选择专业旅游媒体及大众化媒介，如旅游业内杂志、报纸、广播和网络持续宣传，营造良好的市场氛围。10—11月，以“蒙特利尔国际旅游展”为重点，通过广告、展览及业内推广活动，加强成果，烘托效果。

联合单位：长江流域相关省市。

费用预算：50万加币。

二、俄罗斯

结合2013年俄罗斯中国旅游年，加大在俄市场广告投入力度，联合各类媒体和国内有关省份，共同实施广告投放及旅游形象宣传计划。主要考虑：

1. 广告投放方向

在莫斯科中心地带投放大型户外广告，包括户外大型灯箱、户外视频广告。

加强在当地大型门户网站及电视上的广告投放。

在机场、大型商业中心等重点区位投放标志性广告。

2. 广告投放时间

与2013年旅游年有关大型活动相配合，力争形成轰动效应。在俄罗斯中国旅游年开闭幕期间，集中投放。

三、德国（法兰克福旅游办事处）

1. 利用当地重要节庆，加强中国旅游形象宣传力度

德国重要民间节日是宣传中国旅游形象的重要舞台，建议有条件的省市积极参与，可提高公众对各省市和中国整体形象的认知度。可考虑参加以下重要节庆：

北威州的科隆和杜塞尔多夫的狂欢节世界闻名，每年参观者均超过400万人。2009年和2012年重庆、北京分别借与杜塞尔多夫和科隆缔结友好城市5周年和25周年之际参加狂欢节花车巡游，取得很好的反响和效果。建议北京、重庆或其他具备条件的省区市继续参与每年2月科隆狂欢节和杜塞尔多夫的花车巡游。

每年7月德国中部下萨克森州州府汉诺威市的射手节吸引参观者近150万人；8月法兰克福博物馆河岸节吸引参观者近300万人。建议安徽省和广州市作为友好省州和友好城市分别参加上述节庆活动，展示徽派自然与文化，推广岭南美食、艺术和旅游资源。

2. 利用世界最大旅游展，发布中国旅游广告

柏林展是世界第一大旅展，是向全球业界和德国公众发布中国旅游广告的最佳平台之一。

2013年3月柏林展期间，国内省市可与办事处联合，共同加大向业界和公众的广告宣传力度，突出中国旅游形象和各目的地形象，营造良好的市场氛围。具体广告内容包括：城市电车车体广告、业内和大众高端杂志广告及支持批发商制作专门产品的广告，还可联合批发商在直接面对游客的Studienreise. de等网站开展产品促销等。

费用预算：15万欧元～20万欧元。

关于在当地投入电视广告，各省市可与办事处具体联系。

四、法国（巴黎旅游办事处）

结合2013年中国旅游宣传主题，将加大对法国公众和业界的广告投入，国内各地可积极考虑联合投放广告。公众广告以大型广告、覆盖面大、影响力大为原则，提高中国旅游在法知名度，为公众来华旅游提供服务信息。业内广告通过旅游专业媒体如专业报纸、

杂志等渠道发布。

五、英国（伦敦旅游办事处）

2013年，将结合11月伦敦展和6月的赴欧洲宣传推广活动，联合各地，集中投放中国旅游广告，具体计划如下：

1. 形象广告

联合有关省区市，集中认购巴士车身广告、大型户外广告牌以及主流报纸周末专刊广告等，与英国宣传推广活动呼应，使中国旅游及相关目的地对当地公众构成强烈的感知和视觉冲击，达到震撼和持续轰动效果。

户外广告牌推荐三处：PICCADILLY CIRCUS大型数码广告牌、EUSTON ROAD隧道数码广告牌和THE EYE，HOLBORN墙体数码广告牌，均为动态循环显示，4周为一个档期，每处广告报价在6万英镑左右，但未含制作费及20%的VAT。

巴士车身广告以100辆4周计，费用约需10万英镑；主流报纸周末专刊广告以4周计，预算约需5万英镑；以上均未含制作费及20%的VAT。

2. 产品广告

伦敦展是全球最大专业旅游展，是向国际旅游业界发布专业产品广告的良好时机。办事处将与展方协商，及早预订明年伦敦展展场东西2个入口处的大型广告牌以及地铁、巴士等公共交通连接通道的至少6处广告牌，并同ABTA杂志合作，预订其为WTM专制且现场免费发放专刊（每天一期，共四期）的封面和封底广告，组成密集式投放的系列中国旅游广告，对所有参展商、买家及媒体等目标受众形成强烈的感染力和渗透力。建议我国旅游目的地城市或旅游企业选择性参与。

每个广告牌（时长一周）预算约为6万英镑，专刊封面和封底的预算合计约为4万英镑，但均未含制作费及20%的VAT。

希望借此办法，吸引国内旅游系统更多的广告资金，引导中国各地旅游广告在英国有序投放，追求广告诉求效果最大化。鉴于时间原因，请有兴趣的地区或单位抓紧认购。

六、意大利（罗马旅游办事处）

2013年，办事处将加强中国旅游形象宣传和业界促进。形象宣传重点是媒体和组织公众活动，通过户外广告（地铁站广告、双层汽车广告、公共汽车广告、出租车广告等）、媒体报道、新闻发布、路演、网站等形式宣传中国旅游形象。以促进意大利旅行批发商与国内旅行业界加强交流及提高代理商中国旅游产品销售能力为目标，通过组织业界推介会、展览、批发商联合推广等活动来实施。

利用“中国旅游”意大利文网站发布国内旅游动态，在“中国旅游”代理商培训平台推出两期为期一年的代理商专项网络培训。希望与国内各地开展积极合作。

费用预算：20万欧元。

七、西班牙（马德里旅游办事处）

2013年是中西建交40周年，两国政府将增强双边交流合作，办事处将加强中国旅游在西班牙宣传力度，适当投放旅游宣传广告，包括西班牙主流文字媒体、马德里地铁和公共汽车、马德里国际旅游展览会、巴塞国际旅游展览会展场以及西葡旅游专业网站，希望国内各地积极参与，共同推广。

费用预算：20 万欧元。

国家旅游局办公室
2012 年 12 月 7 日

应用能力训练

1. 请为自己制订一份翔实的学期计划。
2. 请为××景区起草一份关于促进××景区可持续发展的计划。

第四节　总结

例文 1

西安市 2015 年春节期间旅游工作总结

随着西安旅游的吸引力持续增强，今年春节期间，我市旅游市场“淡季不淡”的特点进一步显现。旅游接待人数和旅游收入同比均大幅增长，旅游市场秩序井然，未发生一起重大旅游安全事故，无一起重大旅游投诉案件，让广大游客和市民度过了一个欢乐祥和的春节。

一、春节期间旅游接待情况

据统计，春节假期（2 月 18 日至 2 月 24 日）我市共接待游客 559.29 万人次，同比增长 17.3%。其中过夜游客 90.42 万人次，同比增长 14.8%；一日游游客 468.87 万人次，同比增长 17.79%。旅游业总收入 26.30 亿元，同比增长 19.4%。

春节假日期间，民航旅客吞吐量 30.49 万人次，同比增长 8.58%；西安火车站发送旅客 44.40 万人次，同比增长 10.72%，西安北站发送旅客 95.50 万人次，同比增长 94.90%；公路发送旅客 108 万人次，同比下降 1.82%；民航、铁路、公路合计发送旅客 278.80 万人次，同比增长 22.70%。

纳入监测范围的 10 家商贸企业的营业总额达 2.47 亿元，同比增长 3.3%；10 家餐饮企业的营业收入 2 396 万元，同比增长 0.8%。

二、我市春节旅游市场特点

（一）春节期间天气温和，政策利好，适宜人们外出游览、探亲访友。今年春节相对去年推后近 20 天，整个假日期间天气温和，适宜人们外出游览、探亲访友，加之春节期间高速公路实行小客车免费政策，春节传统假日人们普遍有外出旅游、探亲访友的习惯，有效带动了春节假日旅游市场。

（二）年味十足的旅游活动丰富了游客的假期生活，寺院祈福、新年庙会等活动吸引了大量游客。传统景区紧扣春节喜庆主题，挖掘年味文化内涵，推出丰富多彩的新春活动，城墙新春灯会、大唐芙蓉园第三届新春灯会暨陕派民俗大庙会、秦岭野生动物园第三届新春庙会、周至沙·沙河首届关中新年文化艺术节等活动华丽亮相。大唐芙蓉园接待游客 166 704 人次，同比增长 52.35%；秦岭野生动物园接待游客 51 105 人次，同比增长 34%；城墙景区接待游客 120 363 人次，同比增长 92.34%；周至沙·沙河接待游客 333 000 人次，同比增长 64.12%。春节期间，长安区各寺院、楼观道文化展示区、户县草堂寺、重阳宫、莲湖区广仁寺、雁塔区青龙寺等景区都举办了传统民俗庙会系列活动，吸引了大量游客和本地市民。长安区各寺院共接待游客20万人次；楼观道文化展示区接待游客13.06万人次；草堂寺接待游客10.2万人次；重阳宫接待游客4.7万人次；广仁寺接待游客1.15万人次；青龙寺接待游客1.75万人次。

（三）中长途旅游以返乡探亲游、高铁周边游为主，主要传统景区接待量持续增长。秦始皇帝陵博物院接待游客198 783人次，同比增长33.14%；华清宫景区接待游客128 854人次，同比增长43.04%；陕西历史博物馆接待游客55 094人次，同比下降5%；曲江海洋极地公园接待游客40 117人次，同比增长45.78%；碑林博物馆接待游客15 776人次，同比增长1.57%；大慈恩寺大雁塔景区接待游客36 100人次，同比增长11%。

（四）适于阖家出行的休闲游、民俗游、城市周边游备受青睐，以家庭自驾车为主要出行方式。大唐西市接待游客60.20万人次；大明宫国家遗址公园接待游客47.67万人次；大雁塔文化休闲景区接待游客33.62万人次；大唐不夜城接待游客33.40万人次；曲江唐城墙遗址公园接待游客14.86万人次；汉城湖景区接待游客13.55万人次；北院门风情街接待游客62.9万人次；兴庆公园接待游客62.7万人次。

（五）温泉主题的旅游活动受到亲子游市场的热捧。蓝田汤峪温泉接待游客10.9万人次，同比增长160.5%；蓝田天潭温泉接待游客4.2万人次，同比增长651.2%；机场集团温泉酒店接待游客8 045人次，同比增长13%；秦龙温泉酒店接待游客12 000人次，同比增长21%；大秦温泉接待游客4 500人次，同比增长106.16%。

三、开展的主要工作及做法

（一）精心设计产品活动，大力丰富假日旅游市场。（略）

（二）巩固旅游市场整治成果，确保旅游安全。（略）

（三）大力加强公共服务，确保游客满意舒心。（略）

（四）坚持联动工作机制，假日旅游工作高效运行。（略）

二〇一五年二月二十六日

一、总结的概念

《左传》里的《曹刿论战》，记叙了历史上著名的长勺之战。战争结束后，鲁庄公问曹刿取胜的原因，曹刿这样说：打仗全靠士气。第一次擂鼓，士兵士气大振；第二次擂鼓，士气衰退；第三次擂鼓，士气耗尽了。敌人的士气耗尽了而我军的士气正旺盛，因此打败了齐军。大国的情况难以捉摸，怕他们有埋伏。我看到他们的车迹混乱，望见他们的旗帜倒下，因此才追击他们。这就是总结。

总结是党政机关、企事业单位、社会团体及个人对前一阶段社会实践活动进行系统回顾、分析评价，并从中得出规律性认识以指导今后工作的一种事务文书。总结具有针对性、客观性、理论性等特点。

二、总结的分类

（1）按性质分，有专题总结、综合总结等。

（2）按内容分，有学习总结、工作总结、思想总结、科研总结、项目总结等。

（3）按范围分，有地区总结、行业总结、单位总结、班组总结、个人总结等。

（4）按时间分，有年度总结、半年总结、季度总结、月份总结等。

三、总结的基本格式

（一）标题

总结标题的写法有以下三类：

（1）由单位名称、时间、主要内容和文种组成，如“××旅行社2016年工作总结”。

（2）由总结的主要内容或主要观点概括而成，此种标题不标明“总结”二字，如“平日扩大接待　节日包机盈利”。

（3）采用双题，正题用来概括主旨和中心，副题具体说明单位、时间和文种，如“改变促销方式　提高经济效益——××酒店经验总结”。

（二）正文

总结的正文部分主要包括基本情况概述、现有成绩与不足、经验或教训、改进意见与设想等方面的内容。

（1）基本情况概述就是简单交代工作的时间、背景、经过、基本成绩与收获等。

（2）现有成绩与不足是总结的重要内容，一般先肯定成绩，叙述成绩主要表现在哪些方面、主要收获有哪些，再客观地指出工作中存在的不足，并分析这些工作失误的原因及危害。

（3）经验或教训就是通过对实践活动过程进行分析，将具体问题上升到一定的理论高度，从而总结出某些规律，用以指导今后的工作。

（4）改进意见与设想是在总结经验教训的基础上，明确今后的方向，提出改进的措施与建议。

（三）落款

总结的落款包括署名和日期。

四、总结的写作要求

（1）实事求是，一分为二。

（2）点面结合，抓住重点。

（3）突出个性，注重特色。

例文2

云南省餐饮与美食行业协会2013年工作总结

2013年，云南省餐饮与美食行业协会深入学习党的十八大、十八届三中全会精神和习近平总书记系列重要讲话精神，按照全省商务工作会议部署，在省商务厅的正确领导和财政厅、民政厅等政府部门的有力指导下，在各州市协会、有关单位的大力支持下，各部门、各分支机构齐心协力，团结一致，围绕中心，服务大局，坚持稳中求进工作总基调，进一步加强联合，坚持改革创新，注重理性发展，全面完成了2013年度工作目标及各项重点工作任务，各方面工作取得新成绩。现将2013年协会所做的主体工作总结如下。

一、认真学习贯彻党的十八大和十八届三中全会精神

认真学习、领会党的十八大和十八届三中全会精神，结合中央出台的“八项规定”，省委出台的“六项禁令”，在“厉行勤俭节约、反对铺张浪费”的新形势下，结合餐饮行业发展现状，及时提出发展大众化餐饮的发展目标和工作重点，为行业发展指明了方向。

二、协助政府加强产业宏观调控，服务经济社会发展

1. 下基层走访调研，提建议力促发展

2013年餐饮行业的发展环境发生了较大变化，中高端餐饮企业经营业绩下滑，云南省商务厅、昆明市商务局等行业主管部门高度重视，分管领导多次开展党的群众路线教育实践活动，深入企业走访、调研。协会多次陪同，并组织行业企业与主管部门多次交流座谈，分析形势、研究对策。协会以全新的视角及前沿的理论分析了我省餐饮业的发展，发表了《刍议云南餐饮业发展现状——“八项规定”“六项禁令”是促进云南餐饮业向国际化发展的催化剂》，深入分析了我省餐饮业的现状，从政策层面、管理层面、企业层面有理有据地提出了建议与对策，在业内外引起强烈共鸣。

2. 开展餐饮促销季，促消费、拉内需、保增长

为提振企业信心，激发消费热情，拉动内需、促进消费，协会在国庆节、圣诞节、元旦、春节四大餐饮消费旺季，组织行业企业开展一系列惠民宣传促销活动，并配以“微营销”方式，依托全新的营销策略，开展云南省“2013年秋季美食消费促销季”及“2013年冬季美食消费促销季”活动，以昆明市为重点，辐射各州（市），带动全省餐饮业为实现全年社会零售品销售总额最后冲刺做出积极努力。据省统计局统计，去年云南省餐饮业实现营业收入758亿元，同比增长18%，增幅居全国第一位，竞争力排名从全国第25位上升至第10位。

3. 力促城乡餐饮协调发展，开拓餐饮经济发展新空间

目前我省餐饮业的发展主要在州、市级城市，县区、乡镇级餐饮业的发展相对落后，这个庞大的餐饮市场还没有启动，从长远来看，梯级需求格局决定了餐饮市场具有较大的连续性和可开拓性。今年以来，执行会长杨艾军多次赴大理、红河、普洱、玉溪、保山、德宏等地走访调研，结合实际，因地制宜，先后完成了对大理市、红河州、普洱市、玉溪市红塔区、德宏州梁河县等地关于促进当地餐饮业发展的建议报告，并协同云南财经大学完成了《大理市餐饮业五年发展规划》的拟定工作，为州（市）政府餐饮发展建言献策，受到当地政府的好评。

三、以项目及活动为抓手，服务政府、服务行业、服务企业（略）

四、重视人才培育，全力培养餐饮专业人才（略）

五、滇菜“进京、入沪、下南洋”持续推进（略）

六、系列工作助推餐饮产业健康发展（略）

七、成立新一届领导机构，注重协会自身发展（略）

回顾过去，我们创造了不平凡的业绩；展望未来，我们信心百倍。站在新的历史起点，置身云贵高原，我们要紧密团结，紧紧抓住产业发展的战略性机遇，纵观四海、放眼五洲，以“高远、开放、包容”的高原情怀，秉执“坚定、担当、务实”的大山品质，发扬云南精神，坚持科学发展、和谐发展、跨越发展，为实现“餐饮梦”、构建“美丽云南·美味云岭”而努力！

云南省餐饮与美食行业协会

2014年2月10日

应用能力训练

请根据自己本学期的学习情况写一份总结。

第五节　简报

例文 1

惠州旅游简报第 13 期（总第 405 期）

惠州市旅游局办公室编印　　　　　　2015 年 3 月 23 日

目录

2015 深莞惠旅游联盟“3＋2”首次联席会议在惠召开

为贯彻落实国务院《关于促进旅游业改革发展的若干意见》及广东省委、省政府关于拓展珠三角区域合作的有关会议精神，深入推进粤东片区域旅游合作，共拓旅游客源市场，共享旅游发展成果，3 月 19—20 日，由惠州市旅游局牵头的 2015 深莞惠旅游联盟“3＋2”（河源、汕尾）第一次联席会议在惠召开，五市（文体）旅游局有关领导及惠州各县区旅游主管部门负责人参加了会议。

今年，惠州市旅游局是深莞惠旅游联席会议牵头单位，经与深圳、东莞旅游主管部门共同协商，决定邀请河源、汕尾两市旅游主管部门加入深莞惠联盟，形成深莞惠旅游联盟“3＋2”（河源、汕头）格局，进一步扩大旅游交流与合作的范围，有利于进一步促进广东省区域旅游发展。

第一次参会的河源、汕尾市旅游局代表以“观察员”身份出席会议，并参与讨论。惠州市旅游局副局长田佑良根据 2014 年第二次联席会议确定的事项，就 2015 年深莞惠旅游联合宣传推广 5 项活动征求意见方案进行了通报，五市代表们争相发言提建议，达成合作共识。2015 年，深莞惠三地拟开展 5 次联合宣传推介旅游的活动，河源与汕头两市也将积极参加。代表们还针对如何更好地开展旅游联动推广等事宜提出建议和想法，现场气氛热烈。

惠州市旅游局局长黄细花做了发言，她希望：一是五市加强旅游交流与合作，走出去进行宣传推广。二是创新思维，运用多种技术手段进行宣传，借东风、借力推广。三是整合各城市和地区的特色旅游资源以及客家文化等，通过由《中国旅游报》主办的“美丽中国行”活动进行宣传。四是希望深莞两市多为惠州提供平台，多进行交流座谈，多提宝贵意见和建议，帮助惠州进行旅游宣传推广。

应惠州市旅游局邀请，成都壹旅游公司负责人现场介绍了正在制作的深莞惠旅游导览图相关情况。届时，惠州的 3D 大海龟将充当导游，在游客的语音或文字指令下，介绍深莞惠美景、美食，引领大家畅游深莞惠。

据了解，由惠州市旅游局倡导开发的“微游深莞惠”微信公众平台，目前也在加紧调试中，比之普通的微信公众平台，其实用功能更强大，将成为自驾出游深莞惠最便捷的微信指导平台。游客通过这个微平台，不仅可以及时了解深莞惠旅游的图文资讯，还可以通过平台内的“壹旅游”电台频道，选择收听风景、美食、攻略、线路等资讯。（市旅游局资源与市场开发科）

扎实做好文明旅游宣传引导工作

为加强文明旅游工作，提升旅游服务质量，规范旅行社行业经营行为，3月20日上午，惠州市旅游局召开全市旅行社工作会议，各县（区）旅游局、全市50多家旅行社主要负责人参加了会议。

…………

一、简报的概念和特点

（一）简报的概念

简报又称“动态”“简讯”“要情”“摘报”“工作通讯”“情况反映”“情况交流”“内部参考”等，是传递某方面信息的简短的内部小报，具有汇报性、交流性和指导性，形式简短、灵活、快捷。也可以说，简报就是简要的调查报告，简要的情况报告，简要的工作报告，简要的消息报道等。

（二）简报的特点

简报既有一般报纸新闻性的特点，又有本身的特点，主要包括以下几点。

1. 内容专业性强

公开发行的报纸，一般是综合性的，内容广泛，除了各方面的新闻，包括政治、经济、文化，工农商各行各业，城市乡村，国内国外的新闻等，还有文艺作品。这样，它就能满足各阶层读者的需要，有宣传政策、沟通信息、传播知识和陶冶性情等多方面的作用。简报则有所不同，它一般由有关单位、部门主办，专业性十分明显。如《春节旅游简报》《精神文明简报》《水利工程简报》《招生简报》等，分别由主办单位组织专人撰写，传递该项工作的各种信息，包括情况、经验、问题和对策等，一般性的东西少说，无关的东西不说，专业性的东西多说。这样一来，对一般读者来说，能了解工作的进展情况，增强责任感；对领导机关来说，能及时掌握情况，有针对性地处理问题。

2. 篇幅简短

虽然所有报纸的篇幅都有限，文章都较简短，但比较起来，公开发行的大报，一般都有4版，4万多字；地方小报，每期也有2万多字；简报区别于其他报刊最显著的特点就是简短。一期简报甚至只登一篇文章，只有几段内容，读者可以用很短的时间读完，适应现代快节奏工作的需要。

3. 限于内部交流

一般报纸面向全社会，内容是公开的，没有保密价值，读者越多越好，因而它除了新闻性外，还要求有知识性和趣味性。简报则不同，它一般在编报机关管辖范围内各单位之间交流，不宜甚至不能公开传播，涉外机关主办的简报更是如此。有的简报往往是专给某一级领导人看的，有一定的保密要求，不能任意扩大阅读范围。

二、简报的种类

简报的种类，按时间分，有定期的简报、不定期的简报；按性质分，有工作简报、生产简报、学习简报、会议简报；按内容分，有综合反映情况的综合简报和反映特定情况的专题简报。

（一）日常工作简报

日常工作简报又称业务简报，是一种反映本地区、本系统、本部门日常工作或问题的经常性简报。它包含的内容较广，工作情况、成绩、问题、经验教训、表扬批评、上级某些政策或指示都可以反映。它常以定期或不定期的形式出现，在一定范围内发行。

（二）中心工作简报

中心工作简报又称专题简报，往往是针对机关工作中某一时期的中心工作、某项中心任务办的阶段性的简报，中心工作完成，简报也就停办了。

（三）会议简报

会议简报是会议期间反映会议情况的简报，是一种临时性的简报，内容包括会议中的情况、发言及会议决定等。规模较大、时间较长的会议常要编发多期简报，以起到及时交流情况、推动会议进程的作用。小型会议一般是一会一期简报。

（四）动态简报

动态简报包括情况动态和思想动态。这类简报的时效性、机密性较强，要求迅速编发，发送范围有一定限制，在某一个时期、某一阶段要保密。

三、简报的写法

（一）报头

（1）简报名称一般用套红印刷的大号字体。如有特殊内容而又不必另出一期简报时，就在名称或期数下面注明“增刊”或“××专刊”字样。秘密等级写在左上角，也有的写“内部文件”或“内部资料，注意保存”等字样。

（2）期号，可写在简报名称下一行，用括号括上。

（3）编印单位，可写在简报名称下一行的左侧。

（4）印发日期，写在与编印单位平行的右侧。

注意：报头下面用一条横线将报头与报核隔开。

（二）报核

报核，即简报所刊的一篇或几篇文章。简报的写法是多种多样的，因此，它的形式也较灵活，大多数是消息，包括标题、导语、主体、结尾和穿插在叙述中的背景材料。除了消息，还有别的文体，所以不是每篇简报都有这几项内容。

（1）简报的标题类似新闻的标题，要揭示主题，简短醒目。

（2）导语通常用简明的一句话或一段话概括全文的主旨或主要内容，给读者一个总的印象。导语的写法多种多样，有提问式、结论式、描写式、叙述式等。导语一般要交代清楚谁（某人或某单位）、什么时间、干什么（事件）、结果怎样等内容。

（3）主体用足够有说服力的材料，把导语的内容加以具体化。

（4）结尾或指明事情发展趋势，或提出希望及今后的打算。如果主体部分已经把事情说清楚了，就不必再加结尾。

（5）背景材料即对人物、事件起作用的环境条件和历史情况。背景材料可以穿插在各个部分。

（三）报尾

在简报最后一页下部，用一条横线与报核隔开，横线下左边写明发送范围，在平行的右侧写明印刷份数。

例文 2

2015 年第 7 期旅游目的地管理动态简报

【监管情况】

◆“野导”“黑车”整治

2 月份，市、区两级共出动执法人员 3 458 人次，开展联合巡查 26 次，驱赶“野导”812 人次、处罚 46 人次、罚款 4 250 元，驱赶“黑车”157 辆次、处理 17 辆次、罚款 1 800 元。

◆旅游投诉处理

本月新收到旅游投诉 60 件，立案 18 件。本月处理完毕 35 件（含跨月结案 12 件），其中有责投诉 9 件、现场调解 3 件；退赔游客 86 176 元。

◆旅游企业检查

2 月份，根据国家旅游局和浙江省旅游局相关文件要求，组织开展了“春节”旅游市场检查，重点围绕出境游旅行社依法经营、文明旅游宣传等进行督查，对 17 家在杭州出境游组团社及 1 家出境游旅行社分公司进行了现场检查。

加强对旅游广告的日常监管，检查《钱江晚报》《都市快报》等主流媒体涉旅广告 126 余份次，检查旅行社网站及第三方旅游交易平台 30 余家次，涉及旅行社 48 家次，未发现广告不规范问题。

◆导游检查

2 月份，市旅游执法支队共对 99 名带团导游进行检查，查处 20 名违规导游，IC 卡扣分 68 分。被查处违规导游中，12 名导游未佩戴导游证，6 名导游未携带正规接待计划，1 名导游在带团过程中吸烟，1 名导游既未佩戴导游证又未携带正规接待计划。

【工作动态】

◆市旅游执法支队组织开展出境游旅行社专项检查

根据国家旅游局、省旅游局关于出境游旅游市场监管和文明旅游督查的通知精神，以及全市出境游组团社专题监管会议要求，2 月 9 日，市旅游执法支队制定下发了《关于开展“春节”旅游市场检查的方案》，于 2 月中旬至 3 月，针对出境组团社及分支机构依法经营，文明旅游宣传，出境押金管理，旅游合同签订及履行，内部管理制度，行前说明会制度及执行，导游、领队人员履行业务工作与文明督导“一岗双职”及规范执业情况，组织开展出境游旅游市场秩序专项检查。截至 2 月底，已出动执法人员 81 人次，现场检查出境游旅行社 18 家。（市旅游执法支队）

【活动简讯】

◆2 月 9 日，为确保春节期间景区燃香市场规范有序，市旅联办联合西湖风景名胜区管委会对灵隐景区香烛市场开展“回头看”活动，出动执法人员 19 人次，检查香烛店 7 家，工商、物价等部门对标价不规范等问题进行了现场纠治。（市旅联办）

◆2 月份，下城区经济和旅游局对辖区星级旅游饭店进行了安全生产督查，共督查单位 12 家，发现各类安全问题 34 条，并进行通报。对督查中发现的共性和个性问题进行梳理归纳，努力把安全隐患消除在萌芽状态，把好“安全关”。（下城区经济和旅游局）

◆春节前，富阳区风景旅游局组织开展专项整治执法检查，由局领导带队，通过实地察看和检查台账的方式对全区所有旅行社、星级饭店、旅游景点共42家单位进行分组督查。针对督查中发现的问题，发出整改通知书，责令其节前整改完毕，确保“春节”旅游市场秩序和谐稳定。（富阳区风景旅游局）

应用能力训练

1. 结合本班所开主题班会，自拟题目，起草一份简报。

2. 2015年1月15—16日，全国旅游工作会议在南昌召开，请为本次会议拟写一份简报。

第六节　规章制度

例文1

大陆居民赴台湾地区旅游管理办法（2011年修订）

第一条　为规范大陆居民赴台湾地区旅游，依据《中国公民往来台湾地区管理办法》和《旅行社条例》，特制定本办法。

第二条　大陆居民赴台湾地区旅游（以下简称赴台旅游），可采取团队旅游或个人旅游两种形式。

大陆居民赴台团队旅游须由指定经营大陆居民赴台旅游业务的旅行社（以下简称组团社）组织，以团队形式整团往返。旅游团成员在台湾期间须集体活动。

大陆居民赴台个人旅游可自行前往台湾地区，在台湾期间可自行活动。

第三条　组团社由国家旅游局会同有关部门，从已批准的特许经营出境旅游业务的旅行社范围内指定，由海峡两岸旅游交流协会公布。除被指定的组团社外，任何单位和个人不得经营大陆居民赴台旅游业务。

第四条　台湾地区接待大陆居民赴台旅游的旅行社（以下简称接待社），经大陆有关部门会同国家旅游局确认后，由海峡两岸旅游交流协会公布。

第五条　大陆居民赴台团队旅游实行配额管理。配额由国家旅游局会同有关部门确认后，下达给组团社。

第六条　组团社在开展组织大陆居民赴台旅游业务前，须与接待社签订合同、建立合作关系。

第七条　组团社须为每个团队选派领队。领队经培训、考核合格后，由地方旅游局向国家旅游局申领赴台旅游领队证。组团社须要求接待社派人全程陪同。

第八条　大陆居民赴台旅游期间，不得从事或参与涉及赌博、色情、毒品等内容及有损两岸关系的活动。

组团社不得组织旅游团成员参与前款活动，并应要求接待社不得引导或组织旅游团成员参与前款活动。

第九条　组团社须要求接待社严格按照合同规定的团队日程安排活动；未经双方旅行社及旅游团成员同意，不得变更日程。

第十条　大陆居民赴台旅游应持有效的“大陆居民往来台湾通行证”，并根据其采取的旅游形式，办理团队旅游签注或个人旅游签注。

第十一条　大陆居民赴台旅游应向其户口所在地公安机关出入境管理部门申请办理《大陆居民往来台湾通行证》及相应签注；参加团队旅游的，应事先在组团社登记报名。

第十二条　赴台旅游团须凭《大陆居民赴台湾地区旅游团名单表》，从大陆对外开放口岸整团出入境。

第十三条　旅游团出境前已确定分团入境大陆的，组团社应事先向有关出入境边防检查总站或省级公安边防部门备案。

旅游团成员因紧急情况不能随团入境大陆或不能按期返回大陆的，组团社应及时向有关出入境边防检查总站或省级公安边防部门报告。

第十四条　赴台旅游的大陆居民应按期返回，不得非法滞留。当发生旅游团成员非法滞留时，组团社须及时向公安机关及旅游行政主管部门报告，并协助做好有关滞留者的遣返和审查工作。

第十五条　对在台湾地区非法滞留情节严重者，公安机关出入境管理部门自其被遣返回大陆之日起，六个月至三年以内不批准其再次出境。

第十六条　违反本办法之规定的旅行社，旅游行政主管部门将根据《旅行社条例》予以处罚。对组团单位和参游人员违反国家其他有关法律、法规的，由有关部门依法予以处理。

第十七条　本办法由国家旅游局、公安部、国务院台湾事务办公室负责解释。

第十八条　本办法自发布之日起施行。

国家旅游局　公安部　国务院台湾事务办公室

2011 年 6 月 20 日

一、规章制度的概念

规章制度是国家机关、社会团体和企事业单位，为在一定范围内建立正常的工作、学习、劳动、生活秩序，规范人们的行为，依照国家的法律、法规和有关政策而制定的具有法规性、指导性、权威性和约束力的规范性文件。

制定规章制度应当遵循权利与义务一致、奖励与惩罚结合的原则，不得违反法律、法规的规定。规章制度具有使用范围的有限性、适用对象的特定性和执行规范的可操作性等特点。

二、规章制度的种类

规章制度包括行政法规、章程、制度、公约四大类。不同的类别，反映不同的需要，适用于不同的范围，起着不同的作用。

（一）行政法规类

1. 条例

条例是党的最高领导机关、国家最高权力机关、国家最高行政机关、国家和地方立法机关，用来对机关、团体的组织、职权、工作、活动、成员的行为，以及对某一重大事项的办理做出比较全面、系统、原则性的规定的法规性文件。条例的法定效力仅次于法律，具有法律条文和党政机关公文双重属性，即有法律的指导作用和约束力。如《失业保险条例》《中华人民共和国人民币管理条例》。

2. 规定

规定是为实施贯彻有关法律、法令和条例，根据其内容和授权，对有关工作或事项做出局部的、具体的要求。它的制发者是国务院各部委、各级人民政府及所属机构。如《关于制止低价倾销工业品的不正当价格行为的规定》《出版物上数字用法的规定》。

3. 办法

办法是对有关法令、条例、规章提出的具体可行的实施措施；是对国家或某一地区政治、经济和社会发展的有关工作、有关事项的具体办理、实施提出的切实可行的措施。办法重在可操作性。它的制发者是国务院各部委、各级人民政府及所属机构。如《中国公民出国旅游管理办法》《旅行社责任保险管理办法》。

4. 细则

细则是为实施“条例”“规定”“办法”所作的详细、具体或补充的规定，对贯彻方针、政策起具体说明和指导作用。它的制发者是国务院各部委、各级人民政府及所属机关。如《旅行社条例实施细则》《审批个人外汇申请施行细则》。

（二）章程制度类

1. 章程

章程是政府或社会团体用以说明该组织的宗旨、性质、组织原则、机构设置、职责范围等的纲领性文件，具有准则性与约束性的作用。它的制发者是政党或社会团体。如《中国写作学会章程》《河南省旅游协会章程》。

2. 制度

制度是有关单位和部门制定的要求所属人员共同遵守的准则，是机关单位对某项具体工作、具体事项所制定的必须遵守的行为规范。它的制发者是机关团体、企事业单位及其部门。如《旅行社安全管理制度》《旅游学院年度考核制度》。

3. 规则

规则是机关单位为维护劳动纪律和公共利益而制定的要求大家遵守的关于工作原则、方法和手续等的条规。它的制发者是机关团体、企事业单位及其部门。如《全国安全生产委员会专家组工作规则》《湖南省旅行社价格行为规则》。

4. 守则

守则是机关团体、企事业单位要求其成员遵守的行为准则。它的制发者是机关团体、企事业单位及其部门。如《汽车驾驶员守则》《高等学校学生守则》。

5. 须知

须知是有关单位、部门为了维护正常秩序，搞好某项具体活动，完成某项工作而制定的具有指导性、规定性的守则。它的制发者是有关单位、部门。如《观众须知》《参加演讲赛须知》。

（三）公约类

公约是人民群众或社会团体经协商决议而制定的应共同遵守的准则。即人们为了维护公共秩序，经集体讨论，把约定要做到的事情或不应做的事情，应该宣传的事情或必须反对的事情明确写成条文，作为共同遵守的事项。它的制发者是人民群众、社会团体。如《居民文明公约》《中国公民国内旅游文明行为公约》。

三、规章制度的结构和写作方法

规章制度的种类不同，写作格式和方法也有所不同。一般情况下，规章制度都包括标题、正文和落款三部分。

（一）标题

规章制度的标题就是规章制度的名称，一般由单位、内容和类别组成。如“上海锦江酒店安全生产工作细则”。有的规章制度属于试行、暂行或草案，应在标题中指出。

（二）正文

各种规章制度的正文结构大体类似，都是以条文的形式写成，一般由“总则”“分则”“附则”三部分组成。

1. 总则

总则主要应写明制定本规章制度的目的、根据，明确工作的基本方针、基本任务，以及该规章制度的适用范围和执行办法等。其具体写法可以灵活，有的可以单列一章，下面再分若干条文来写；有的可以采用导语、序言的形式，将总则部分的内容用一段文字加以概括，放在具体条文之前。

2. 分则

分则主要应写明规章制度的具体内容，由若干章、节和条款组成，是正文的主体。具体的写法要根据内容的多少繁简而定。可以分章列条来写；也可以不分章、节，只列若干条文，每一个条文写一个具体问题。

分则部分分章、节写时，要为每一个章、节拟出一个小标题。每个章、节里的条款次序，应当按其内容的联系和逻辑顺序加以排列。

无论是否分章分节，所有的条文都应统一连续编排序号。每个条文中的各款，可以分别单编顺序号，以方便引用。

3. 附则

附则主要规定本规章制度的执行时间；宣布与这个文件相抵触的原有的规定同时作废；写明修改、补充、解释权，以及对违反规定者的处理规则等。

（三）落款

规章制度必须注明制定或颁布的具体时间，以便于贯彻落实。

四、规章制度的写作要领

建章立制是实施制度和规范管理的必要手段，既涉及管理体制及领导者的指导思想问题，又涉及体式结构和文字表述等技术性问题。因此，在规章制度的写作中，必须努力把握以下要领。

（一）权威性

为了维护规章制度的权威性，在起草时必须做到“三明确”：明确领导意图；明确行文基调；明确制发背景。

（二）可行性

规章制度是要人执行的，其内容必须准确、规范，有可行性。首先，要有很强的针对性。其次，条文内容要有依据，必须符合党和国家的政策、法令，不允许与之相抵触或违背。最后，具体要求要协调。为确保规章制度的可行性，写作时必须十分注意与同类规章制度的纵向或横向联系与协调，避免发生规定“撞车”、制度“打架”现象。

（三）规范性

规章制度属于法规性文书，具有一定的约束力，因而其文字表述必须严谨、周密、规范，既要体现严肃性，又要考虑稳定性。在结构安排上，要求对条文的先后顺序、内容主次进行精心设计，注意条与条、段与段之间的内在逻辑关系，做到层次分明、布局合理。

例文 2

导游人员管理条例

第一条　为了规范导游活动，保障旅游者和导游人员的合法权益，促进旅游业的健康发展，制定本条例。

第二条　本条例所称导游人员，是指依照本条例的规定取得导游证，接受旅行社委派，为旅游者提供向导、讲解及相关旅游服务的人员。

第三条　国家实行全国统一的导游人员资格考试制度。

具有高级中学、中等专业学校或者以上学历，身体健康，具有适应导游需要的基本知识和语言表达能力的中华人民共和国公民，可以参加导游人员资格考试；经考试合格的，由国务院旅游行政部门或者国务院旅游行政部门委托省、自治区、直辖市人民政府旅游行政部门颁发导游人员资格证书。

第四条　在中华人民共和国境内从事导游活动，必须取得导游证。

取得导游人员资格证书的，经与旅行社订立劳动合同或者在导游服务公司登记，方可持所订立的劳动合同或者登记证明材料，向省、自治区、直辖市人民政府旅游行政部门申请领取导游证。

具有特定语种语言能力的人员，虽未取得导游人员资格证书，旅行社需要聘请临时从事导游活动的，由旅行社向省、自治区、直辖市人民政府旅游行政部门申请领取临时导游证。

导游证和临时导游证的样式规格，由国务院旅游行政部门规定。

第五条　有下列情形之一的，不得颁发导游证：

（一）无民事行为能力或者限制民事行为能力的；

（二）患有传染性疾病的；

（三）受过刑事处罚的，过失犯罪的除外；

（四）被吊销导游证的。

第六条　省、自治区、直辖市人民政府旅游行政部门应当自收到申请领取导游证之日起 15 日内，颁发导游证；发现有本条例第五条规定情形，不予颁发导游证的，应当书面通知申请人。

第七条　导游人员应当不断提高自身业务素质和职业技能。

国家对导游人员实行等级考核制度。导游人员等级考核标准和考核办法，由国务院旅游行政部门制定。

第八条　导游人员进行导游活动时，应当佩戴导游证。

导游证的有效期限为 3 年。导游证持有人需要在有效期满后继续从事导游活动的，应当在有效期限届满 3 个月前，向省、自治区、直辖市人民政府旅游行政部门申请办理换发导游证手续。

临时导游证的有效期限最长不超过3个月，并不得展期。

第九条　导游人员进行导游活动，必须经旅行社委派。

导游人员不得私自承揽或者以其他任何方式直接承揽导游业务，进行导游活动。

第十条　导游人员进行导游活动时，其人格尊严应当受到尊重，其人身安全不受侵犯。

导游人员有权拒绝旅游者提出的侮辱其人格尊严或者违反其职业道德的不合理要求。

第十一条　导游人员进行导游活动时，应当自觉维护国家利益和民族尊严，不得有损害国家利益和民族尊严的言行。

第十二条　导游人员进行导游活动时，应当遵守职业道德，着装整洁，礼貌待人，尊重旅游者的宗教信仰、民族风俗和生活习惯。

导游人员进行导游活动时，应当向旅游者讲解旅游地点的人文和自然情况，介绍风土人情和习俗；但是，不得迎合个别旅游者的低级趣味，在讲解、介绍中掺杂庸俗下流的内容。

第十三条　导游人员应当严格按照旅行社确定的接待计划，安排旅游者的旅行、游览活动，不得擅自增加、减少旅游项目或者中止导游活动。

导游人员在引导旅游者旅行、游览过程中，遇有可能危及旅游者人身安全的紧急情形时，经征得多数旅游者的同意，可以调整或者变更接待计划，但是应当立即报告旅行社。

第十四条　导游人员在引导旅游者旅行、游览过程中，应当就可能发生危及旅游者人身、财物安全的情况，向旅游者作出真实说明和明确警示，并按照旅行社的要求采取防止危害发生的措施。

第十五条　导游人员进行导游活动，不得向旅游者兜售物品或者购买旅游者的物品，不得以明示或者暗示的方式向旅游者索要小费。

第十六条　导游人员进行导游活动，不得欺骗、胁迫旅游者消费或者与经营者串通欺骗、胁迫旅游者消费。

第十七条　旅游者对导游人员违反本条例规定的行为，有权向旅游行政部门投诉。

第十八条　无导游证进行导游活动的，由旅游行政部门责令改正并予以公告，处1 000元以上3万元以下的罚款；有违法所得的，并处没收违法所得。

第十九条　导游人员未经旅行社委派，私自承揽或者以其他任何方式直接承揽导游业务，进行导游活动的，由旅游行政部门责令改正，处1 000元以上3万元以下的罚款；有违法所得的，并处没收违法所得；情节严重的，由省、自治区、直辖市人民政府旅游行政部门吊销导游证并予以公告。

第二十条　导游人员进行导游活动时，有损害国家利益和民族尊严的言行的，由旅游行政部门责令改正；情节严重的，由省、自治区、直辖市人民政府旅游行政部门吊销导游证并予以公告；对该导游人员所在的旅行社给予警告直至责令停业整顿。

第二十一条　导游人员进行导游活动时未佩戴导游证的，由旅游行政部门责令改正；拒不改正的，处500元以下的罚款。

第二十二条　导游人员有下列情形之一的，由旅游行政部门责令改正，暂扣导游证3至6个月；情节严重的，由省、自治区、直辖市人民政府旅游行政部门吊销导游证并予以公告：

（一）擅自增加或者减少旅游项目的；

（二）擅自变更接待计划的；

（三）擅自中止导游活动的。

第二十三条 导游人员进行导游活动，向旅游者兜售物品或者购买旅游者的物品的，或者以明示或者暗示的方式向旅游者索要小费的，由旅游行政部门责令改正，处1 000元以上3万元以下的罚款；有违法所得的，并处没收违法所得；情节严重的，由省、自治区、直辖市人民政府旅游行政部门吊销导游证并予以公告；对委派该导游人员的旅行社给予警告直至责令停业整顿。

第二十四条 导游人员进行导游活动，欺骗、胁迫旅游者消费或者与经营者串通欺骗、胁迫旅游者消费的，由旅游行政部门责令改正，处1 000元以上3万元以下的罚款；有违法所得的，并处没收违法所得；情节严重的，由省、自治区、直辖市人民政府旅游行政部门吊销导游证并予以公告；对委派该导游人员的旅行社给予警告直至责令停业整顿；构成犯罪的，依法追究刑事责任。

第二十五条 旅游行政部门工作人员玩忽职守、滥用职权、徇私舞弊，构成犯罪的，依法追究刑事责任；尚不构成犯罪的，依法给予行政处分。

第二十六条 景点景区的导游人员管理办法，由省、自治区、直辖市人民政府参照本条例制定。

第二十七条 本条例自1999年10月1日起施行。1987年11月14日国务院批准、1987年12月1日国家旅游局发布的《导游人员管理暂行规定》同时废止。

应用能力训练

1. 请你为本院系学生管理工作拟写规章制度。
2. 请你为所在学校××社团拟写一份规章制度。

第七章
旅游契约类文体写作

第一节 合同

例文 1

境内旅游组团社与地接社合同模板

合同编号：

组团社：
法定代表人（主要负责人）： 职务：
业务经营许可证号：
经营地址：
经办人： 职务：
联系电话： 传真：
电子邮箱：
地接社：
法定代表人（主要负责人）： 职务：
业务经营许可证号：
经营地址：
经办人： 职务：
联系电话： 传真：
电子邮箱：

组团社将其组织的旅游者交由地接社接待，地接社按照双方确认的标准和要求，为组团社组织的旅游者提供接待服务。组团社与地接社双方经平等协商，达成如下协议：

第一条 合同构成

下列内容作为本合同的有效组成部分，与本合同具有同等法律效力：

1. “接待计划书”。
2. 双方业务往来确认。
3. 双方就未尽事宜达成的补充协议。
4. 财务确认及结算单据。

5. 其他约定。

第二条　合同当事人

组团社和地接社是依照中华人民共和国法律、法规设立的旅行社或者分社，依法取得旅行社业务资质，且在合同有效期内双方资质有效存续。

双方均应于签订合同前向对方提供营业执照、业务经营许可证（分社备案登记证明）、旅行社责任保险单、安全管理制度、突发事件处理预案等文书复印件并加盖印章。如上述信息发生变更，变更一方应于变更之日起____日内书面通知对方并提供更新后的材料。

第三条　“接待计划书”订立

组团社可以通过电话、传真、电子邮件等通信方式与地接社洽谈接待相关事宜，在此过程中双方最终达成一致的事项，应形成“接待计划书”，并由双方签字盖章确认。

“接待计划书”应明确以下内容：

1. 旅游者人数及名单。

2. 接待费用，其中地接导游费用为____________。

3. 抵离时间、航班、车次。

4. 交通、住宿、餐饮服务安排及标准。

5. 游览行程安排、游览内容及时间。

6. 自由活动次数及时间。

7. 对导游的要求。

8. 其他。

第四条　“接待计划书”变更

“接待计划书”一经确认，单方不得擅自变更。

出团前如遇不可抗力或者其他原因确需变更的，经协商一致，变更后的内容由双方签字盖章确认。紧急情况下，双方可通过电话、传真、电子邮件等通信方式进行协商，但应在紧急情况消失之日起____日内由双方签字盖章确认。

除法律、法规规定外，出团后“接待计划书”不得变更。

第五条　接待服务要求

地接社接待服务应符合：

1.《中华人民共和国旅游法》（以下简称《旅游法》）、《旅行社条例》、《导游人员管理条例》等法律、法规。

2. 双方约定的接待服务标准。

3. 相关的国家标准和行业标准。

第六条　接待费用结算

结算方式及期限：

地接社应配合组团社关于接待费用结算的要求及时填写结算单，并加盖地接社财务专用章，送达组团社财务部门。组团社应在收到地接社结算单据后____日内核对，并按约定按时足额支付接待费用。

第七条　合同义务

（一）组团社义务

1. 组团社应按约定的时限、数额支付接待费用。

2. 组团社应真实、明确说明接待要求和标准，将与旅游者达成的合同、单团旅游行程单的副本提供给地接社。

3. 组团社应对地接社完成接待服务予以必要协助。

（二）地接社义务

1. 地接社应严格按照双方约定安排旅游行程、旅游景点、服务项目等，不得因与组团社团款等纠纷擅自中止旅游服务。

2. 未经组团社书面同意，地接社不得以任何方式将组团社组织的旅游者与其他旅游者合并接待，或者转交任何第三方接待。

3. 地接社应选择合格且具有相应接待能力的供应商。

4. 地接社应积极配合组团社做好接待服务质量测评工作，按约定通报团队动态和反馈接待服务质量信息。

5. 要求导游引导旅游者健康、文明旅游，劝阻旅游者违法和违反社会公德的行为。

（三）双方共同义务

1. 双方约定的接待费用不应低于接待和服务成本。

2. 双方的约定应遵守《旅游法》《消费者权益保护法》等法律、法规，不应损害旅游者的合法权益。

3. 一方违约后，对方应采取适当措施防止损失扩大。

4. 双方均应保守经营活动中获取的商业秘密。

5. 旅游行程中旅游者主张解除合同的，旅行社应当协助旅游者返回出发地或者旅游者指定的合理地点。

第八条　风险防范

1. 组团社和地接社均应按法律、法规规定足额投保旅行社责任保险。

2. 组团社应提示其组织的旅游者购买人身意外伤害保险。

3. 地接社为组团社组织的旅游者安排的车辆及司机必须具备合法有效资质，地接社选择的客运经营者应已购买承运人责任保险，且保险金额不低于____万元。

4. 组团社和地接社均应保证旅游者的安全，对于可能危及旅游者人身及财产安全的事项，应做出真实的说明和明确的警示，并采取必要措施防止危害发生和扩大。

5. 地接社接待过程中，旅游者受到人身、财产损害的，地接社应采取救助措施并先行垫付必要费用，及时向组团社反馈信息，收集和保存相关证据，组团社和地接社在责任划分明确后____日内根据各自承担的责任进行结算，属于第三方责任的，地接社应协助旅游者索赔。

第九条　旅游纠纷处理

1. 旅游者在地接社接待过程中提出投诉的，地接社应尽力在当地及时解决，并将处理情况书面通知组团社，未能在当地解决的，应及时书面通知组团社。地接社应积极配合组团社处理旅游者投诉、仲裁、诉讼等服务质量纠纷，及时提供所需证据材料。

2. 组团社和地接社应根据调查情况，划分各自应承担的赔偿责任，并于责任划分明确后____日内进行结算。因组团社原因导致行程延误、更改、取消等所造成的经济损失由组团社承担，因地接社接待服务质量问题造成的经济损失由地接社承担。

3. 因地接社接待服务质量问题所产生的经济赔偿，组团社依照或者参照如下标准做出赔偿后，地接社应在组团社提出追索请求并提供相关证明后____日内对组团社予以全额赔偿：

（1）依照组团社和旅游者约定的赔偿标准；

（2）参照国家旅游局制定的《旅行社服务质量赔偿标准》；

（3）依照法院、仲裁机构裁决所确定的数额标准。

第十条　不可抗力

1. 因不可抗力等不可归责于合同任何一方的事由致使一方不能履行合同的，应根据影响程度，部分或者全部免除责任，但迟延履行后发生不可抗力等不可归责于合同任何一方的事由的，不能免除责任。

2. 一方因不可抗力等不可归责于合同任何一方的事由不能履行合同的，应当及时通知另一方，并在合理期限内提供证明。双方应采取合理措施防止损失扩大，因一方未履行相关义务造成对方损失的，应承担赔偿责任。

3. 因不可抗力等不可归责于合同任何一方的事由导致行程延滞的，组团社和地接社应及时与旅游者协商、调整行程，所增加的费用，同意旅游者不承担的部分由组团社和地接社协商承担。

4. 因不可抗力等不可归责于合同任何一方的事由危及旅游者人身、财产安全的，组团社和地接社应采取相应的安全救助措施，所支出的费用，同意旅游者不承担的部分由组团社和地接社协商承担。

第十一条　违约责任

1. 组团社未按合同约定按时足额支付接待费用的，应以未支付团款为基数，按日____%向地接社支付违约金，违约金不足以弥补实际损失的，按实际损失赔偿。

2. 组团社因如下情形造成地接社经济损失的，应按实际损失向地接社承担违约责任：

（1）接待要求、标准等信息说明不明确或者错误；

（2）未对地接社完成接待服务予以必要协助。

3. 地接社未经组团社书面同意，将组团社组织的旅游者与其他旅游者合并接待，或者转交任何第三方接待，地接社应向组团社支付当团接待费用____%的违约金，违约金不足以弥补实际损失的，按实际损失赔偿。

4. 地接社未按合同约定选择合格且具有相应接待能力的供应商，地接社应向组团社支付当团接待费用____%的违约金，违约金不足以弥补实际损失的，按实际损失赔偿。

5. 因地接社违法违规行为导致组团社受到行政处罚的，地接社应向组团社支付当团接待费用____%的违约金，违约金不足以弥补实际损失的，按实际损失赔偿。

6. 地接社未能在当地解决旅游者提出的投诉，又未及时书面通知组团社的，地接社应就造成的损失承担赔偿责任。

7. 组团社和地接社双方或者任何一方未积极采取补救措施防止损失扩大，在各自责任范围内就扩大的损失承担赔偿责任。

8. 组团社和地接社任何一方泄露在经营活动中获取的商业秘密，违约一方应向另一方支付当团接待费用____%的违约金，违约金不足以弥补实际损失的，按实际损失赔偿。

第十二条　合同解除

1. 组团社超出约定付款期限____日以上未支付接待费用的，地接社有权解除合同，并要求组团社承担相应的赔偿责任。

2. 因地接社原因引发旅游者有责投诉、仲裁或者民事诉讼____次（含本数）以上，组团社有权解除合同，并要求地接社承担相应的赔偿责任。

3. 因地接社违约给组团社或者旅游者造成经济损失，地接社拒不改正或者拒绝赔偿____次（含本数）以上，组团社有权解除合同，并要求地接社承担相应的赔偿责任。

4. 双方约定合同解除的其他情形。

第十三条　争议解决

组团社和地接社因单团接待业务引发的争议，可协商解决，协商不成的，按下列第____种方式解决（选择一种）：

1. 提交仲裁，双方约定仲裁委员会为________（标明仲裁委员会所属地区和名称）。

2. 提起民事诉讼，双方约定诉讼管辖地为________（限于被告住所地、合同履行地、合同签订地、原告住所地、标的物所在地）。

第十四条　合同效力与期限

1. 本合同一式____份，双方各持____份，具有同等法律效力。

2. 本合同自双方签字盖章之日起生效，有效期为____。一方可于合同有效期届满前____日向另一方书面提出续签合同。

3. 本合同终止或者解除时，双方在合同有效期内已确认的接待计划应当继续履行。

组团社签章：	地接社签章：
签约时间：	签约时间：
签约地点：	签约地点：

一、合同的概念和作用

合同又称契约。《中华人民共和国合同法》规定，合同是平等主体的自然人、法人、其他组织之间设立、变更、终止民事权利义务关系的协议。旅游合同是指旅游企业和旅游者为了实现一定的旅游目的、明确双方的权利义务关系而签订的协议。

合同一般都会涉及经济活动。经济合同以经济利益为纽带，把社会经济活动有机联系起来，是一种对合同双方都具有同等约束力的文书。它有利于保护合同当事人的合法权益；有利于维护社会经济秩序；有利于加强专业化生产协作；有利于加强企业的经营管理；有利于发展对外贸易和经济技术交流。

二、合同的种类

经济合同种类繁多，可以从不同的角度进行划分。经济合同的书写形式有两种：一是条款式；二是表格式。

（一）按业务性质划分

合同类型有购销（包括供应、采购、购销结合、协作、调剂等）、建设工程承包、加工承揽、货物运输、供用电、仓储保管、财产租赁、借贷、财产保险、科技协作等合同。旅游业是综合性很强的行业，几乎涉及以上各种业务性质的合同。

（二）按有效期限划分

合同有长期经济合同（有效期限在一年以上）和短期经济合同（有效期限不足一年）。

（三）按经济合同与国家计划的关系划分

合同有指令性计划的经济合同、指导性计划的经济合同和非计划性经济合同。

（四）按合同的标的划分

合同有转移财产的经济合同和提供劳务的经济合同。

（五）按合同当事人的国籍划分

合同有国内经济合同和涉外经济合同。

三、经济合同的结构和写法

（一）标题

经济合同的标题，应明确标出合同的性质。如购销合同、预购合同、供应合同等。

（二）签约双方名称

在正文之前写明签订合同的双方当事人的名称（要使用全称），然后用括号分称甲方、乙方或买方、卖方。

（三）正文

正文是合同的主体，先写订立合同的目的或根据，再逐条写明双方协议定妥的条款。这部分内容应条款完备、齐全，表述准确、具体。正文部分的主要条款如下。

1. 标的

标的可以是商品货物，也可以是劳务或工程项目，而借款合同的标的是货币。商品货物的标的包括商品的名称、规格、型号或代号、版号、商标等。

2. 数量

经济合同的数量指的是标的数量。数量要使用通用标准计量单位。在写明计量方法和计量单位的同时，还要写明交货数量的机动的正负尾差和合理磅差。

3. 质量

质量是合同标的产品或劳务的优劣程度。质量有两个方面的要求：一方面是指产品的外观形态，如造型、结构、色泽、味觉等；另一方面是指产品的内在成分、物理和机械性能、生物特征等。一般情况下，有国家或部颁标准的，按国家或部颁标准签约；没有国家标准或部颁标准的，由双方协议定一个标准；有的质量一时定不了的，可以拿样品，交货时凭样品交货，这些在合同中都要写清楚。样品必须在订立合同时由双方封存，以作为今后验收的依据。

4. 价款或酬金

价款或酬金是取得合同标的一方向对方所支付的代价。价款或酬金以货币数量表示，是经济合同双方等价交换的经济关系的标志。

5. 期限

经济合同履行的期限，即合同议定的履行时间，是负有义务的双方按议定的时间履行合同的条款。它是确定合同是否按时履行或迟延履行的标准。

6. 地点

即履行合同的具体地点。这是分清双方责任的依据之一。书写这一条款时，必须写明交（提）货、付款、验收或劳务的具体地点，要注意表述确切。

7. 履行方式

指采用什么方式来实现合同所规定的当事人双方的义务。如运输合同中的运输方式，购销合同中的提货方式，借贷合同中的还贷方式等。

8. 结算

经济合同用货币履行义务时，除法律另有规定外，必须用人民币计算并通过银行转账结算。允许预付货款的商品，订立合同时，必须写清开户银行、账号以及结算日期、结算方式。要注明是先付款后交货，还是先交货后付款。

9. 违约责任

经济合同中规定违约责任是督促当事人自觉履行合同的一种手段，是实现合同的一种担保形式。合同中的违约责任是通过违约金反映的。违约金的数量，可以依据法律规定，也可以由当事人双方依法商定，并在合同中具体写明。

除上述主要条款外，产品的包装方法、要求，产品的验收方法，签约的时间、地点等也要在合同中写明。合同签订地是发生纠纷后确定管辖法院、仲裁机构的重要依据。

（四）结尾

结尾共有四项内容：一是注明合同附件；二是注明合同的有效期限；三是注明合同一式几份，交由谁保管；四是由订立合同的当事人签名盖章并写上签订合同的日期。

四、合同写作的注意事项

一是合同的权利、义务以及其他条款要齐全、完备。

二是合同条款的规定必须具体、明确，毫不含糊。

三是合同的措辞要准确、严密、简练，没有歧义。

四是合同一经签订，即可生效，任何一方不得随意改动。如需修改、补充或更正，须经双方协商，将改动意见作为合同附件，正式签署后生效。

例文 2

婚宴协议书

甲方：北京市××大酒店餐饮部　电话：　　　　　　联系人：

乙方：(1)　　　　　　　　　　　　(2)　　　　　　　　电话：

尊敬的先生（小姐）：

非常感谢您选择本酒店作为您举办婚礼的地点，现将您活动的有关需要和要求以及安排确认如下：

婚礼宴会时间：____年____月____日____时____分开始至____时____分止。

婚礼宴会场地：四季厅（　）　多功能厅（　）　瑞德轩（　）

婚礼宴会桌数：____桌。是否需要备桌（是：1桌，否：不需要）

餐费标准：____元/桌，共计人民币：____元（包含酒水、婚礼用品等费用）

备注：________________________

是否已交付定金1 000元整（是，否）

一、酒店可提供之免费物品

1. 婚礼全场免收10%服务费；酒水另算，婚宴人数达到80人以上可自带酒水，免10%开瓶费；80人以下者，谢绝自带酒水和饮料。

2. 可免费提供2～4个婚宴车位（前门只提供一个花车车位，其他根据婚宴人数及实际情况而定)。

3. 可免费提供婚礼指示牌及签到台各一个。

4. 可免费提供一间贵宾厅（更衣室），仅供新娘更衣使用。

5. 免费提供简易卡拉OK设备及麦克，客人如预订专业音响，费用另付。

6. 婚宴消费达到21 800元将可获得婚礼当晚免费标准间一间/夜；达到23 800元将可获得婚礼当晚免费豪华标准间一间/夜；达到25 800元将可获得婚宴当晚免费豪华套间一间/夜（如需此项服务，请提前一周预约，如未提前预约视同自动放弃。如当日房间已满，将自动顺延一天)。

二、酒店可提供的婚庆所需其他付费服务项目

1. 婚礼现场使用四季厅、多功能厅的贵宾，场地费2 000元整；使用瑞德轩的贵宾，场地费1 000元整。

2. 婚礼期间不允许客人使用自带电气设备，如专业灯光、追光灯、泡泡机、烟雾器、干冰机等。如确需使用，需将设备名称和功率参数等告诉酒店，经酒店同意后方可使用，使用费用为150元/台·次。

三、请您遵守如下事项

1. 婚宴客人请勿携带带壳的食品及坚果类食品（如：花生、瓜子、栗子、开心果等）入场。

2. 婚宴客人在布置场地时请自觉爱护酒店内各项设施，请勿违反北京市消防规定在消防器械上贴任何物品及堵塞消防通道。

3. 场地布置仅限于在婚礼预定场地内进行，禁止在酒店大堂及大门口张贴任何新人海报及喜字；请勿在布置时使用双面胶贴物品，建议使用透明细胶带。

4. 婚宴桌数可按预订桌数多预备1桌（此桌未使用不收取任何费用），如未达到已预订桌数，按已预订婚宴桌数及标准收取50%/桌的损失费。

四、结账及取消事宜

1. 预订婚宴时请交付婚宴定金1 000元整。4桌以下可交付婚宴定金500元整。如乙方违约，定金不予返还；如甲方违约，应双倍返还定金。

2. 如乙方在宴会开始前不足48小时取消活动，除定金不予退还外，还将收取乙方所预定宴会总金额的30%作为违约金。请于婚宴结束当天将婚宴总金额的余款交齐。

3. 遇不可抗力致使婚礼不能如期举行时，双方互不追究对方责任，损失各自承担。

五、赔偿方式

婚宴客人在使用婚礼预订场地期间对场地内部结构及设施有任何损害的，一律按酒店价格赔偿。

1. 请勿在婚礼宴会场地墙壁上打眼、钉钉子或损伤墙体构造。如有此种情况，视破坏程度赔偿200～2 000元维修费。

2. 请勿将烟头、鲜花花瓣扔在婚礼宴会场地的地毯上，宴会结束后由酒店餐饮部及婚宴客人共同检查。地毯若有损坏，每处赔偿200元修补费用。

六、特别约定

1. 出席婚宴的客人如酒后滋事给酒店造成损失的，乙方应承担连带赔偿义务。

2. 乙方邀请的婚庆公司在提供婚庆服务时损害酒店利益或违反本协议相关条款，造成酒店损失的，除该婚庆公司赔偿酒店的损失外，乙方应承担连带责任。

3. 乙方在酒店所发生的不包含在预订宴会安排之内的其他费用由客人自付。

4. 本协议自收到乙方交来的定金之日起生效，如乙方未能及时缴纳定金，虽然乙方已在本协议上签字，酒店之行为仍可不受本协议之约束。

此协议一式两份，甲、乙双方各执一份，请妥善保存！

酒店联系人：	客户确认人：
酒店盖章：	签字：
确认日期：	确认日期：

应用能力训练

请写一份租赁合同，内容自拟。

第二节 条据

条据是日常生活中最常见而又最简便的应用文。根据内容和功用的不同，条据可分为说明性条据和证明性条据两种。前者称为便条，如请假条、留言条等；后者称为凭据，如借条、欠条、收条、领条等。

一、便条

便条是一种简便的书信或通知，用来向别人说明事项。便条不用邮寄，而是直接面交、托人转交或留置交与。常用的便条有请假条、留言条等。

（一）请假条

请假条是因事或因病不能出勤，向单位、组织或领导请求给予假期的便条。

请假条的写作格式与一般书信大体一致，通常由标题、称呼、正文、祝颂语、署名和日期五部分组成。

（1）标题。居中书写“请假条”即可。

（2）称呼。不必用敬语，平时怎么称呼就怎么写，称呼要顶格写。

（3）正文。直接写明请假的原因、起止时间（请假天数一般要用大写）；如有别的事情需要交代，可另起一段。

（4）祝颂语。一般在正文写完后另起一行空两格，写“此致”，再转下一行顶格写“敬礼”（后面不加标点符号）。

（5）署名和日期。署名写在正文的右下方，另起一行在署名的下面写上日期。

写请假条时要注意，请假的理由必须充分，要符合有关的规章制度。

例文 1

请假条

××老师：

昨夜我突然发烧，经医生诊断为重感冒，今晨仍觉头昏脑涨、四肢无力，特请病假壹天（附医院病休证明），请予批准。

此致

敬礼

学生：赵××

××××年××月××日

(二) 留言条

留言条是访问某人未遇时写下的便条；有时替别人接了电话，将电话内容记下来转告，也叫留言条。从广义上说，凡因故不能面谈而将有关事项简要地写下来告知对方的便条都是留言条。

留言条的写作格式及要求跟请假条大体一致，但一般不用标题，也不必写祝颂语。其中署名可以是全名，也可以是小名或外号等，但必须让对方明确知道是谁；日期可写某月某日，也可明确到几时几分。

例文 2

小刘：

今天下午我和××来你家，准备跟你商量明天团支部组织参观市"青年志愿者在行动"图片展览一事，恰巧你外出未归。今晚 8 点半我们再来找你，望你在家等候。

蒋××

××月××日下午×时

例文 3

小张：

今天上午 9 点半，你南京的同学陈××来电话，说国庆节期间要来苏州旅游，想顺便看望你。你下课后给他回个电话，他的电话是 130××××××××。

林××

××月××日

二、凭据

凭据习惯上又称条据，是人们在处理钱、物的过程中，为了手续清楚或作为凭证而写的字据。常用的凭据有借条、欠条、收条、领条。

由于涉及钱、物的处理并具有法律效力，所以写作凭据要慎重、规范。一般要注意以下几点：

(1) 对外单位使用的凭据，要写单位的全称。

(2) 文字要简明，用语要确切。款项、物件的数字要清楚，一般要用汉字的"壹、贰、叁、肆、伍、陆、柒、捌、玖、拾、佰、仟"，而不用汉字"一、二、三、四、五、六、七、八、九、十、百、千"或阿拉伯数字。数字如有涂改，要加盖印章或重写一份。

(3) 署名应是亲笔签写的真实姓名。如有需要，签名之后还要加盖印章或按上指印。

(4) 书写凭据时，要用钢笔或签字笔，不要用铅笔。

（5）字迹要端正、清楚，不能潦草，以防有歧义或被误认。

（6）日期要具体，不要写“即日”之类。

（一）借条

借条是单位或个人借到钱、物时写给出借方作为凭证的一种条据。它是一种非常重要的、有法律效力的应用文。

借条在格式上包括标题、正文、署名和日期等部分。

（1）标题。一般居中书写“借条”即可。

（2）正文。要写清所借钱物的数量、品种、规格以及何时归还等。习惯上，正文写完后，可接着写上“特立此据”；也可另起一行空两格，写上“此据”字样（后面不加标点符号）。“特立此据”或“此据”也可省略。

（3）署名写借用者本人的姓名；如是单位借用，则分别署上单位名称和经手人姓名，必要时还须加盖公章或按指印。

（4）日期写在署名下，年、月、日要写全，不能只写月、日。

例文 4

借条

今借到学校“学生互助基金”壹佰元整，下月×日前归还。

此据

××班学生李××

××××年××月××日

例文 5

借条

今借到学校体育组篮球伍个、乒乓球拍叁副、羽毛球拍壹副，叁日内归还。

特立此据

××班经手人黄××

××××年××月××日

（二）欠条

欠条是欠物、欠款的个人或单位写给对方作为约期归还证明的一种凭据。

欠条的写作有两种情况：一是已归还或交付给对方部分钱、物，尚欠一定数量的钱、物，所以写下欠条；二是立据人过去曾借对方的钱、物，但由于某种原因，一直未能归还，当时也未写下任何凭据，因此补写欠条作为凭证。

欠条的写作格式及要求与借条相同。

例文 6

欠条

由于所带现金不足，尚欠财务科住宿费叁拾元整，明日还清。

此据

××部门赵××
××××年××月××日

例文7

××××年××月××日借杜××同学人民币叁佰元整，已还贰佰元整，尚欠壹佰元整，两个月内还清。

特立此据

洪××
××××年××月××日

（三）收条

收条是单位或个人收到钱、物时写给对方作为今后查对凭证的一种条据。收条也是一种有法律效力的应用文。其写作格式及要求与借条相同。

例文8

收条

今收到市“帮学助困基金会”资助我的学费人民币贰仟元整。

此据

××学院徐××
××××年××月××日

例文9

收条

今收到××公司赠与我校的××笔记本电脑壹台、××型激光打印机壹台。

××市职业学校（盖章）
××××年××月××日

（四）领条

领条是单位或个人领取钱、物时写给对方作为凭证的一种条据。领条的写作格式及要求与借条、收条相同。

例文10

领条

今领到学校财务科发给××班的奖学金贰仟捌佰肆拾元整。

此据

××班领取人顾××
××××年××月××日

例文 11

领条

今领到学校产教中心发给××班的实习工作服、钳工组合工具各肆拾陆套，工具箱钥匙肆拾陆把。

××班领取人朱××

××××年××月××日

应用能力训练

请分别写一张请假条、留言条、借条和领条，内容自拟。

第三节　意向书

一、意向书的概念、特点与作用

意向书是经济活动中双方当事人经过初步洽商，就各自的意愿达成一致认识而签订的书面文件，是双方或多方进行实质性谈判的依据，是签订协议（合同）的前奏。

不同类型的意向书，特点也稍有差异。临时性意向书只是表达谈判的初步成果，对双方的行为起到暂时约束的作用，一旦达成正式协议，它的使命也就完成了。灵活性意向书的条款在以后的协商过程中可以更改，也可以撤销，不像协议、合同那样具有法律效力。协商性意向书的条款内容是双方当事人共同协商的产物，不具有强制性。

意向书的主要作用是传达“意向”，可以约束双方的行动，保证双方的利益；意向书能反映业务工作上的关系，能保证业务朝着健康、有利的方向发展；意向书可为正式签订协议或合同打下基础。

二、意向书的分类

意向书根据不同的分类标准，有不同的种类名称。例如，按其签署方式的不同，可分为单签式意向书、联签式意向书和授文式意向书；按其对象的不同，又可分为合作意向书、求职意向书和租赁意向书等。

三、意向书的写作格式

意向书由标题、正文和落款三个部分组成。意向书的书写格式有条文式、表格式和条文表格综合式。

（一）标题

意向书的标题一般有以下三种形式：

（1）单独由文种做标题。

（2）由项目名称和文种组成，如“合资经营××项目意向书”。

（3）由协作单位、协作项目和文种组成，如“××公司与××有限公司关于合资经营××项目意向书”。

（二）正文

意向书的正文由前言、主体和结语三个部分组成。

1. 前言

前言分为三个层次：（1）写明合作方单位的全称，在名称后面加括号注明“简称甲方”“简称乙方”，以方便后面的行文。（2）简要介绍双方接触的情况，签订意向书的缘由、目的和依据的原则。（3）用“现达成以下意向”或“经友好协商，特就××事宜签订本意向书”等语句，过渡到主体部分。

2. 主体

主体部分是意向书的重点内容，一般写明双方或各方认可的事项，包括合作的项目、名称，合作方式、程序，双方的义务等。多采用分条列项的条款形式。

主体部分各项条款之间的界限要清楚，内容要相对完整，不要交叉，也不要有疏漏。

3. 结语

一般以“未尽事宜，在正式签订合同或协议书时予以补充”作为结语，以便留有余地。有些意向书没有结语，主体写完，正文就结束了。

（三）落款

落款就是写明当事人各方的名称，由代表人签名并加盖印章，注明签署日期和地点。

例文 1

学生见习合作意向书

甲方：××××公司

乙方：×××

鉴于乙方为即将毕业的大学在校生，乙方希望到甲方进行毕业见习以锻炼劳动技能，双方就见习问题达成如下协议：

一、乙方到甲方××××部××××岗位见习。见习期间，乙方应完成甲方安排的见习内容，甲方不收取见习管理费并付给乙方一定的见习补助，补助的标准为×××元/月。

二、本意向书生效期间，乙方需严格遵守甲方各项管理制度；若乙方严重违反，则甲方有权解除本意向书，给甲方造成损失的，乙方应当赔偿损失。

三、乙方毕业后，本意向书自然失效，乙方若无违反甲方制度、不适合甲方安排的工作等情况，甲方与乙方签订劳动合同，劳动合同期限为一年。在签订正式的劳动合同之前，甲、乙双方不是正式劳动关系，有关问题按人力资源和社会保障部、教育部有关大学毕业生实习问题的规定处理。

甲、乙双方对本意向书内容已清楚知悉，本着平等自愿、协商一致的原则，签订本意向书，明确双方的权利、义务，共同遵守履行。

甲方：（盖章）　　　　　　　　乙方：（签名或盖章）

日期：　　　　　　　　　　　　日期：

例文 2

项目投资合作意向书

根据中华人民共和国的有关法律规定，中国浙江省____________________（以下简称甲方）与____________________（以下简称乙方），双方本着平等互利、友好合作的原则，经认真友好洽商，就经营____________________，于___年___月___日达成如下意向：

一、项目名称：（略）

二、经营范围：（略）

三、生产规模：（略）

四、总投资与注册资本：该项目总投资________万美元（折人民币________万元，汇率按1∶6.9，下同）。其中，固定资产________万美元，流动资金________万美元。

项目注册资本________万美元（折人民币________万元）。其中，甲方出资________万美元（折人民币________万元），占注册资本的____%，以______________出资；乙方出资________万美元（折人民币________万元），占注册资本的____%，以______________出资。

五、产品销售：合营公司生产的产品____%由____方负责外销。

六、技术、设备：（略）

七、利润分配：甲、乙双方按注册资本中的出资比例分配利润和分担风险及亏损。

八、合营期限：甲、乙双方的合营期限为____年。

甲方：（盖章）　　　　　　　　乙方：（盖章）

日期：　　　　　　　　　　　　日期：

应用能力训练

请代你所在的学院拟写一份关于应届毕业生与××公司合作实习的意向书。

第四节　招标书

招标是当今国际上广泛流行的一种经济活动方式。改革开放以后，招标这种公开竞争方式在我国也开始施行，在生产经营、科学研究、工程建筑、大宗物品采购、技术服务等方面被广泛使用。掌握招标书的写法，是现代企业工作人员必须具备的一种能力。

一、招标书的概念

招标是法人（招标单位）决定发包建筑工程、购进大宗物品、引进新的技术和设备时，先期公告社会或发出邀请书招人承揽的一种行为。它可以利用投标者之间的竞争达到优选卖主和承包者的目的。招标书就是这种商品交易行为所形成的书面文件。招标的程序为：发出招标文件→接受投标→公开开标→确定中标者→签订合同。

二、招标书的写法

招标书的发布方法一般有两种：一种是在报纸或其他媒体上刊登招标广告；另一种是通知有承担能力的单位参加投标。前者称为招标公告；后者称为招标邀请。招标书有表格式、条款式和表格条款综合式三种。

条款式招标书由标题、正文、落款三部分构成。

（一）标题

标题由招标单位名称加文种构成。需存档备查的，应在标题下写出编号。

（二）正文

正文分为前言、主体两部分。前言简要地介绍招标人的基本情况和招标的目的。主体部分写清招标项目名称、招标范围、招标方式、招标时限、招标地点及投标、开标时间等。

（三）落款

落款写明招标单位全称、地址、电话号码、传真号码、邮政编码等。如果是国际招标书，应写明招标范围（哪些国家或地区）、用什么货币支付及付款方式等。最后写日期。

表格式招标书除“招标项目”用表格说明以外，其他均与条款式招标书相同。

三、招标书写作的注意事项

招标书写作要注意以下几个方面：

（1）周密、严谨。招标书是签订合同的依据，是一种具有法律效力的文件。这里的周密与严谨，一是指内容，二是指措辞。

（2）简洁、清晰。招标书没有必要长篇大论，只要把所要讲的内容简要介绍，突出重点即可。

（3）要遵守国家对招标工作的有关规定和具体办法，要执行国家颁布的技术规范和质量标准，实事求是，体现出招标文件的严肃性和科学性。

例文

×××设计院旅游招标

我院于2016年11月下旬组织在职职工外出旅游活动，请贵公司按以下行程安排、要求核价，装订密封后交到我院工会。报名截止时间：2016年8月11日。

线路一：山西双飞五日游

景点安排：太原、平遥古城、乔家大院、晋祠、五台山、悬空寺、云冈石窟

交通：飞机、当地旅游车、芜湖到南京机场接送、景区交通

住宿：准三星宾馆双人标准间（平遥住特色古客栈）

门票：以上景点门票

用餐：正餐20元/人、早餐8元/人

保险：旅游意外险、旅行社责任险、航空保险

导游：当地导游、全程导游

线路二：桂林双飞四日游

景点安排：漓江、象鼻山、伏波山、叠彩山、七星公园等

交通：飞机、当地旅游车、芜湖到南京机场接送、景区交通

住宿：准三星宾馆双人标准间

门票：以上景点门票

保险：旅游意外险、旅行社责任险、航空保险

导游：当地导游、全程导游

注：此次旅游途中不得增加任何景点，如需增加景点，请提前安排到行程中。

应用能力训练

根据下述材料，拟写一份招标书。

××职业技术学院对南校区学生公寓物业管理权进行公开招标，选定物业管理单位对

南校区学生公寓物业进行管理。管理范围包括：学生公寓（3～14 层）28 776.5m²；周边道路、运动场 6 704m²；绿化面积 1 171m²。招标内容按招标单位提供的招标文件。凡具有××市物业管理三级以上资质的物业管理公司或高校后勤服务公司（集团）均可参加投标。

第五节　投标书

投标与招标相对应，是法人（投标单位）针对招标公告或邀请书提出的要求，表示愿意承揽并开出价目供选用的一种行为。投标书就是向招标人提供的备选方案。

投标的程序：选择投标项目→接受投标资格审查→研究招标文件→计算标价→发出投标文件。

一、投标书的特点

投标书具有以下几个特点。

（一）竞争的公开性

目前，随着我国市场经济发展的日趋成熟，经济活动中的投标竞争也逐步规范。为促进正当、合法的竞争，大多数企事业单位实行公开竞标，以体现公开、公平、公正的原则。

（二）制作的规范性

投标书的制作既要遵守国家对投标工作的有关规定和具体办法，又要执行国家颁布的技术规范和质量标准，不能随心所欲、任意制作。

（三）承诺的可行性

投标书中承诺的各项条件（包括项目标价、规格、数量、质量及进度要求等），承诺单位务必保证其可行性，一旦中标，必须严格履行承诺。

（四）时间的限定性

投标活动一般都有严格的时间限定，必须在限期内将投标书递交给招标单位，过期将视同自动放弃。同时，对投标项目的进度也有严格的时间限定。

二、投标书的写法

一份完整的投标书应当包括如下几个部分。

（一）标题

投标书的标题一般由项目名称和文种组成，如“××省省属大专院校助学贷款投标书”；有时为了简略起见，标题也可只写“投标书”或“投标单”等。

（二）致送单位

致送单位即投标书的致送对象，是指招标单位或者招标办公室，要写其全称或者规范化简称，以示郑重。

（三）引言

这部分是投标书的导语，要用较为概括的语句，简要、明确地交代投标的目的或依据。例如：“根据已收到的贵公司招标编号为 ARBUO-ZB001 号的项目招标文件，遵照国家有关招标投标管理办法的规定，经研究上述工程招标文件的投标须知、合同条件、技术规范、项目期限和其他有关文件后，我方决定参加投标。”上例引言将投标的依据表达得很明确，令人一目了然。

（四）正文

正文是投标书写作的重心，必须着力写好。要紧紧围绕招标文件的具体要求进行表述，充分展示出本单位的实力和竞争力，从而取得竞标成功。切忌主次不分，或过多地进行本单位的自我介绍，那样反而令人反感。通常而言，投标书的内容应主要载明竞标项目的价格（标价）、保证和条件等，要注意写得明确、具体、完整。其中，项目的价格（标价）部分应首先将有关招标的金融产品与服务内容、质量和数量等交代清楚，然后写明完成招标项目的产品与服务内容、质量、数量、标价及优惠等；保证和条件是指要载明保证完成的期限、组织保障、服务承诺等，要写得明确、具体，以便招标单位通盘考虑、认真权衡，决定是否采纳。

在具体写法上，正文可以采用表格形式，也可采用分条列项的形式，将有关内容依次陈述清楚即可。要注意所用数据必须完整、准确，所提目标必须可信，所提措施必须切实可行。

（五）结尾

投标书的结尾部分应当写明投标单位的名称、地址、邮编及联系人姓名、电话、电子邮箱等，并署上日期，加盖公章。

三、投标书写作的注意事项

（一）要及时拟制和提交

招标是招标单位为了选择金融产品与服务，将有关条件和要求予以公布，利用投标者之间的竞争而优选投标人的行为，具有明确、具体的时限要求。因此，投标者必须确切把握要求，抓住时机，在特定的时限内拟制并适时送交投标书，以便实现投标的目的。

（二）要坚持实事求是的原则

无论是招标还是投标，都是十分严肃的经济行为，其整个过程都要受到国家有关监督机关和部门的指导和约束。因此，在撰写招标书和投标书时必须坚持从实际出发、实事求是的原则，不容粗疏延误。特别是撰写投标书，要认真细致地权衡人员素质、技术水平，做到量力而行，切不可为了中标而夸大其辞或弄虚作假。

（三）要知己知彼，增强竞争力

在写投标书前，必须认真地收集市场情报，力求准确把握招标单位的需求，使投标书与招标书的内容合拍。同时，要认真研究竞争对手的实力与策略，知己知彼，既合理核算成本，又使报价适中，增强竞争力。

（四）要注意明确性和可行性

撰写投标书，其所涉及的每一项内容，特别是有关的目标、标价、完成期限、质量标准及服务承诺等，必须明确、具体、切实可行。要本着适度的原则，尽量预见各种可能遇到的情况，充分展示出自身的实力、技术水平，既不要妄加许诺，也不能过于保守。

（五）要注意文字的简洁性和内容的周密性

投标书是一种实用性很强的文书，因而在语言表达上应力求准确、简要，特别是涉及有关的技术指标、质量要求、服务承诺时，更应如此。要避免使用“尽可能”“力争”等较模糊的表述。同时要对照招标书的要求，对投标书各项内容的表达进行检查，做到严谨周密，以防遗漏重要事项。

例文

投标书

项目名称："十一"假期旅游策划（三天两夜）

投标单位：××× 旅行社

主送单位：×××××××××

投标单位全权代表：×××

一、根据你方"十一"旅游的招标文件，遵照《中华人民共和国招标投标法》等有关规定，在对项目招标文件中的投标须知、合同条款以及其他文件进行研究后，我方愿以人民币 9 万元的投标价格承包"十一"假期三天两夜旅游的策划活动。

二、我方已详细审核全部招标文件，包括修改文件以及有关附件。

三、一旦我方中标，我方将保证为贵公司的 15 位员工定制旅游线路。

四、我方所提交的投标文件在招标文件的投标须知中规定的投标有效期内有效，在此期间如果中标，我方将接受约束。

五、除非另外达成协议并生效，你方的中标通知书和投标文件将成为约束双方的合同文件的组成部分。

六、我方将与本投标函一起，提交人民币壹万元整作为投标担保。

具体行程安排（略）。

投标单位：×××旅行社
联系人：×××
联系电话：×××××××××
二〇一六年八月七日

应用能力训练

根据本章第四节"应用能力训练"栏目中的相关材料，以××物业管理公司的名义写一份投标书。

第八章
旅游求职竞聘类文体写作

第一节　毕业论文

毕业论文是高等学校毕业生提交的有一定学术价值和学术水平的文章。毕业论文的写作，也是大学生从理论基础知识学习到从事科学技术研究与创新活动的最初尝试。

一、毕业论文的种类

按内容和研究方法划分，毕业论文可分为理论性毕业论文、实验性毕业论文、描述性毕业论文和设计性毕业论文。文科学生一般写的是理论性论文。理论性论文的特点和要求与一般的学术论文大体相同，其特殊之处在于要有综合性、客观性和创新性。

按议论的性质划分，毕业论文可以分为立论文和驳论文。

二、毕业论文的写作

完成一篇毕业论文，一般需要经过以下步骤：首先，确定选题，收集材料，确定主要参考书目；其次，写开题报告和写作提纲，完成初稿、二稿并最终定稿。

（一）毕业论文的选题

一般来说，论题的选择有自选题、命题与自选题结合、引导性命题三种方式。选择论题的基本方法和途径应从两个方面考虑：一方面，要有一定的研究价值、有创新点；另一方面，要从实际出发，紧扣专业，学用结合，难易程度和论文长短要适度，应根据兴趣爱好和业务强项来选题。

（二）毕业论文的资料准备

（1）资料的收集。

（2）资料的整理、分析。将资料整理分类后，分析资料并从中导出结论。

（三）毕业论文的结构

1. 目录

为了给读者提供阅读上的便利，毕业论文前面一般安排目录。

2. 标题

标题要求结构简明、层次分明、美观醒目，一般不超过 20 个字；标题应避免使用不常见、不规范的缩略语、首字母缩写字、字符、代号和公式等。

3. 署名

毕业论文一定要署名，在论文标题的下方署作者的姓名。有统一封面的，则写在封面的指定位置上。

4. 摘要

摘要一般应说明：(1) 研究工作的目的和重要性。(2) 研究的内容和过程。(3) 获得的成果和最终结论。(4) 结论的意义。摘要只能用文字来表达，不得包含图表。中文摘要一般为 200～300 字，排在标题之下，关键词之上。

5. 关键词

关键词是从论文中选出来的，用以表示全文内容信息的词、短语（词组）或名词性术语。关键词排在摘要之下，主体部分之上。词与词之间空出一个字距，不用标点符号。一篇论文所标引的关键词以 3～8 个为宜。

6. 主体部分

(1) 绪论（引言、序言）。绪论是全文的开场白，其作用是说明论文的主题（确立论点，明确要讨论什么问题）、目的和总纲。绪论部分语言要简短，态度要客观，不要与摘要雷同，不要成为摘要的注释，应综合阐述本论文主题和选择该论题的理由。

(2) 本论。本论部分是毕业论文的核心部分，其主要作用是对论题进行全面深入的分析论证，详细论述作者的观点和主张。本论主要有论点、论据、论证三项内容。

论点是作者确定论题后所需论证的观点和主张。

论据是证明论点的理由和依据，也就是经过分析整理的材料。一般要求是：论据不能脱离论点，两者必须统一；理论论据要精练、扼要，起画龙点睛的作用；事实论据要集中、典型。

论证是毕业论文的论点和论据的有机结合，有赖于对论证方法的正确运用，论文的说服力来源于论证过程中的逻辑力量。

(3) 结论。结论要有高度的概括性、科学性和逻辑性。值得注意的四个方面是：第一，结论不是对主体中各段小结的简单重复；第二，结论应该言简意赅，恰当完整；第三，结论要与绪论部分照应，首尾一贯，措辞要严谨；第四，如果在本论部分已对结论有所叙述和交代，结尾不必再单独成段。

7. 参考文献

毕业论文中凡是引用他人论文、报告、书籍等文献中的观点、材料、数据、研究成果等，均应以它们在文献中出现的先后顺序标明序码并依次列出它们的出处。参考文献的序码，统一用阿拉伯数字表示，且序码应置于方括号内，如［1］［2］［3］等。

三、毕业论文的写作要求

(1) 坚持理论联系实际的原则。

(2) 立论要科学，论据要翔实，要有充分、翔实的材料作为支撑，所引用的材料和数据必须正确、可靠，经得起推敲和验证，即论据的正确性。

(3) 论证要严密：一是概念判断准确，这是逻辑推理的前提；二是要有层次、有条理地阐明对客观事物的认识过程；三是要以论为纲，虚实结合，反映出从“实”到“虚”、从“事”到“理”的过程，即由感性认识上升到理性认识的飞跃过程。

(4) 要注意语言的修饰。

四、毕业论文的答辩

为了能够顺利通过答辩，应做如下准备：

第一，起草一份约 2 500 字的发言提纲，发言提纲的内容应是论文的要点，如论据和结论。

第二，准备好有关的图表。

第三，认真试讲几次，把要讲的内容记牢。

第四，做好回答问题的准备。

例文

大学生旅游出行方式与消费心理调查

李婷

摘要：本文以××市大学生的旅游行为为分析对象，通过调查问卷来了解大学生的旅游态度、旅游动机、旅游偏好、旅游出行方式、旅游时间及旅游消费心理等。在研究的基础上，对大学生旅游出行方式及消费心理进行探讨，以期为旅游企业更好地开发大学生旅游市场提供一些有针对性的对策、建议。

关键词：大学生　出行动机　出行方式　消费心理

近年来旅游业发展迅速，高校大学生成为一个不可忽视的旅游消费群体。目前，国内外学者对于旅游者心理、旅游者动机、旅游者消费行为、旅游交通的选择、旅游者类型的研究较多，但是对于大学生这一消费群体的研究相对较少。基于此，本文主要对大学生这一群体的旅游出行方式与消费心理进行研究，了解大学生旅游意愿及出行方式，以期为旅游企业更好地开发大学生旅游市场提供一定的依据。

一、大学生旅游行为调查研究的方法与意义

（一）研究方法

本文主要采用文献研究、问卷调查等方法，注重规范分析和实证分析相结合。通过问卷调查、分析来发现问题，提出开发大学生旅游市场的参考建议。

(1) 调查对象：本次调查对象为××市各大学的大学生，包括××大学、××大学、××职业技术学院的 300 名大学生。

(2) 调查内容：本次调查的内容广泛，包括大学生的旅游态度、旅游次数、旅游动机、旅游目的、旅游方式、出行方式、费用来源、消费心理等。

(3) 调查方法：随机抽样调查。

（二）研究意义

目前有关大学生旅游出行方式及消费心理的研究较少，研究内容不够全面。由于无法全面了解大学生的具体旅游动机、旅游偏好、旅游出行方式及消费心理等，旅游企业无法开发满足大学生需求的旅游产品。本研究主要有以下几点意义：第一，有助于旅游企业和相关部门深入了解大学生旅游行为，更好地研究大学生旅游市场，设计出合适的旅游产品，推动大学生旅游市场的发展。第二，有助于促进大学生旅游心理的成熟。大学生是一个较为特殊的旅游群体，他们有较高的文化素养和较高的旅游需求。对大学生旅游市场进行开发，创造出具有先导作用的旅游产品和项目，可以带动整个旅游市场的发展。第三，有助于提高大学生的综合素质，实现社会教育的部分功能。大学生通过旅游可以提高自己对于世界、社会的理性认知，并提高综合素质。

二、大学生旅游出行问卷调查过程

（一）调查问卷的设计

调查问卷一共有26道题，其中1～4题是基本信息，5～13题是大学生出行方式与消费心理总结性的问题，14题与住宿态度相关，15、17、18和20题与交通相关，19题是饮食方面的，22、23题是旅游六要素中的“游”，16、24和25题是关于购物方面的，21、26题涉及娱乐方面。

（二）调查问卷的发放与回收

本次调查共发放调查问卷300份，其中××职业技术学院、××大学、××大学各发放100份调查问卷。在三所学校的图书馆、自习室、宿舍进行发放，共回收问卷290份，回收率为97%。其中，有效问卷276份，占回收问卷的95%。

（三）调查问卷的基本数据分析

本次调查的所有结果，采用EXCEL统计软件进行数据统计处理。本次调查对象男、女生分别为134人和142人，分别占总人数的48.6%和51.4%。有109名受调查对象来自城市，占总人数的39.5%；有167名受调查对象来自农村，占总人数的60.5%。

三、大学生旅游出行调查结果的理论分析

（一）大学生旅游意愿（略）

（二）旅游开销花费（略）

（三）住宿的选择类型（略）

（四）交通工具的选择方式（略）

（五）旅游出行的选择方式（略）

（六）购票的选择方式（略）

（七）旅游景区选择的类型（略）

四、调查结论

（一）大学生的消费心理（略）

（二）大学生旅游产品的开发建议（略）

五、参考文献（略）

应用能力训练

选一个与你专业相关的论题，试写一篇2 000字左右的论文。

第二节　个人简历

简历是求职的“敲门砖”，它和求职信一样，是求职者求职时不可缺少的应用文书。精心制作个人简历，让你的简历变得醒目，将使你更容易获得面试的机会。

一、个人简历的类型

（一）时间顺序型简历

这种类型的简历以时间为顺序列出你的工作经历，先列出你最近所从事的工作，然后按逆时间顺序将过去所从事的工作依次列出。写时间顺序型简历要直截了当、简明扼要，如果处理得当，整个简历将显得可信且富有说服力。

（二）职业技能型简历

之所以称为职业技能型，是因为它是按照职业技能来编写的。这种类型的简历对于那些频繁更换工作，可将几种工作技能综合应用于新工作，或是新近经过再培训教育而获得新技能的人来说，是最适合的。

（三）实用型简历

这种类型的简历根据需要有选择地列出自己的学习、工作经历，更有针对性，瞄准某个具体、特殊的职业或领域，有的放矢。

（四）学历型简历

这种类型的简历最适用于在学术领域工作的求职者和谋求律师、医生等职业的求职者。它的特色是学历背景，如就读的大学名字、所得学位、获得的专业成果等。

（五）复合型简历

复合型简历适用于大多数求职者，它既能突出你的技能，又能展现你过去的工作经历。

二、个人简历的内容

（一）标题

标题可以直接写“简历”二字，也可以在简历之前冠以姓名和称谓。

（二）个人基本信息

个人基本信息包括姓名、年龄（出生年月）、性别、籍贯、民族、学历、所获学位、毕业学校、专业、身高、毕业时间、政治面貌、职务、职称等。一般来说，一项内容用一两个关键词简明扼要地概括说明一下即可。这一部分放在前面，便于用人单位了解并联系。

（三）学习经历

学习经历主要介绍求职人的受教育程度，如毕业的学校、专业和时间。可按时间顺序来写，以大学的学习经历为主。可列出大学阶段主修、辅修及选修课的科目和成绩，尤其要体现出与所谋求的职位有关的教育科目、专业知识。

（四）工作经历

工作经历是最重要的部分。初出校门的大学生，工作经历可以改为社会实践和实习经历，包括在学校、班级所担任的职务，参加的勤工助学活动、校园及课外活动、义务工作、各种团体活动、兼职工作、培训活动，实习单位的评价、专业认证等。已出校门的大学生，主要写参加工作之后各阶段的情况，要注意突出主要才能、贡献、成果以及学习、工作、生活中有典型意义的事迹等，突出自己在原先岗位上的业绩，如获得过哪些奖项，具备哪些必要的技能，并要注明时间、地点、相关名称。这部分内容要写得详细些，用人单位可以通过这些内容考察求职者的团队精神、组织协调能力等。

（五）求职意向和自我评价

求职意向主要表明求职者对哪些岗位、行业感兴趣及相关要求有哪些。自我评价主要说明自己具备哪些资格和技能，要突出重点，有针对性，使学历、知识结构与用人单位的招聘条件相吻合。

（六）所获得的各种奖励和荣誉

如所获得的荣誉称号、所发表的论文、发明专利、资格证书等。

（七）联系方式

联系方式包括详细通信地址、邮政编码、电话号码、电子邮箱地址等。

（八）证明材料

简历的最后一部分一般是列举有关的证明人及相关附加性材料。附加性材料包括学历证明、获奖证书、专业技术职务证书、专家教授推荐信、所发表的论文著作等。证明人一般提供3～5个，是求职者求职资格、工作能力和个人情况的保证人。在证明人栏目中要详细说明证明人的姓名、职务、工作单位及联系方式。

三、个人简历的书写要求

（一）内容要齐全

一般包括求职者个人信息，如姓名、性别、出生年月等；联系方法，如住址、联系电话等；教育和培训背景，应包括能证明你的知识水平和能力的一切相关信息；工作经历及性格特点等。

（二）格式要规范

简历如果是手写的，字迹要工整、清晰，不要出现错别字。

（三）表述要客观

尽可能客观地描述本人的技能、资历、经验等。工作经历是简历的核心内容，应聘者可以着重叙述此项，并根据个人工作情况重点说明工作的具体内容与经历，尤其是与求职目标相关的工作经历。另外，不要过多提及个人的需求、理想等。

（四）尽可能在简历中写明求职的目标

求职目标能立刻告诉对方以下信息：你正在寻找什么样的职位；哪个部门应该阅读你的简历。求职目标要尽可能明确，比如：写明工作职位的名称，如“经理”“销售代表”；你想要从事的领域，如营销。

四、个人简历的写作技巧

（一）精心打造个性化的个人简历

怎样使简历在最短的时间内吸引用人单位，如今已经成为一种艺术。例如，在一张纸上以田字格的形式按求职意向、学校生活、社会实践、个人联系方式四个方向把自己的情况错落有致地表现出来。要打造一份独一无二的简历就要有创意，要讲究个性化，让简历脱离俗套。

（二）针对不同类型的单位，简历内容要有所侧重

如果应聘广告公司，就要详写在某广告公司的兼职经历。如果应聘媒体行业，可以附上在某报实习的成果，为了方便阅读，可打印一份成果目录，将复印的成果材料放在后面。应聘对英语要求很高的外企，可附上一页英文简历。招聘人员每天要看上百份简历，一般来说，他们总是关注与之相关的知识背景和实践经历，加强这些方面的内容是吸引招聘者注意力的关键。

（三）突出自己的优势

每个人都有自己值得骄傲的经历和技能，如凭演讲才能得过大奖，获得××发明奖等，这些应详尽描述，以突出自己的优势。相关的特长与技能（一般列3～4项即可）是简历的重点，要有选择性地列出。

最好用事实和数字说明强项，不要只写“善于沟通”或“富有团队精神”，这些空洞

的字眼招聘人员已熟视无睹。

（四）要突出“简”字，让简历变得醒目

简历应达到的最佳效果就是让用人单位在最短的时间内获得求职者的最多信息，要力求用最简洁的方式直截了当地把个人资料展示给用人单位。简历要力求在“简”字上下工夫，用人单位要的就是学历和实干能力的证明。简历要有针对性，必须明确地写出想要什么工作和最适合什么工作，并确定从事此工作必需的知识与技能，这是关键的一步。

简历模板如下：

简历模板

<table>
<tr><td>姓名</td><td>张××</td><td>性别</td><td>女</td><td>毕业院校</td><td>××大学</td><td rowspan="3">（贴照片处）</td></tr>
<tr><td>民族</td><td>汉</td><td>籍贯</td><td>厦门</td><td>专业</td><td>旅游管理专业</td></tr>
<tr><td>出生年月</td><td>1991.1</td><td>身高</td><td>174cm</td><td>毕业日期</td><td>2015.07</td></tr>
<tr><td>求职意向</td><td colspan="6">求职类型：全职
应聘职位：导游；旅游规划；文秘等
希望工作地点：福州；厦门；太原
希望工资：面议</td></tr>
<tr><td>教育经历</td><td colspan="6">2011 年 9 月至今　××大学旅游管理本科</td></tr>
<tr><td>专业技能</td><td colspan="6">语言能力：
通过大学英语四级，有较好的听、读、写能力，有较好的英语口语水平
计算机能力：
掌握常用的办公软件操作技能，打字速度较快
写作能力：
有良好的文字功底</td></tr>
<tr><td>社会实践</td><td colspan="6">××大学旅游管理学院团委副书记
××大学旅游管理学院大学生维权中心主任
××大学旅游管理学院学生会办公室副主任
××大学旅游管理学院篮球队成员
××大学艺术团成员
班级团支书
2012、2013、2014 年学校迎新随车导游
2013 年中国大学生西部支教团会议随车导游
2013 年随学院到驻马店进行红色旅游资源考察
每年寒暑假期间旅行社兼职导游
2014 年 1 月—3 月在××大酒店实习</td></tr>
<tr><td>获奖情况</td><td colspan="6">大学期间学习成绩学院总排名：第四
曾分获一等、二等、三等奖学金
“三好学生”
大学生暑期社会实践先进个人
大学生“五四”文艺汇演团体一等奖
××大学优秀学生干部
××大学大学生“创业、创新、成才”演讲比赛第一名
××大学导游风采大赛二等奖
××大学健美操比赛团体三等奖
××大学旅游管理学院中英文演讲比赛一等奖</td></tr>
</table>

自我评价	本人喜欢挑战，吃苦耐劳，善于与人沟通，善于与人协作，能独力完成工作，敢于承担责任。
联系方法	电话： 手机： 电子邮箱： 地址： 邮编：

应用能力训练

1. 找出下面这份简历的不足之处，修改后写出比较完整的简历。

个人简历

姓名：××× 性别：女 出生年月：1995-01 民族：汉 政治面貌：团员
户籍所在地：××省××县××镇 最高教育程度：大专 专业：旅游管理类
毕业院校：××旅游学院

希望工作条件与联系信息

求职类型：全职
应聘岗位：导游/行政
希望工作地点：大城市
薪金要求：面议
其他要求：安排食宿

个人主要特长及相关工作经历

外语特长：英语 等级：一般
普通话程度：标准
计算机能力：一般
其他主要特长：
有导游证，在这半年中从事线路开发等业务
详细工作经历：
2014 年 7 月至今 在××××国际旅行社工作
相关工作经验：1 年

2. 按照简历的写作要求，为自己设计一份精美的、个性化的个人简历。

第三节 求职信

例文 1

求职信

尊敬的××旅行社经理：

您好！我叫×××。感谢您在百忙之中翻阅我的求职信。作为一名即将毕业的大学生，我渴望在社会中找准自己的人生坐标，渴望拥有一片能够施展自己才华的天地。看到《××日报》刊登的贵社将要招聘三名导游人员的信息，我带着年轻人的自信，冒昧写信应聘。我毕业于××旅游学院导游服务专业，自认为能够胜任此项工作。

本人对导游工作有极浓厚的兴趣，该工作要求从业人员具备多方面素质：高度的责任心、广博的知识面，较强的组织能力、协调能力、应变能力、语言表达能力、沟通能力，以及流利的英语口语、活跃的思维等。在大学学习期间，我刻苦学习专业知识，如导游基础、导游实务、旅游历史文化、旅游美学、旅游地理等，认真学习基础学科，如大学英语、普通话等，并参加了计算机操作技能的严格训练，这使我有能力胜任贵单位的工作。此外，我还专门接受过口才艺术和创新学方面的训练，这将有利于我与贵社的客户建立融洽的业务关系。从事这项工作，对于我来说将是一个极大的挑战，也是难得的机遇。

我曾在××旅行社实习半年，并利用寒暑假进行社会实践，将课堂里学到的知识与实践结合起来。在学校，我是校广播台的主持人，采编了大批宣传稿件。我曾在学院举行的导游词创作比赛中获得一等奖。其他关于该项工作的任职资格，请见随信附上的个人简历。

我知道自己年轻，缺少工作经验，不过，年轻本身也是财富，我青春、朝气、有热情。我爱导游工作，我有信心将导游工作做好。希望能够加入贵社来进一步提高自己。热切期盼您的回音。

此致

敬礼

求职人：×××

2015 年 1 月 10 日

求职信是向用人单位自荐谋求职位的书信。在竞争激烈的现代社会，机会总是青睐那些善于识别并且能够抓住它的人，酒香也怕巷子深，再优秀的人才，也要学会自我推销，而推销自我的第一步就是给用人单位递上求职信和简历等材料。求职应聘时，在应聘资料中增加一封漂亮的求职信，会使招聘单位初步感受到求职者的诚意，增加求职者获得面试的机会。

一、求职信的主要内容

（一）说明本人的基本情况和求职信息来源

一方面，简明扼要地介绍自己，重点是介绍自己与应聘岗位相关的学历水平、工作经历、成就等；另一方面，说明信息的来源渠道。

（二）说明应聘的岗位和能胜任本岗位工作的各种能力

这是求职信的核心部分，主要是向对方表明自己有专业的知识和工作经验，有专业的技能和成就，有与工作要求相符的特长、兴趣、性格。

（三）介绍自己的潜力

向对方介绍自己曾经做过的各种社会工作、所取得的成绩，以此表明你有发展和培养的潜力。

（四）表明自己的工作意愿

希望得到答复、面试的机会，并附上履历表，写明联系方式等。

二、求职信的基本结构

求职信包括称呼、正文、结语、落款、附言等。

（一）称呼

求职信一般不写给个人，而是写给用人单位，因此称呼常写用人单位的全称或规范性的简称。如果是写给单位的人事部门领导，则用“尊敬的×××（职务）”称呼。称呼要求严肃谨慎，不可过分亲昵。

（二）正文

正文是求职信的主体，一般包括三项内容：告知消息的来源；推荐自己；提出具体请求。在推荐自己时主要写明求职意愿、个人条件、求职原因等。

（三）结语

结语一般是表示祝愿、感谢、敬意的话，并表达本人希望获得面试机会等。

（四）落款

落款包括署名、日期。署名应署全名，日期最好用阿拉伯数字，并写全年、月、日。

（五）附言

附言是在落款后一到两行处说明附带材料，如学位证书、获奖证书等的复印件及简历。

三、求职信的写作注意事项和写作技巧

（一）写作注意事项

（1）实事求是，恰如其分地介绍自己的能力和特长，既不吹嘘，也不贬低。

（2）重点突出，有条理，有针对性，篇幅不宜太长，1 000 字左右即可。

（3）文笔要流畅，表达要准确。

（4）精心选择照片，图像要清晰。

（5）学会用多种文字书写求职信。比如中、英文对照，可表明自己的外语能力。

（二）写作技巧

第一段应该能够引起招聘人员对你的兴趣。

第二段必须推销你的价值。比如你能够满足工作要求的技能是什么。

第三段展示你突出的成就和受教育背景，它们必须能够直接有力地支持第二段的内容。如果可能，量化这些成就。

第四段必须表明将来的行动。比如请求安排面试，或者告诉招聘人员你将在一周内打电话给他，商谈下一步进程。

第五段应该是非常简短的一段，结束这封信并表示感谢。

四、求职信的礼仪

（1）称呼要得体、准确、有礼貌。对收信人的姓名和职务，书写一定要准确。因为求职者未必对用人单位有关人员的姓名都熟悉，所以在求职信中可以直接称呼职务、头衔等，如“××公司经理”“××总公司负责人”“××厂厂长”等。

（2）问候要真诚。求职信的开头应有问候语，问候要切合双方关系，以简洁、自然为宜，如“您好”。

（3）内容必须清楚、准确，文辞通畅，字迹工整，还要谦恭有礼。

（4）祝颂要热诚。

(5) 亲笔署上写信人的姓名。即使是打印的求职信，在落款处也要亲笔署名。

例文2

求职信

尊敬的先生/小姐：

您好！我从××报上看到贵公司的招聘信息，我对网页兼职编辑一职很感兴趣。

我现在是出版社的在职编辑，从2012年获得硕士学位至今，一直在出版社担任编辑工作。两年多的工作经验，使我相信自己有能力完成贵公司所要求的网页编辑任务。

我对计算机有着非常浓厚的兴趣，能熟练使用FrontPage和DreamWeaver、PhotoShop等网页制作工具。我自己做了一个个人主页，日访问量已经达到了100人左右。

编辑业务的性质，决定了我拥有灵活的工作时间和方便的办公条件，这一切为我的兼职编辑工作提供了必要的帮助。基于对互联网和编辑业务的喜好，以及我自身的客观条件和贵公司的要求，我相信贵公司能给我提供施展才能的另一片天空，而我的努力也能让贵公司的事业更上一层楼。

随信附上我的简历，如有机会与您面谈，我将十分感激。即使贵公司认为我还不符合你们的条件，我也将一如既往地关注贵公司的发展，并在此致以最诚挚的祝愿。

此致

敬礼！

李龙

2015年1月9日

通信地址：××××××××××××××

联系电话：×××××××××

应用能力训练

1. 请根据以下材料代为拟写一封求职信。

某大型酒店因工作需要，需招聘大堂经理、公关助理、餐饮领班、客房部领班、服务员、保安员数名。有一位35岁的下岗女工前往应聘。她认为自己有如下优势：在原单位担任过保卫干事，熟悉保安工作的规律与特点；女性善于察言观色，非常细心；受过专门训练，学过擒拿格斗的基本技巧，还学过柔道；体格健壮。

2. 根据个人所学专业的特点与求职意愿，按求职信的写作要求，为自己拟写一封求职信。

第四节　辞职信

例文

辞职信

尊敬的领导：

您好！在公司工作近一年的时间里，我学到了很多知识，非常感谢公司给予我这样的机会。

因为某些个人的原因，我选择离职，并且希望能尽快做好交接工作，希望领导批准我的申请。离开公司，离开曾经同甘共苦的同事，很舍不得，舍不得领导的谆谆教诲，舍不得同事们的真诚和友善。

最后，希望公司的业绩更上一层楼！祝愿领导及各位同事工作顺利！

此致

敬礼

×××

××××年××月××日

一、辞职信的结构

辞职信是辞职者向工作单位辞去职务时写的书信。辞职信通常由标题、称呼、正文、结尾、落款五部分构成。

（一）标题

第一行正中写上“辞职信”。

（二）称呼

在标题下一行顶格写接受辞职申请的单位组织名称或领导人的称呼，并在称呼后加冒号。称呼一定要到位，不能显得生疏或太过轻佻。

（三）正文

正文是辞职信的主要部分，一般包括三项内容：首先，提出辞职申请，开门见山，让人一看便知；其次，将申请的具体理由、详细情况一一说明；最后，强调自己提出辞职申请的决心和个人的具体要求，希望领导同意等。

（四）结尾

结尾要求写上表示敬意的话，如“此致　敬礼”。

（五）落款

落款要求写上辞职人的姓名及提出辞职申请的具体日期。

二、辞职信的写作注意事项

一要抓住重点。在辞职信的开头要直接表明辞职的意图，说明辞职的原因。

二要说明个人打算离开的时间。一般提前 2～4 周或根据公司规定的时间要求提出辞职申请。

三要对过去接受的培训、取得的经验或者建立的关系向公司表示感谢。

应用能力训练

你在一家旅行社连续工作了 4 年，经理提升你为主管刚满 6 个月。鉴于某些原因你不得不提出辞职，请写一封得体的辞职信。

第五节　竞聘书

竞聘书是竞聘者在竞聘会议上向与会者发表的一种阐述自己的竞聘条件、凸显“人无我有，人有我优，人优我特”的竞争优势的文书。

一、竞聘书的主要内容

（1）个人基本情况。比如姓名、年龄、毕业院校、所学专业、所获学历和学位等。

（2）竞聘目的。即为什么要竞聘该岗位。

（3）对竞聘岗位的认识。如对所竞聘岗位的工作设想等。

（4）竞聘的条件。说明能胜任所竞聘岗位工作的各种能力，这是竞聘书的核心部分，主要说明自己有本岗位工作所需的知识和经验，有与本岗位工作要求相符的特长、兴趣和能力。

二、竞聘书的性质

竞聘书属于演讲稿之一，是在一定的场合，用于竞聘演讲的文稿。竞聘书的作用在于表达竞聘者的工作愿望，介绍竞聘者竞聘某一职位（岗位）的优势。

三、竞聘书的结构与写法

（一）标题

竞聘书的标题一般由介词“关于”加所竞聘的职务名称及文种等要素组成，如“关于×××一职的竞聘书”，也可简写为“竞聘书”“竞聘演讲词”等。

（二）称谓

要根据报告的场合确定合适的称谓。从实际情况来看，大多采用泛指性称谓，如“各位领导、同志们”等。得体的称谓体现出竞聘者对听众的尊重之情，有利于比较自然地导入下文。

（三）开头

开头最常见的写法就是开门见山，用简明扼要的语言介绍竞聘者个人的基本情况以及所要竞聘的职位名称，从而使听众有一个初步的了解。对于竞聘者基本情况的介绍，具体应包括哪些要素，可视实际情况灵活确定。总的来说，竞聘报告的开头不同于一般演讲报告的开头，一般演讲报告在这一部分往往注重创造一种艺术氛围，强调动用多种艺术方法来吸引听众的注意力，以便有效地启动演说。而竞聘报告的写作无此要求，开头部分一定要简短，寥寥几句即切入正题，切忌刻意堆砌一些过分谦虚的话，以免令人反感，影响效果。

（四）主体

主体部分是竞聘报告的重点，也是写作的难点所在。具体说来，主体部分可写三个方面的内容：

（1）竞聘者的主要优势。这部分主要介绍竞聘者的政治思想品德、主要特长和工作业绩，阐明竞聘者竞聘该职务的优势，要把竞聘者的主要特长和工作实绩阐述清楚，因为这最能反映出竞聘者的工作能力和基本素质，也是使听众确信其能够胜任所竞聘职务的前提条件。

（2）对岗位职责的认识。任何一个单位或部门设立的工作岗位，都有不同于其他岗位的职责。只有对岗位职责有正确、清醒的认识，才能有的放矢地明确提出该岗位的工作目标、施政设想和打算。若对该岗位职责认识不清，也就没有了竞聘该岗位的资格。因此，在竞聘书中，有必要阐述对岗位职责的认识。

（3）工作目标、主要设想和打算。这方面的内容是竞聘书写作的重中之重，因为听众关注的不只是竞聘者过去和现在的情况，更主要的是要了解其担任这一职务之后的所作所为，所以必须着力写好。要根据所竞聘职务和个人的具体情况，将就任以后的工作目标、主要设想、打算，包括拟采取的办法、措施以及要达到什么样的效果等集中进行表述，写得切实可行；要根据本系统、本单位及本地区的实际，详述自己的认识和措施，既要有现实性，又要有前瞻性。也就是说，不仅要思考和探究迫切需要解决的现实问题，以寻求有效的对策和办法，而且要展望和策划部门工作发展的未来走向，以适应时代发展的趋势。只有这样，才能真正体现出竞聘者求实创新的精神。

（五）结尾

结尾也是竞聘书的组成部分，它是主体内容的自然延伸，一般用以表明竞聘者的态度以及向听众致以谢意等。这部分内容要写得简明扼要、自然贴切、意尽言止。

（六）署名、日期

署名、日期写在正文结尾的右下方，但在报告时不必讲出。

四、竞聘演讲失败的原因

（一）服饰华丽，求新求异

服饰是一个人思想品德、内在修养的外在表现和自然流露。竞聘演讲是一项正规、严肃的主题活动，评委往往会以所竞争职位的需要和自己的审美观来评判演讲者。因此，演讲者的穿着应以庄重、朴素、大方为宜。有的竞聘者认为穿得与众不同就会以新奇取胜，于是或服饰华丽，或求新求异，岂不知，这样做不会给评委留下好印象，反而使演讲的效果大打折扣。

（二）信口开河，杂乱无章

竞聘演讲具有较强的针对性和时效性，竞聘者必须在事前对要争取的职位做大量的调查研究，全面了解职位特征和胜任这一职位所应具备的素质，在此基础上做文章。有些竞聘者对自己要竞争的职位没有一个完整清晰的认识，对一些鸡毛蒜皮的小事翻来覆去地解释，抓不住重点，自己说不明白，听众也搞不清楚。

（三）狂妄自大，目空一切

有的竞聘者过高地估计了自己的能力，在谈优势时好提“当年勇”，自认为条件优越，该职位“非我莫属”，做好工作不过是“小菜一碟”；在谈工作设想时，脱离实际，高谈阔论，极易引起听众的反感。

（四）妄自菲薄，过分谦虚

竞聘演讲要求竞聘者客观、公正地评价自己的竞争优势，大胆发表行之有效的“施政纲领”。但有的竞聘者却担心自己的“标榜”会引起评委和听众的不悦，把对自我的认识和评估弄到“水平线”以下。过分谦虚不仅不能反映自己真实的能力、水平，也不利于听众对竞聘者做出正确的评价。

（五）吐词不清，含混模糊

竞聘演讲一般要求竞聘者在有限的时间内，言简意赅地把自己的基本情况、工作特点、工作设想向听众说明。但是有的竞聘者或吐词不清，或含混模糊，使听众不知所云。

例文

竞聘书

尊敬的各位领导、评委：

大家好！

今天我怀着无比激动的心情竞聘贝尔大酒店副总经理一职。首先，感谢董事长及各位领导给我这次公平、公正竞争的机会。下面我向大家汇报一下我对副总经理一职的理解和我竞聘这一职务所具备的条件。

副总经理主要协助总经理确立大酒店的整体经营目标和发展方向，制定价格政策，提出阶段性工作重点，并指挥落实；组织制定和完善各项规章制度，协调各部门关系，建立、健全内部组织系统和运行机制；建立、保持并发展与社会各界的广泛联系，负责接待重要客人，塑造良好的企业形象；负责选拔、培养、使用和考核中层以上管理人员；关心员工生活，不断改善员工的工作条件和福利待遇，发挥员工的积极性，搞好企业民主管理；负责主持召开每日例会、经营管理会议和部门经理会议，定期向总经理和董事会汇报工作。

从2005年开始，我一直从事餐饮工作。餐饮和客房虽然同属于服务业，但在实质上却有着极大的区别。刚进入客房部这个新的工作环境时，我对业务知识所知甚少，于是不断加强学习，经常深入基层了解情况并监督下属人员按工作程序为宾客提供服务。同时加强自己的客房业务技能，提高自己对客房服务的熟练度。客房部是酒店的一个窗口，它的服务质量直接影响酒店的对外形象，因此我们在选人、用人上十分注意，一定要优中选优，要求服务人员具备良好的素质。我们经常组织客房部的员工进行思想道德方面的学习，提高员工的思想道德素质。在强调下属学习的同时，我也在不断提高自身素质，学习如何同不同性格、不同级别的人沟通；如何在不伤害客人又不损害酒店利益的基础上处理突发事件；如何运用现代管理模式，减员增效。当然，在这方面，我们还比较欠缺，也正在着手进行改革。

回顾过去，我们的成绩令人欢欣鼓舞；展望未来，我们的工作机遇与挑战并存。今年工作中要解决的主要问题和努力的方向是：做好礼貌服务；完善查房程序；规范收银管理；加强物品考核；严肃员工纪律；完善奖惩制度；加强营销力度。我深知自己在工作中还存在着许多不足，需要领导和同志们的帮助。在大家的信任与支持下，我在今后的工作中会做到：

一、加强创新意识，真正把创新落到实处（略）

二、继续做好酒店的市场营销工作（略）

三、从控制成本抓起，提高经济效益（略）

四、抓好培训并做好选人、育人、用人、留人工作（略）

人只有不断挑战自我才会有进步、有发展。请大家支持我、鼓励我。让我们每一个人都以主人翁的身份加入酒店的建设中，献计献策，共谋发展大业。我有决心、有能力壮大酒店规模，增强酒店实力，实现酒店大发展的宏伟目标。

谢谢大家！

李××

2016年5月10日

应用能力训练

××旅行社在内网上发布了导游部主管的用人需求，小李准备竞聘，请代他拟写竞聘书。

参考文献

[1] 陈秋雷. 应用文写作实用教程. 哈尔滨：哈尔滨工业大学出版社，2014.

[2] 郭鹏，胡晓蕾. 应用文写作. 北京：清华大学出版社，2007.

[3] 韩国宝，陈荣邦，丁晓. 应用文写作. 北京：北京出版社，2009.

[4] 张勤，曹丽萍. 应用文写作. 杭州：浙江大学出版社，2015.

[5] 郭雪峰，宁淑华. 实用应用文写作. 北京：中国传媒大学出版社，2010.

[6] 杨金忠，倪筱荣. 应用文写作. 第4版. 北京：中国轻工业出版社，2013.

[7] 刘金同，张寿贤. 应用文写作教程. 第3版. 北京：清华大学出版社，2014.

[8] 方有林. 商务应用文写作. 第2版. 上海：同济大学出版社，2010.

[9] 何小庭. 旅游应用文写作. 第2版. 北京：旅游教育出版社，2003.

[10] 李展. 旅游应用文写作. 北京：中国人民大学出版社，2012.

[11] 王玉. 旅游应用文写作. 成都：西南财经大学出版社，2011.

[12] 任孝珍，梁银辉. 旅游应用文写作. 第二版. 北京：对外经济贸易大学出版社，2015.

[13] 杨厚松. 旅游应用文写作. 北京：北京师范大学出版社，2011.

[14] 杨崇君，罗国仕. 旅游应用文写作. 武汉：华中科技大学出版社，2016.

[15] 卢良志. 旅游应用文写作. 北京：旅游教育出版社，2010.

[16] 罗春祥. 旅游应用文写作. 北京：北京交通大学出版社，2009.

[17] 徐锦屏，张广弟. 新编旅游酒店应用文写作. 天津：天津大学出版社，2014.

[18] 黄小京，赵李葳. 现代旅游企业应用文书写作. 北京：清华大学出版社，2010.

[19] 李展，曹启勇. 酒店应用文写作. 北京：北京大学出版社，2013.

图书在版编目（CIP）数据

旅游应用文写作/焦红强，孙德营，段宜杉主编. —北京：中国人民大学出版社，2017.4
21世纪高职高专规划教材．旅游与酒店管理系列
ISBN 978-7-300-24155-5

Ⅰ.①旅… Ⅱ.①焦…②孙…③段… Ⅲ.①旅游-应用文-写作-高等职业教育-教材 Ⅳ.①F59

中国版本图书馆CIP数据核字（2017）第024162号

21世纪高职高专规划教材·旅游与酒店管理系列
旅游应用文写作
主　编　焦红强　孙德营　段宜杉
副主编　向　晴　赵慧娟　闫　曾　杨　柳
Lüyou Yingyongwen Xiezuo

出版发行	中国人民大学出版社		
社　　址	北京中关村大街31号	**邮政编码**	100080
电　　话	010－62511242（总编室）		010－62511770（质管部）
	010－82501766（邮购部）		010－62514148（门市部）
	010－62515195（发行公司）		010－62515275（盗版举报）
网　　址	http://www.crup.com.cn		
经　　销	新华书店		
印　　刷	天津鑫丰华印务有限公司		
开　　本	787 mm×1092 mm　1/16	**版　　次**	2017年4月第1版
印　　张	13.75	**印　　次**	2023年5月第6次印刷
字　　数	325 000	**定　　价**	29.00元